雄安气质

载古遇陈

王文化◎著

新华出版社

图书在版编目（CIP）数据

雄安气质 / 王文化著. —北京：新华出版社，2017.9

ISBN 978-7-5166-3470-7

Ⅰ. ①雄… Ⅱ. ①王… Ⅲ. ①河北—概况 Ⅳ. ①K922.2

中国版本图书馆CIP数据核字（2017）第222526号

雄安气质

作　　者：王文化

选题策划：要力石　　　　　　　　　责任编辑：江文军
责任印制：廖成华　　　　　　　　　责任校对：刘保利
封面设计：李尘工作室

出版发行：新华出版社
地　　址：北京市石景山区京原路 8 号　　邮　　编：100040
网　　址：http://www.xinhuapub.com
经　　销：新华书店
　　　　　新华出版社天猫旗舰店、京东旗舰店及各大网店
购书热线：010-63077122　　　中国新闻书店购书热线：010-63072012

照　　排：李尘工作室
印　　刷：北京凯达印务有限公司
成品尺寸：170mm×240mm
印　　张：20　　　　　　　　　　　字　　数：260千字
版　　次：2017年10月第一版　　　　印　　次：2017年10月第一次印刷
书　　号：ISBN 978-7-5166-3470-7
定　　价：68.00元

目录

c o n t e n t s

前 言

21世纪看雄安。

这片古老旷远的土地上，将建成绿色低碳、信息智能、宜居宜业的现代化新城，百年建筑、千年传承，充分体现中华文化元素，达到国际一流城市水平。

展望未来，雄安将成为神州大地恢宏壮丽的发展篇章。

回首往昔，这里也有中华文明五彩缤纷的历史画卷。

雄安新区原不过是华北平原上三个不大的县，在祖国辽阔疆土上本不引人注目，但华夏文明博大浩瀚，在这一小片区域里也蕴藏着悠远深厚的内涵。

黄土地上有过无数绚美的绽放，发生了许多动人的故事。专家认为，容城境内的南阳遗址是春秋时期的临易城，两千多年前，燕国都城从今北京市区迁到这里，成了当时幽燕之地的中心城市。战国后期，荆轲吟唱"风萧萧兮易水寒"，壮别燕太子丹之地，在安新白洋淀边。东汉末年，公孙瓒在雄县、容城一带建起宏大的楼群，从纵横沙场的白马将军，变成从不外出征战的"宅男"。

黑云压城的烽烟中，上演过一系列的战争剧、谍战剧、宫廷剧。

一千年前，雄州城可算上举国关注的"特区"，北宋与辽在这一地区进行对峙与沟通，外交、军事、经济、政治等方面的种种大事在这里发生，寇准、王安石、苏轼、欧阳修、包拯等名臣显宦往来于此。杨六郎等在附近征伐攻守，金戈铁马、热血忠魂；李允则等守雄州施展奇谋，谍影重重、精彩纷呈。

紫气关临的机遇里，产生出一批学者、贤臣和将军。从金代开始，北京成为京师，雄安一带由以前的边远地区变为畿辅之地，元、明、清直到民国初年，作为首都周边地区，雄安的人文环境大为改观。文化进步、教育发展、人文荟萃，一代代在此出生成长的人物走上历史舞台，慷慨上进、诚义忠信、积极有为，表现出这片土地孕育出的气质和精神。容城三贤、民国两上将，青史留名。

红旗唤醒这片热土，在民族危难中进入全新时代。日寇铁蹄践踏华北，国民党军队和政府节节败退，大片国土沦丧。在此民族生死存亡之际，中国共产党人挺起民族脊梁，直面强敌，勇赴国难。在敌后，抛洒热血争取自由，张扬理想凝聚民心，唤醒了沉睡于民众中的力量，汇合起民族复兴的洪流。《雁翎队》《小兵张嘎》《新儿女英雄传》，记录下雄安觉醒的历史时刻。

绿意盎然穿越沧桑，复兴路上建设生态水城。白洋淀是雄安最浪漫之地，也是最无奈的地方。千百年来，人们为了自己的需要，多次改造这一地区，几番淤平几番浩瀚。这片水域也承载过许多人的情感和梦想，诸多文人墨客在这里流连吟咏，留下许多清新优美、抒发情怀的作品，传续了悠悠文脉。在雄安蓝图中，这片古老而浪漫的水域受到格外重视和保护。

"学史可以看成败、鉴得失、知兴替。"雄安斑斓丰富的历史，蕴含着这片土地的深层气质。

2017年7月底，在雄安行走，一路所见，仍是普通城镇楼房、寻常田野村落，除了映入眼帘的"建设雄安新区是千年大计、国家大事""美好新区、有你有我""燕赵大地，又一个春天的故事正在拉开帷幕"一类的标语，和冀中其他地方尚无两样。

这平常之中，正酝酿着华彩蝶变，也湮没着不少精彩。

雄安回望，从不起眼的街巷村边、田间地头钩沉往事，探寻过往痕迹，叩响沉寂的传奇，解码这传奇中蕴含的风骨气质，可以更全面了解这一区域，更清楚认识前人先贤，更深刻理解现象规律。

"知之甚深，才能爱之愈切。"

梳理雄安往事：燕昭王到底是谁，他是否筑过黄金台，人们反复吟诵黄金台表达了怎样的情怀？古地道在宋辽战事中能发挥什么作用，它到底是不是宋抵御辽的战道，目前我们对它的认识能有多少？那几个小兵张嘎原型是真的吗，作者如何创作出这一脍炙人口的艺术形象，这个少年形象里包含着多少内容？

读解雄安前人：公孙瓒为何打烂了一手好牌，他怎么就从一个威名远扬的将军变成厌倦打打杀杀的"隐士"，真是志大才疏吗？杨六郎可曾把守三关口，他是不是像评书和电视剧中那样身经百战是国之栋梁，他在现实中的处境是什么样子？杨继盛为啥说枷锁飘香，他在狱中三年时间都经历过哪些事，真是用瓷片给自己做手术吗？

披阅雄安沧桑：容城三贤道德文章究竟如何，他们的人生转折有什么机缘和秘密，民国两将军经历了怎样的人生道路，有何启示？共产党人在抗战中付出了什么样的努力和牺牲，是怎样唤醒民众的，红色何以能成为雄安底色？白洋淀的变幻和浪漫都经历了怎样的过程，有什么规律和教训，留下多少让人难忘的情景和话语？

雄安回望，这里有悠长深远的文明、璀璨丰厚的文化，有复杂纠缠的矛盾、激昂壮烈的情怀，有浩渺阡陌的变迁、日新月异的发展。

从先秦、三国、五代、宋辽、元明清直到近现代，雄安一带发生的许多事、走过的不少人都载入史册。在民族成长和民族觉醒的重大历史时刻，这里没有缺席。雄安的历史，堪称一部缩微版的中国史。

在民族复兴的伟大征程中，雄安将以全新的面貌，成为亮丽的"中国名片"。

雄安回望，这片土地的历史交织着黄、黑、紫、红、绿瑰丽"五彩"，在斑驳灿烂的色彩中，书写着曲折感人的故事，隐含着耐人寻味的话题。

穿越时空隧道，从史料上、从传说中、从遗迹里，看事、看人、看沧桑，尽可能从原始资料中还原往事、接近前人、理解沧桑。

抚今追昔，温故知新。寻找补缀散落碎片，窥究透视消寂故事，探索解读雄安气质。

第一章

黄土地里的斑斓

　　雄安新区设立不久，容城县南阳村边就开始勘探。不是准备建设新楼，而是探寻湮没已久的古城。

　　这里是全国重点文物保护单位南阳遗址，不少专家认为它是史书上的临易——春秋战国时期燕国一个都城。

　　与此同时在南阳遗址，雄安新区文物保护与考古工作现场推进会召开。雄安新区文物保护与考古工作站揭牌，雄安新区联合考古队也宣布成立。

　　第三次全国文物普查显示，雄安新区三县共登记不可移动文物189处。专家称，这一区域文物遗存具有遗址类遗存多、埋藏较深、时代跨度大和以往专业考古较少等特点。

　　联合考古队由国家和河北省的文物工作者组成，分为8个调查队，通过踏查和勘探相结合的方式并运用遥感技术，对新区2000平方公里土地进行文物野外调查。

　　勘探发掘南阳遗址，标志着雄安三县史上最全面文物调查的开始。启动宏大征程之时，我们先小心探看前人足迹，尽力给后人留下更多人文遗产。

　　如今雄安新区仿佛一张崭新的白纸，铺满崭新的希望。由此上溯，漫漫岁月，这片黄土地上，也寄存过许多心愿，见证过许多努力。欲望与信念、残酷与热血、破灭与坚守，将一个个不断逝去的白天和黑夜绘成迷离的画卷。

一季一季花开，一季一季花落，无数绚烂从泥土中绽放，又化入泥土，累累黄土里掩埋着多少故事。

雄安的历史可以追溯到新石器时代，容城上坡遗址含磁山文化，安新留村遗址是仰韶文化。当地文保部门收藏着来自远古的石磨棒、石磨盘、彩陶钵、蚌刀、石斧……

容城那个34.5厘米长的石磨棒，两头粗中间细，那是长期使用后的印迹。不过，我们永远也不会知道，7300多年前，是谁用它磨损着岁月，又消蚀了怎样的时光。

雄安一带有叙述语气的历史从商周开始，商代这一区域存在过包括燕亳在内的一些小国，史称先燕；周初召公受封在这里建立燕国，史称姬燕，也就是人们常说的燕国。

到春秋战国时期，就传下不少故事：千金市骨、荆轲刺秦……

时间将现场变为遗迹，将真实幻成传说，"今人不见古时月，今月曾经照古人。"在不断更新的时空里，往日的绚丽零落进黄土和瓦砾之中，这吉光片羽里包含着雄安底蕴。

雄安第一个故事

燕国是雄安历史上第一个故事，也是一个谜。

关于燕国，古人没有留下多少信史。要讲好这故事，需要今人从碎片中搜寻求索，破解谜团。

雄安新区把"寻根"的第一站选在南阳遗址，很有道理。

南阳遗址距荣乌高速不远，相邻的南阳村有家不小的服装公司，村里的不少人家都做着加工服装的生意，服装业是当地支柱产业，成批服装不断由此运往城市。

这里是农村，不过早先它是一个城，一个都城。

遗址呈长方形，占地7万多平方米，高出地面，上面长满庄稼。前些年还与村子有点距离，现已和民房相邻。遗址四周有古河道，不知从哪年起，村民把它叫"城坡"，也常发现些稀奇的老玩意。20世纪80年代，文物人员进行考古调查，根据发现文物和相关文献判断，遗址或是燕都临易。

燕国最盛时国土包括今河北中北部和北京、天津、辽宁大部等，都城有蓟、中都、临易和下都等。昭王招贤、苏秦合纵、乐毅伐齐……燕国往事具有生动的故事性，不过故事的许多元素并不清楚。

两千多年过去，在这些故事的发生地，华丽宫室已成零砖碎瓦，峥嵘岁月只留只鳞片爪。

我们只能耐心寻找这些"碎片"，尽可能地穿越时空的迷雾，揭开笼罩在历史真实之上的面纱。

一

燕国迷雾重重。

它是周初分封的诸侯国，可建立后几百年历史，《史记》中的记录只有一句"自召公以下九世至惠侯"。从召公到惠侯这几代国君是谁？有什么事迹？很难知晓。

历史学者李学勤先生曾说："燕国历史的研究，在周朝各个主要诸侯国中，有独有的困难。这是由于史缺有间，从西周到春秋，有关燕国的记载十分稀少零碎。"

从春秋到战国，关于燕国的记载多了些，有了故事。故事精彩，但许多关键信息并不确切。燕国"大戏"的男一号——燕昭王，大名鼎鼎，可我们不能确定他是太子平还是公子职。"大戏"的重要场景黄金台，传说的遗址有10多处，但当初可能就没有这么一个台。

召公封燕，始封地在哪儿？史籍中说法不一，所指涉及河北、天津、北京，还有河南，具体地点10多个。

通过新中国成立以来的考古发现，多数学者认为在北京琉璃河。那里考证出城址始于公元前1045年，这一年也被认为是北京建城史开端。

琉璃河现建有西周燕都遗址博物馆，相关发现和依据有直观展示。考古发现还表明，琉璃河城址作为都城使用是在西周早期和中

① 考古人员在容城县南阳遗址上测量。

② 容城县南阳遗址旁，雄安新区文物保护和考古工作站大门。

③ 容城县南阳遗址。

④ 容城县南阳遗址。

⑤ 容城县古贤村民中心。

（2017年7月29日摄）

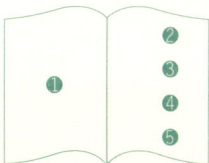

期，西周晚期就是一般居民点了。

史载，这时燕国都城是蓟，这个蓟又在哪里？

迄今为止，还没有足够的考古发现能准确回答这个问题。从零散史料判断，蓟大致在今天北京市区西南部分，具体位置还不好说。新中国成立后北京的城建中，在宣武门与和平门一带发现过大量古瓦井，有考古人员提出那里就是蓟，不过尚没有充足证据让大家普遍接受。

春秋时期，燕国都城曾从蓟迁往临易，这见于《史记集解》。此书在为"桓侯七年卒，子庄公立"一句作注中说："《世本》曰：'桓侯徙临易。'宋忠曰：'今河间易县是也。'"《世本》是先秦史书，汉末宋忠为之作注，在700多年前南宋后期《世本》失传。集解的作者是1500多年前刘宋的裴骃。此外，在《太平寰宇记》《括地志》《读史方舆纪要》等书中，都有"桓侯徙临易"的记载。

临易何在？指向还算清楚。宋忠点出河间易县，河间易县不是现在狼牙山所在的那个易县。唐李泰《括地志》中说："易县故城在幽州归义县东南十五里，燕桓侯徙都临易是也。"据《嘉庆重修一统志》记载，雄县，战国时为燕国的易邑，汉代置易县，曾属河间国，唐代改置归义县。"归义故城，在雄县西北三十五里。"

清代以来，雄县的名称和治所都没改过，也就是说临易应该在这一带。唐代易县故城（即临易）在归义东南15公里，清代归义故城在雄县西北35里，唐代的一里相当于现在不足500米，清代一里相当于现在500多米，据此，有可能临易在雄县西北10多公里处。

南阳遗址在雄县县城西北11公里处。

清道光年间尚龄《吉光所见录》中说："河间易州于败井颓垣中每有新获，动辄数千。"1981年春，文物工作者到南阳村进行考古调查。他们发现村子南、北、西三面都有古代遗址，以村南250米处遗址最大，为一台地，表面有很多陶片，器形有鬲、鼎、壶、罐等等。台地东部庄稼长势不好，有200多亩好几年都只能种苜蓿，他们判断可能下面地质较硬，是夯土。他们找到了写有"易市"字样的陶碗、陶纺轮、燕刀币、铜镞等，还了解到这里出土过"燕王职戈"、"西宫"铜壶和铜鼎等物。他们认为这里与燕国都城临易有关。

1982年，南阳遗址被列为河北省重点文物保护单位。随后，这里又陆续发现了不少燕国器物，遗址升成"国保"。

据《史记年表》，燕桓侯在位时间是公元前697年到公元前691年。或可以说，2700年前，燕国都城从今天的北京市区迁到了今天的雄安新区。南阳遗址新进行的考古发掘，有望为这一判断提供更多依据。

据河北省文物局介绍，国家文物局在批复南阳遗址2017年考古工作计划时提出，这项工作将为进一步搞清南阳遗址性质、范围和布局提供重要基础支撑。要求以大面积调查、勘探为主，以小面积发掘为辅，还应考虑建立南阳遗址考古地理信息系统，为开展长期考古和保护工作奠定基础。

二

燕桓侯为何要迁都临易呢？

现存史书里没有标准答案，要从当时的情形和事件中寻找原因。

燕国处在周王朝北部边疆，周围有山戎、肃慎等少数民族势力，山戎实力较强。1985年，考古人员在北京军都山一带发现山戎墓葬450多座，出土了大量包括青铜武器在内的器物，带有明显游牧民族特征。它活动范围曾达到中原。

春秋时期，周室暗弱，周围民族也不断劫掠各国。燕国直接面对山戎，饱受侵扰。《左传》记载，燕桓侯即位之前，山戎曾越过燕国，南下伐齐。燕都蓟靠近山戎，桓侯南迁临易，应该是迫于山戎的压力。这样可增加200多里地的缓冲地带，如有历史学家说："比在蓟城时处于北戎眼鼻子底下提心吊胆过日子，自然要好一些。"

可光靠躲是不行的，公元前664年，山戎攻燕，燕军极力抵抗，山戎骑兵还是冲到临易城下，桓侯继承人燕庄公向邻居齐国求救。正值齐桓公在位，他任用管仲为相，提出"尊王攘夷"，号召诸侯尊奉周王室，联合抵抗少数民族。

燕国求救，正是"攘夷"之机，齐桓公一口应允，亲率大军到临易帮助燕军打退山戎，山戎北逃，齐桓公带队追击，一直打到孤竹（今河北卢龙一带）。

返程中留下两个故事：一是"老马识途"。齐军从孤竹返回，因是春天去冬天回，景象大变，一时找不到回家的路，管仲说："老马之智可用也。"于是让老马在军前自由行走，跟着马找到路。这件事记载于《韩非子》。

另一个是"燕留地"。燕庄公为表感谢，送齐桓公出境，不知不觉送进了齐国国境50里。周礼"诸侯相送不出境"，齐桓公称"吾不可无礼于燕"，就挖沟为记，将燕庄公越境土地全送给燕国，取名燕留地，燕庄公筑燕留城以志纪念。这事《史记》中有记载，城址在今河北盐山一带。

100多年之后，燕惠公当政，是个同性恋，要光这爱好群臣就忍了，偏他爱得太深，想让男宠姬宋当执政大夫，这下大臣们不干了，于公元前539年联手杀了姬宋，惠公吓得跑到齐国，求齐景公出兵帮他回国"平乱",齐军北上,燕国大臣在临易拥立惠公弟弟为新君,并以宝物和美女送给齐景公求和成功。之后,燕国人觉得距齐国太近也不好,都城就从临易迁回西边,有了后来的燕中都和燕下都。

又过了近二百年,燕文公曾两次打败齐国,东部边境安全系数增加,公元前355年左右,都城又迁回临易一带,史书记载这个城叫易。

易和临易是什么关系?有学者认为易就在距南阳遗址不远的容城县古贤村,那里有周代遗址,古贤就是古县,是古县城,原名易。新区正进行的文物调查,或能给出答案。

燕国都城搬了好几回,主要是缺乏安全感。电视剧《芈月传》中,芈月陪儿子到燕国做质子时饱受磨难,剧中情节是受人迫害,燕地条件艰苦倒是事实。处在列国最北边,山高气寒,交通不便,经济条件不好,国力比较弱。力量不足又处于边地,国都就得找安全点的地方,还要修长城。

燕长城是雄安新区重要文化遗存,8个调查队中就有一支专门调查燕长城。

燕国修了两道长城。燕北长城在河北北部和内蒙古、辽宁一带,东边延续到了朝鲜境内,后来秦始皇修长城就利用了燕北长城。雄安境内是燕南长城。《史记·张仪列传》中张仪吓唬燕王说:"今大王不事秦,秦下甲云中、九原,驱赵而攻燕,则易水、长城非大王所有也。"他所说长城就是燕南长城。

燕南长城从燕下都所在的易县开始,向东延伸,因沿易水也称易水长城,是燕国的南部边界。涉及河北中部七个县,总长约259公里,包括雄安三县,其中容城有约7公里、安新约28公里、雄县约36公里。

这是《河北省志·长城志》中的数字,实地寻访,如果不是事先做功课或有人指引,很难找到这些长城。在多数地方即使走到跟前,被告知是长城，也感觉看到了"假的长城"，一来在平原没有八达岭、金山岭长城那样的英姿，二来历经沧桑大多已面目全非。

燕南长城是河北省重点文物保护单位，但在大部分地段在地表已看不到明显的遗存，有的部分修成了公路，有的部分被埋在白洋淀北大堤之中。

容城黑龙口村东长城遗址较明显，尚存长400多米、高2米左右的夯土墙。在安新涞城南长城遗址，曾挖掘到战国时期防御工程和使用的剑、戈、矛、戟、箭镞等兵器。

"折戟沉沙铁未销"，燕国虽条件有限，却不甘随波逐流，燕国在战国舞台上慷慨悲歌，唱出了自己的旋律。

燕国大戏的主角是燕昭王。

他是在一场浩劫中登场的。这要从他父亲燕王哙说起，公元前316年，燕王把国君之位禅让给大臣子之。禅让是让贤，可子之不贤。《韩非子》记载："子之相燕，坐而佯言曰：'走出门者何白马也？'左右皆言不见，有一人走追之，报曰：'有。'子之以此知左右之诚信不。"

无中生有地说过个白马，看看谁能顺着自己，这比赵高指鹿为马早100多年。

为忽悠燕王哙，有人不停在他面前夸子之贤良，劝他交出权力。齐国使者苏代也诱导燕王专信子之，这背后子之送给苏代百金。光这么忽悠还不够，《史记·燕召公世家》记载，鹿毛寿对燕王说，不如把国家让给子之，人们说尧是贤者，因为他把天下让给许由，许由不接受，尧有了让天下之名而又没丢了天下，你把国家让给子之，子之一定不敢接受，你就和尧一样有贤名了。

结果，燕王刚一让，子之就夺过去了。

子之谋权是高手，用权却低能。当政三年，民怨四起，太子平和将军市发难，齐国、中山国借机出兵入境。国家大乱，死了几万人，燕王哙和子之均死于乱军之中。

齐国攻入了燕都，占领燕国三年，大肆劫掠，任意屠戮，"毁其宗庙，迁其重器。"燕国军民群起反抗，别国也不认同齐国占据燕国。公元前312年，齐军被迫撤出。

这时燕昭王出现。他的身份和上场过程有两个，司马迁都记在《史记》中。《燕召公世家》里说："燕人共立太子平，是为燕昭王。"《赵世家》中称："王召公子职于韩，立为燕王，使乐池送之。"一个在国内坚持斗争被拥立，一个受邻国支持从别处迎回，到底是谁？司马迁留了道选择题。

有学者认为南阳遗址等多地发现"燕王职戈"，而没发现过燕王平字样的器物，且有史书说太子平死于乱军中，由此判断燕昭王是公子职。这还未成定论，但愿新的发掘能给我们最终的说法。

且不论他是谁，反正燕国的重头戏是他唱的。

燕国是苦寒之地，却有一种不甘沉沦的精神，燕昭王的作为就是个证明。

国破民残，百废待兴，燕昭王最痛恨齐国，"燕昭王怨齐，未尝一日而忘报齐也。"关于他的言行在《战国策》中记录得很生动："燕昭王收破燕后即位，卑身厚币，以招贤者，欲将以报仇。故往见郭隗先生曰：'齐因孤国之乱，而袭破燕。孤极知燕小力少，不足以报。然得贤士与共国，以雪先王之耻，孤之愿也！敢问以国报仇者奈何？"

郭隗在电视剧《芈月传》中也出场了，就是那个夫人屡次陷害芈月的相国。郭隗夫人史上无名，郭隗确实是燕国中兴关键人物。他发挥作用的关键，是在回答燕昭王时讲了个故事，就是成语"千金市骨"。他说，广招天下贤能才可成事，而要招贤，好比先花五百金买死马，有千里马的就会上门一样，先从厚待他郭隗开始，就能吸引来比郭隗强的人。

寓言在燕国成了现实，"于是昭王为隗筑宫而师之。乐毅自魏往，邹衍自齐往，剧辛自赵往，士争凑燕。"这几位非同小可，且不说乐毅，邹衍是位神奇的人物。燕地高寒，庄稼长不好，据说，他吹律引来暖风，使五谷丰收，吹律的地点在密云，有纪念他的邹夫子祠，也叫丰神庙。他提出九州之外还有大九州，中国只是海洋中一块陆地，在当时认知条件下，不知他世界地理为何能学这么好。另外，五行之说和五德始终说据说也是他创立的。

邹衍很能讲，人称"谈天衍"，他向昭王讲神仙的事，昭王心生向往，在海边修碣石宫求仙，这是东临碣石的源头。

据说，为迎接邹衍，燕昭王亲自扫路，又怕灰尘飞扬，用衣袖挡帚，这个动作叫"拥篲"。

剧辛是位名将，曾在临易一带驻守。还有位人才，苏秦，倡导合纵，最终因替燕国算计齐国被齐所杀。1973年长沙马王堆出土的《战国纵横家书》中说他与燕昭王同时代，感昭王恩德为其效力。

有了这些能人相助，"燕王吊死问生，与百姓同其甘苦。二十八年，燕国殷富"。

这时，复仇的机会来了。

公元前286年，齐国发兵灭宋国，还把楚、韩、赵、魏都欺负了一遍。各国联合起来，共推乐毅为帅。昭王封乐毅为上将军，倾国支持。乐毅率联军在济西大败齐军，别国收队，乐毅率燕军一路攻入齐都临淄，重演了当年齐国在燕都做的那一幕。20世纪在燕下都出土的齐侯四器，震动一时，被认为是乐毅伐齐的战利品。

燕昭王亲往劳军，梦想实现。

四

黄金台是燕昭王励志剧中的戏眼。

如今，在北京和河北保定、廊坊一带，能找出10多个与黄金台相关的地点。

北京历史上"燕京八景"中有金台夕照，北京关于黄金台的记载不少，但地点不一。南朝萧梁任昉《述异记》说："燕昭王为郭隗筑台，今在幽州燕王故城中。"幽州燕王故城故址在今白云观附近。明代蒋一葵《长安客话》中说："都城黄金台出朝阳门循濠而南，至东南角，峭然一土阜也。"这个黄金台在今东三环中路附近，现在还有金台路。

认可度比较高的黄金台在保定定兴县高里乡，是个大平台，高约20米。易县人则认为黄金台在燕下都，现叫张公台，残存基址7米高。

最初关于燕昭王的记录里并没有黄金台之称，《史记》和《战国策》都只说昭王为郭隗筑宫。第一个提到台的是孔融，他在《论盛孝章书》中说："昭王筑台，以尊郭隗。"那已是汉末，距燕昭王有500年了。

第一个说出黄金台的是鲍照，他在《代放歌行》中写道："夷世不可逢，贤君信爱才……岂伊白璧赐，将起黄金台。他是南朝刘宋的人，在燕昭王之后700多年。

隋代《上谷郡图经》中记载："黄金台，易水东南十八里，燕昭王置千金于台上，以延天下之士。"这是现存关于黄金台最早、最完整、最具体的表述，在燕昭王后900年。

从那之后，黄金台不仅有了现实存在，也成了一个诗词母题：怀才不遇者，借黄金台一浇心中块垒；饱学之士，评说黄金、贤才和明主，直抒胸臆；许多人包括君主，借景言志，挥写抱负。

公元696年，陈子昂随武攸宜出征到幽州，提出"乞分麾下万人以为前驱"，武攸宜以其"素是书生，谢而不纳"。陈子昂再次进谏，武攸宜不悦将他贬官。

烦闷的陈子昂徘徊在燕国故地，想起重贤的昭王，登临望远，访古伤今，一连写下七首《蓟丘览古》，序中说："丁酉岁，吾北征。出自蓟门，历观燕之旧都，其城池霸异，迹已芜没矣。乃慨然仰叹。忆昔乐生、邹子，群贤之游盛矣。因登蓟丘，作七诗以志之。"

他对黄金台所涉人物逐一追怀，其中《燕昭王》："丘陵尽乔木，昭王安在哉。霸图怅已矣，驱马复归来。"《郭隗》："逢时独为贵，历代非无才。隗君亦何幸，遂起黄金台。"

此后，思接鸿蒙的陈子昂吟出了那首千古绝唱："前不见古人，后不见来者。念天地之悠悠，独怆然而涕下。"

李白曾写道"燕昭延郭隗，遂筑黄金台。剧辛方赵至，邹衍复齐来。奈何青云士，弃我如尘埃。珠玉买歌笑，糟糠养贤才。方知黄鹤举，千里独徘徊。"

他的《行路难》中有："君不见，昔日燕家重郭隗，拥篲折节无嫌猜；剧辛乐毅感恩分，输肝剖胆效英才。昭王白骨萦蔓草，谁人更扫黄金台。行路难，归去来！"

从李白的才学和遭际看，他对黄金台有感怀不难理解。

宋代司马光有《燕台歌》云："万古苍茫空盛衰，燕台贤客姓名谁？君看碣石岩中草，宁似昭王拥篲时。黄金散尽余基没，易水萧条烽火飞。"将燕台、贤客、拥篲、黄金这些与黄金台相关的概念，放入苍茫、盛衰、散尽、萧条这样的意象里，表达对时间流逝、功业幻化的感慨。

十多年前，在北京市朝阳区一处施工工地上，人们挖出一通长2.7米的卧碑，上有清乾隆皇帝御题"金台夕照"，背面是他的《咏金台夕照》："九龙妙笔写空蒙，疑似荒台西或东……遗迹明昌重校检，辜然高望想流风。"他祖父康熙皇帝也作过《黄金台怀古》："昭王礼贤士，筑馆黄金台。矫矫昌国君，奋袂起尘埃。市骏固有术，贵在先龙媒。但得一士贤，可以收群材。"

这算是黄金台"甲方代表"发表的感言。

从昭王招贤史实衍生出了黄金台现象，这世上有没有那个黄金台其实已不重要，如有学者指出的："人们所指的黄金台已不是指实物的黄金台，而更多是指一种抽象的、具有象征意义的黄金台，代表的是对人才的吸引和重视的理念。"

感谢昭王引来这么一个所在，让后人可以寄托对抱负、事业的无奈，对理解、赏识的渴求，对岁月、沧桑的感怀。

黄金台，哪怕是虚拟的，也算这世上一个温暖的念想。

五

燕昭王能留给后人的不是他的功业。

在攻占齐都后，乐毅又用5年时间，攻下齐国70多座城，只剩下莒和即墨两城，眼看大功告成。这时燕昭王去世了。创立功业之后，昭王越来越对"谈天衍"的神仙之术感兴趣，有学者认为《山海经》就是邹衍介绍神仙世界的讲义。《搜神记》《述异记》《拾遗记》等书中有不少昭王好神仙的记录，炼丹药、房中术等不一而足。

结果，燕昭王五十多岁就驾鹤西游，留下凡世一地鸡毛。

继位的惠王早看乐毅不顺眼，齐国又施反间计，惠王用骑劫取代乐毅，田单以火牛阵大破燕军，燕国战果化为乌有。陈子昂在《乐生》中感叹："雄图竟中天，遗叹寄阿衡。"

在这之后，燕国国势日渐衰微，直到燕太子丹时荆轲拼死一搏，以一个感叹号终结燕国历史。

司马迁在评价燕国时说："燕外迫蛮貉，内措齐、晋，崎岖彊国之闲，最为弱小，几灭者数矣。然社稷血食者八九百岁，於姬姓独后亡，岂非召公烈邪！"

燕国以贫弱立身七雄，几经毁灭性打击，但最终能绵延八百年，得益于燕国有种不甘沉落、自强有为的精神，这也是燕昭王励志大剧的内核。

燕国终究没有出现志高气扬的大国风范，而是形成慷慨悲歌的地方风格。这是苦寒羸弱导致的激变，为改变落后面貌，自励自强，就有了拥篲折节事贤才的心胸气度，有了一剑敢当百万师的刚烈悲壮，是这些，支撑起燕国八百年。

如今，在故地上感知燕国，有太多的隔膜和疑问。昭王时都城在燕下都，经过对遗址近百年的发掘，燕下都研究已取得不少成果，但谜雾仍在。

燕下都周围，有10多个高约10米的圆形夯土墩台。文物部门介绍说，1996年一个土墩台夯土脱落，据勘察台内共有人头骨两千余个。

经鉴定，这些头骨均为二三十岁的男性壮年，距今已有2300多年的历史，应为战国时燕国所遗。其中，部分头骨有明显的砍杀痕迹，有的还插着青铜箭头。按已发掘的墩台推算，这十多个土墩台共有上万颗头颅。

这些头骨是什么人的？史无记载。有专家认为，是子之之乱受害者，也有专家说，是乐毅伐齐"战果"，不知道究竟是燕昭王上场时的背景，还是谢幕时的交代。据文物部门介绍，像这样大规模的带战争创伤的骷髅头骨成批出土，世界上极为罕见，但其成因究竟为何还有待研究。

燕下都遗址总面积32平方公里，主要遗迹武阳台是燕国王宫所在地，宫室无存，建筑基址尚在。占地20多亩，为三层夯土台，高12米，向上攀登小块瓦砾随处可见。

河北省文物专家石永士先生在燕下都进行考古数十年。他曾说："1966年在燕下都发现了一个铜铺首，相当于通常说的门环，其重量达21.5公斤，这么重的门环，可想当年那'门'该有多大！也可想当年那座'宫廷'该有多么壮观！"

但是，石永士和他同事能够拥有的，只有土堆、瓦砾、些许文物，以及一个个历史谜团。

目前，在南阳遗址上、在雄安新区里，文物工作者们正在对燕国"碎片"进行更深入更持久的探析，期待他们能找到更多的答案。

谁的荆轲

获得诺贝尔文学奖之后不久，莫言编剧的话剧《我们的荆轲》首度在国家大剧院舞台演出。

有研究表明，荆轲是从今雄安新区一带出发的。

安新县安州镇西北3公里，易水汇入白洋淀之处，有古秋风台。资料显示，荆轲从这里踏上征程。

他要以献图为名进入秦宫，拟献的督亢地图里裹着把徐夫人匕首，目标刺杀秦王。

督亢大致在今雄安和北京之间涿州、固安一带，徐夫人是个男子，名叫夫人，当时有名的铸造师，赵国人。赵都是邯郸，燕太子丹曾在邯郸当质子，和当时也在那的嬴政处得不错。可嬴政当秦王后对太子丹很不够意思，太子丹发誓报仇，找来荆轲……

荆轲那匕首没能刺中秦王，却穿透一轮一轮的岁月，成就了一个不老的传奇。

古代司马迁、陶渊明、苏轼等都曾评点、歌咏过荆轲。今天荆轲刺秦成了被不断演绎的IP，张艺谋、陈凯歌、莫言等都创作过相关作品。桌游《英雄杀》和手游《王者荣耀》中都有荆轲的形象，《王者荣耀》里他曾变成她，一个美少女。

从壮士到美女，两千多年，荆轲经历了怎样由真入幻的历程？那一次次举起匕首的，是谁的荆轲？

一

荆轲是在燕国故事即将结束时出场的。

请他上场的燕太子丹是燕王喜的儿子，在邯郸当质子时常和在那长大的嬴政一起游玩，后来又被派到秦国做质子，原以为当了秦王的嬴政会优待他，可结果恰恰相反。秦王刻意要在旧友面前摆谱，多次当众羞辱太子丹。

太子丹设法逃回燕国，朝思暮想报复秦王，可秦强燕弱，一时也没好办法。

随后秦军扫荡天下，燕国面临灭亡危险。国难私仇，太子丹寝食难安。找来太傅鞠武商量，鞠武提出联合余下诸侯及匈奴共同对付秦国，太子丹嫌这办法太慢。鞠武介绍他去找勇士田光，田光称年事已高，推荐了荆轲。

荆轲是卫国人，卫国在今天的河北南部、河南北部一带。他喜欢读书、击剑，在卫国不受重视，去了魏国和赵国。路过榆次和盖聂谈论剑术，一言不合，盖聂朝他瞪眼，荆轲没吭声就走了。在邯郸和鲁句践博戏，产生争执鲁句践生气喊叫，荆轲也默默走开。

到燕国后，荆轲交了两个朋友，一个是高渐离，擅长击筑，筑形似筝，是有十三条弦的击弦乐器；还有个屠夫，宰狗为业。三人天天街上喝酒，喝得兴起击筑高歌，旁若无人，像酒徒，可田光等有识之士知道荆轲不是一般人。

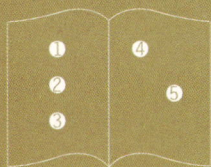

太子丹见荆轲，说："秦要吞并天下，燕国无力抵挡，想找真正的勇士，去秦劫持秦王，让他归还所侵占土地，不行就杀了他，造成其内乱，趁机联合各国打败秦国。这是我的最大愿望，不知道找谁完成，请您考虑。"

过了好久，荆轲才说："这是国家大事，我能力有限，恐怕完不成。"太子丹以头叩地，一再请求，荆轲答应。

荆轲被尊为上卿，太子丹天天来拜望，常送上宝物。可过了好些日子，荆轲也没动静。

这时秦军攻取邯郸，抵达燕南长城。太子丹找荆轲说："秦军快渡易水了，到时我可照顾不了您了。"荆轲表示："你不说我也要干，可空手去秦国，怎能接近秦王，樊於期是秦国叛将，秦王悬赏黄金千斤、封邑万户要他脑袋。能得到樊於期的头加上秦王想要的燕国督亢地图，献给秦王，秦王一定会见我。"太子丹却觉得樊於期无奈来投，不忍加害。

荆轲去找樊於期说："秦国把你全家都杀了，还以重金要你的头，你有何打算。"樊仰天长叹："每想起这事，我痛入骨髓，可不知道该咋办！"荆轲说："我把你的头献给秦王，借机刺杀他，既可洗雪将军之仇，也可除燕国之辱，你肯吗？"

樊於期闻言，慨然自刎。

太子丹花百金买来徐夫人铸造的匕首，用毒水淬过，试验一下，见血必亡。还选了个助手，燕国勇士秦舞阳，13岁就杀过人。荆轲想等远方的一个人同行，太子丹一再催请，荆轲不高兴地说："去了完不成任务，是没出息！要拿把匕首进入危险重重的强秦，不那么简单，我是想等另一位朋友同去。既然你觉得我在拖延，那就道别出发吧！"

以上记述主要来自《史记》，应是最接近真实的荆轲。古书《燕丹子》主要描述荆轲刺秦故事，多了些曲折生动，有些艺术化了。比如太子丹从秦国回来前，秦王不让回，说"乌白头、马生角"才行，太子丹仰天长叹，怨气打动天地，乌鸦白头、马生犄角的事竟然出现，秦王只好放了他。

《燕丹子》中，荆轲在燕太子丹前的表现也与《史记》记载大有不同：他在东宫里用槃金投龟，不投了还说："不是为太子爱惜金子，是胳膊痛了"；和太子丹共乘千里马，说"闻千里马肝美"，太子杀马进肝；一起喝酒，有美人弹琴，随口称赞，太子就把美女奉送，又说"光喜欢手"，太子即断其手献上。之后，主动向太子丹请命，提出用正常外交、军事手段难以抗秦，要去刺秦。

《燕丹子》作者不知何人，成书年代说法不一，有秦汉之间、东汉之说，多数学者认为它不是史书，属传记小说。

《史记》中对"马生角"之类怪诞的说法进行了甄别，这说明在《史记》之前，《燕丹子》中的夸张内容就有流传。

由此可以判断，在汉代，荆轲就已不单是个历史人物，他身上已经有了虚构的附丽。

二

荆轲刺秦戳泪点的戏不在秦宫，在白洋淀边上。

在后人吟诵荆轲的诗句中，较多是对易水送别、慷慨悲歌的追怀感念，而不是关注秦宫中那奋力一拼。

"易水萧萧西风冷，满座衣冠似雪。正壮士、悲歌未彻。啼鸟还知如许恨，料不啼清泪长啼血。谁共我，醉明月？"（辛弃疾《贺新郎·别茂嘉十二弟》）。易水、秋风、壮士、悲歌，这组画面感很强的词构成了一个经典意象。这个意象引发过不少感慨："一量秦皇马角生，燕丹曾此送荆卿。行人欲识无穷恨，听取东流易水声。"（唐，胡曾《易水》）。

司马迁描写的历史现场是这样的："太子及宾客知其事者，皆白衣冠以送之。至易水之上，既祖，取道，高渐离击筑，荆轲和而歌，为变徵之声，士皆垂泪涕泣。又前而为歌曰：'风萧萧兮易水寒，壮士一去兮不复还！'复为羽声忼慨，士皆瞋目，发尽上指冠。于是荆轲就车而去，终已不顾。"

一百多个字，有情节有景物，有歌词有曲调，绘出一幅千古犹传的画面。后人对这场景的解读、诠释不知凡几。

如"皆白衣冠以送之"一句，有人说，太子丹率一帮人穿白色丧服走好远去送行，该引起多少人注意。有学者解释说，这里的"白衣冠"是指老百姓的衣服，顾炎武《日知录》中有"白衣者，庶人之服。"穿这服装恰是为了不引人注意。

"至易水之上，既祖，取道"一句。有人说，"祖"是古人出远门时祭祀路神的活动，"既祖"是祭神后在路上设宴为人送行。不少学者认为这个"祖"是指祖泽，《墨子》中有"燕之有祖，当齐之社稷，宋之有桑林，楚之有云梦也"。将祖与云梦、桑林、社稷这些地名并列，这个"祖"是个地方。清代学者王冶之、孙也让等均解释"祖"为"祖泽"，即白洋淀一带的古称。对这句话的具体描述应该是，从燕都出发，沿南易水，到白洋淀附近，改走陆路。

唐张守节在《史记正义》中说，燕太子丹送别荆轲之地"在幽州归义县界"。归义县就在今天的雄安境内。清康熙十九年刊《安州志》卷七《古迹》中记载："秋风台，在城北易水旁，即燕丹送荆轲之处。"

今修《安新县志》中说："古秋风台位于安州镇西北1500米，南易水入白洋淀河口地带，系战国荆轲刺秦王由水路上旱路燕太子丹与之分手之处。现存石碑'古秋风台'一座，原碑为汉白玉石，刻有荆轲事迹。清道光十六年（1836年），安州天宁寺住持源琇按原尺寸重刻。碑为青石料，高1.95米，宽0.81米，厚0.1米，碑阳刻'古秋风台'，阴刻立碑原因。"

20世纪60年代当地兴修水利时，"古秋风台"石碑被当作基石断成四块使用。后来安新县进行文物普查时，发现古秋风台遗址和石碑，现犹存"古秋"、"风台"两块残碑。

秋风萧萧，易水瑟瑟，高渐离击筑，荆轲和着拍节唱歌，音调苍凉凄婉，众人不禁泪落，边走边唱，"风萧萧兮……" 曲调转为慷慨激昂，大家怒目圆睁，头发直竖……这该是史上白洋淀边最具传播力的一段"视频"。

"壮士提戈出凤城，易桥相送夕风生。行人试看东流水，犹是当年呜咽声。"（明，邵炯《安州八景之易水秋风》）。前面是秦国所向披靡的铁骑，后面是燕国无助待宰的妇孺，一把匕首怎堪扭转乾坤，改变天下大势。

易水送别之所以满溢苍凉，是因为从一开始就注定是一个悲壮的行程。以一剑挡强秦，豪气干云，可这豪气也源于积贫积弱，难以回天之下的无奈。

到秦国后，通过给秦王左右行贿，荆轲如愿获得秦王召见。在咸阳宫浩大的威仪中，荆轲捧着樊於期的首级，秦舞阳捧着地图匣子，次序前行，到殿前台阶下，秦舞阳害怕得发抖。荆轲回头笑笑，又上前谢罪说："没见过世面的粗人，请大王宽恕。"随即取过地图献上，秦王打开地图，图穷匕见，荆轲趁势用左手抓住秦王衣袖，右手扬起匕首直刺。一击未中，秦王惊起，挣断衣袖，抽剑，剑长，没能拔出，绕柱奔跑，荆轲紧追……秦律，殿上只有秦王带兵器，殿外武士王命不能进殿。紧急时刻，侍从医官夏无且把手里的药袋扔向荆轲，这当口秦王拔出宝剑，砍向荆轲……受伤的荆轲用匕首投刺秦王，只击中铜柱……

后来，秦军攻破燕都，燕王喜杀了太子丹，想献给秦王自保。秦军继续进攻，公元前222年燕国灭亡，燕王喜被俘。秦一统天下，秦王成了秦始皇。他听说高渐离善击筑，就熏瞎了高的眼睛，让其给自己表演。高渐离把铅放进筑中，进宫击筑时，举筑撞向秦始皇，没有击中……

由那以后，秦始皇终身不再接近从前六国的人。

三

"握中铜匕首，纷锉楚山铁。义士频报仇，杀人不曾缺。可悲燕丹事，终被狼虎灭。一举无两全，荆轲遂为血。诚知匹夫勇，何取万人杰。无道吞诸侯，坐见九州裂。"王昌龄《杂兴》对荆轲进行正面评价，肯定其勇气，悲悯其失败。

陶渊明《咏荆轲》："燕丹善养士，志在报强嬴。招集百夫良，岁暮得荆卿。君子死知己，提剑出燕京；素骥鸣广陌，慷慨送我行。雄发指危冠，猛气充长缨。饮饯易水上，四座列群英。渐离击悲筑，宋意唱高声。萧萧哀风逝，淡淡寒波生。商音更流涕，羽奏壮士惊。心知去不归，且有后世名。登车何时顾，飞盖入秦庭。凌厉越万里，逶迤过千城。图穷事自至，豪主正怔营。惜哉剑术疏，奇功遂不成。

其人虽已没，千载有余情。"

惋惜之余，也叹息他剑术不精。这一点饱读武侠小说的现代人更是挑剔。有人在网上发帖说"荆轲身手太差是暗杀失败的最大原因"，并列出荆轲错失的三次"良机"：左手抓袖，右手捅刀不能命中；环柱追击，没追上秦王；以匕首投刺秦王，没有击中。还有人建议荆轲去前应多做些功课，比如练练飞刀、折返跑、擒拿格斗啥的。

也有人不服，认为："他的剑术完全胜任此一大任。荆轲刺秦未果不是他剑术不精，而是由其他无法预测的诸多因素造成的。"比如他抓住秦王的袖子，没想到那是个假冒伪劣的华服，一挣就断裂了，"否则秦王就会在荆轲的匕首下乖乖就范"。

秦王乖乖就范可否改写历史，有人认为即使刺杀成功，也很难救燕国，对荆轲所为不以为然。苏轼写道："荆轲不足说，田子老可惊。燕赵多奇士，惜哉亦虚名！"朱熹说："轲匹夫之勇，其事无足言。"司马光在《资治通鉴》中评论道：燕太子丹"轻虑浅谋，挑怨速祸"，"荆轲怀其豢养之私，不顾七族，欲以尺八匕首强燕而弱秦，不亦愚乎！"

近年还有人在文章中说天下统一是"大义"，刺秦保燕是"小义"，没有必要过誉荆轲。在20世纪70年代，荆轲甚至被认为是"为没落阶级卖命，绝不是什么壮士，不过是叮住腐尸蠢动的蛆虫，必定要被历史车轮轧得粉碎！"连荆轲行前那两句悲凉的诗句，也被说成是"几声凄厉，几声抽泣，它既是荆轲垂死前的悲鸣，也是奴隶主阶级临终时的哀歌"。将对荆轲的否定推到了极致。

当时秦强燕弱，从历史走势看，秦国的统一和燕国的灭亡是大势所趋。燕太子丹设谋请荆轲刺秦王，其实是没有办法的办法。荆轲刺秦王这件事本身也许没有多少历史价值，但荆轲在这一事件中表现出的胆识和气度还是得到了不少赞叹，这也是他成为传奇人物的基础。如司马迁在《史记》中所说："此其义或成或不成，然其立意较然，不欺其志，名垂后世，岂妄也哉！"

有记载说，荆轲在汉代还曾经被当作门神，算是我国古代较早成为门神的武士，这个"待遇"也算民间对他的一种肯定吧。尽管无力回天，却仍拼死一争，这种重义轻生的精神也赢得了后人尊重。

唐代柳宗元有《咏荆轲》一诗："长虹吐白日，仓卒反受诛。按剑赫凭怒，风雷助号呼。"明代李东阳《易水歌》："道旁洒泪沾白袍，易水日落风悲号。督亢图穷见宝刀，秦皇绕柱呼且号。"清代毕沅《易水行》："日暮高歌易水行，荆卿虽死今犹生。能使长虹贯白日，能以颈血溅秦廷。"

荆轲不是诗人，却留下两句传颂千古的诗。唐代韩愈在《送董邵南游河北序》中称"燕赵古称多感慨悲歌之士"，也是从那两句诗生发，成了至今还被河北人引以为豪的一句话。河北评选"燕赵历史名人"时，当地报纸上发表了一些文章，其中多推崇荆轲，说："荆轲这种为国效忠、为民除暴、视死如归、义无反顾的献身精神，一直被人们视为义举传颂。慷慨悲歌高度概括了燕赵儿女热爱家国、追慕平等、不畏强暴、勇于抗争的气节和风骨。"

四

《我们的荆轲》由北京人艺推出，王斑、王雷、于震、宋轶担纲主演，拿下了中国话剧"金狮奖"的最佳剧目奖和优秀编剧奖。

据介绍，《我们的荆轲》取材于《史记·刺客列传》，人物和史实基本忠于原著，但对人物行为的动机却做了大胆的推度。导演任鸣曾说："《我们的荆轲》关键不是荆轲，而是我们。'我们的'代表一种现代性，我们的语言，我们的解读，我们的思想，代表了一种全新的角度。通过历史题材，引发观众对当下生活或自身命运的联想与思考，是这部戏的创作动因。"

莫言在接受《艺术评论》采访时说："我把荆轲从一个传奇人物还原为一个俗人、平常人，一个跟我们一样的人，处在一个这样或那样的生活圈里面，一样想成名。荆轲处在当时那个时期的侠坛圈子里，这个小圈子里有种种的利益纠葛、钩心斗角等等，我就想让我的观众看到荆轲的环境，联想到自己的环境。"

剧中，王斑演的荆轲和宋轶演的燕姬在刺秦前共度一夜，燕姬一席话令荆轲顿悟："最动人的戏剧是悲剧，最感人的英雄是悲剧英雄，他本该成功，但却因为一个意想不到的细节而功败垂成。如果你能做到这一点，你超越了历代的侠客。"一次成功的刺杀，就像"有情人终成眷属"一样平庸。为了成名，荆轲决定拒绝平庸，将刺杀演成悲剧。

两位演员凭借此剧分别获得了中国话剧表演"学院奖"的最佳主角奖和最佳配角奖。但这样新鲜犀利的解读却让一些关注荆轲的人士很是不满，有论者认为："荆轲刺秦是出于自己的政治抱负，那就是恢复家园，让人民安居乐业。然而，莫言完全忽略了这一背景，把荆轲描写成一直在燕国蓟城菜市场厮混的无业游民，一个'不遗余力想出名'的小混混。实在唐突了英雄。"

从维护"正统"荆轲形象来说，这批评也不无道理。但这是21世纪对公元前227年的演绎，穿越这么长的历史隧道，荆轲以什么样的面目重返人间都不奇怪。他身上承载的已不再是燕太子丹的托付，而是现代人的理解和想象。

作为艺术作品中的常客，别样的荆轲我们见过不止一个了。前些年，刘烨也演绎过一个荆轲，在电视剧《荆轲传奇》里，这个剧介绍中说，它不是单纯记录荆轲刺秦的行动，更不是描写嬴政的残暴，它描写的是荆轲如何从一个善良的普通人成为一个刺客并最终走上刺秦道路的故事，着重描写了人性的弱点和战争中人性的变化，表现人们对战争的憎恶与对祥和的向往，剧中荆轲与四个女人的情感纠葛成为主线，这当然是为新主题虚构的情节，《史记》中关于荆轲与女性交往的记载几乎没有，能沾点边的是太子丹为结交荆轲"进车骑美女，恣荆轲所欲"。

虽然如此，胡彦斌唱的片尾曲至今还能记起："剑煮酒无味，饮一杯为谁……这心没有你，活着可笑。这一世英名我不要，只求换来红颜一笑。"这歌叫《红颜》，听起来与荆轲"风萧萧兮易水寒"的情怀不太搭调，但旋律不难听，与剧情也合拍。刘烨的荆轲少了一些霸气，但也表现出了一个普通人被迫抛弃自己的生活成为刺客的难言与无奈。

还有陈凯歌电影《荆轲刺秦王》是直接表现，张艺谋电影《英雄》也是脱胎于荆轲的故事……当人们一遍又一遍地让荆轲举起匕首的时候，刺杀秦王已只是个形式，真正要完成的任务是展示后人演绎的内容。也许正是这些新的内容，给这个两千多年的传奇源源不断地注入活力。

莫言访谈时还说："我们现在所看到的历史都是后人写的，只不过是这个后人比我们更早一点而已，他们已经把自己对历史人物的理解，对历史事件的看法融合进去了，是主观的历史，而不是客观的历史。所谓忠实于历史，本身就是个伪命题。"

秋风易水之上，确实曾有那个荆轲，虽然距离很远，但我们能够尽力靠近。艺术作品当然可以进行演绎，但演绎也有一定的限度，忠实于历史，应该不是个伪命题。

即使游戏里出现了叫荆轲的美女，我们也总该知道刺秦的荆轲，是条汉子。

五

"不是你记忆中的刺客，但致命的程度没两样。"

这是《王者荣耀》里阿轲的台词，受到质疑后，这款游戏将荆轲改名为阿轲。原来台词中"不是你记忆中的荆轲"改为"不是你记忆中的刺客"。

介绍称，阿轲将重新树立刺客职业的标杆。没有硬控，没有生存放大，只有刀刀致命的伤害和贴近对手的能力。一旦把握好进场时机，找准需要暗杀的敌人潜行到其身后，阿轲将会发起最为致命的偷袭，一旦完成击杀，阿轲又可以再次影遁于暗影之中，伺机待发寻找下一个目标。

虚拟世界中，活跃着阿轲，现实世界中，也有不少荆轲的相关遗迹。

荆轲墓，在陕西、河南、河北、山东、江苏等都有，全算下来不少于10处。河南淇县说是荆轲故里，相传荆轲死后被草草掩埋于咸阳附近，淇县人感其义举，将尸骨秘密迁回埋葬。清乾隆二十四年《淇县志》载："荆轲旧居：在县境内"；《朝歌乡志》载："荆轲墓冢，在城南三里许"。

在山东省鄄城县、江苏丰县、陕西蓝田县、河北肃宁县也都有荆轲墓。

陕西蓝田这个荆轲墓，据清代《蓝田县志》载："荆轲墓在县西北三十里，今位于华胥乡支家沟西北。"前几年，为建高速公路，考古专家对这座墓进行发掘后确认，这个墓是西汉高等级大墓，还根据发现情况判断墓主人可能是汉武帝之女鄂邑长公主。

与其说这些墓里埋着荆轲，不如说是铭记着人们对荆轲的追怀和肯定。

在燕国故地，荆轲死后，燕人在其生活过的地方筑衣冠冢，在燕下都附近，后称为荆轲山，到了辽乾统三年（公元1103年）又在冢上建塔，称荆轲塔，又名圣塔院塔，也许当初的修建是与佛教有关，但到明清两代，圣塔院正殿供奉的是田光、荆轲、樊於期三义士之像，每到清明节乡民都在塔上张幡设祭，为荆轲招魂，也称招魂塔。

现存的荆轲塔为明代重建，清代修葺，1985年进行了维修，为八角13层实心砖塔，通高26米，2006年成为全国重点文物保护单位。前几年，这里建成荆轲公园，树起了荆轲像，刻写了历代咏荆轲诗。

登上荆轲山，瞻望荆轲塔，风萧萧，易水流，刺秦壮士一去不返，却有了这刺向天空的塔。

在燕下都附近，还有两座塔与刺秦有关。燕子村据说是燕太子丹居住办公之地，有个燕子塔说是为纪念燕太子丹而建，始建于辽，现存塔高16.5米，为明代建筑风格。血山相传是樊於期自刎之处，因他自刎后鲜血染红周围土地而得名，元代中统二年（公元1261年）建了一个镇灵塔纪念樊於期，现存残塔高7米。

易水秋风，古来就是白洋淀所在安州八景之一。清道光年间，俞湘在编纂《安州志》时依名核实。写道："易水秋风：安数燕地，易州有三易水，南易水经其北境，荆轲为燕报秦怨，以樊将军头于督亢图为献秦，以便行刺，燕太子丹送轲于易水之滨。高渐离击筑，轲和歌为羽声，士皆嗔怒，发上指冠，既此也，三官庙前旧有秋风台，久倾圮。"

100多年前，俞湘在白洋淀边寻古访旧，感叹："不知岁月迁流，沧桑逆变，苏东坡云：曾日月之几何，而江山已不可复识……然寻其故迹，访诸遗闻，犹仿佛目前。见有历朝名人诗词所咏，岂尽欺人。"

在咏荆轲的诗中，唐人骆宾王《易水送别》和贾岛《易水怀古》都挺有名。

前一首是："此地别燕丹，壮士发冲冠。昔时人已没，今日水犹寒。"后一首是："荆卿重虚死，节烈书前史。我叹方寸心，谁论一时事。至今易水桥，寒风兮萧萧。易水流得尽，荆卿名不消。"

两首诗的后两句放在一起别有意味。

近些年，一直"水犹寒"的易水真是"流得尽"了，几度断流；早就"人已没"的荆轲确实"名不消"，在现实中遗迹犹存、影视里面目常新、游戏内生龙活虎。

即使"风萧萧兮易水寒"的景象不再，那个"一去兮不复还"的壮士仍在路上。

公孙瓒为何打烂了好牌

雄县县城西部，有个人称一片楼的地方，包括杨西楼、红西楼、韩西楼等，原都是村名，前些年还大都是田野农舍，现在有了楼。

在许久以前，这里确实曾有一片楼，一片非常壮观的楼。

东汉末年，这一带称易京，有位白马将军在此建起宏大的楼群，楼房数以千计。将军原本是聪慧美少年，"人美姿貌，大音声，言事辩慧"，打起仗来威武雄壮，"厉色愤怒，如赴仇敌，望尘奔逐，或继之以夜战"，常率一群神射手，一色白马，纵横沙场，所向披靡。

他叫公孙瓒，建楼时已久历沙场，心生退意，想安享岁月。不过人在江湖，身不由己。时间不长，这浩大的楼群就陷入血光之灾，成了他的葬身之地。

在《三国演义》中，公孙瓒不大引人注目，电视剧里就是个胡子拉碴的大叔，出场不久就挂了。其实论颜值、才干、事业……他都有"当红"的潜质，曾是他部属的刘备最后都跻身鼎足三分，而他上场是驰骋无敌的白马将军，结局成了缩守高楼的瓮中之鳖，这人生际遇和选择也颇值得回味。

一把好牌，怎么打成这样呢？

一

身在乱世，公孙瓒凭天资和努力开创出一番天地。

他字伯珪，今河北迁安一带人。家世不错，但母亲地位低贱，小时候受歧视。当时门阀贵族主要靠父辈关系网被举孝廉、茂才进入仕途，前段时间热播剧《军师联盟》开场白说，当时没有科举制，士人晋身主要靠高人名士的评语，就是这背景。但晋身主要不是靠才华，要讲出身和关系。

公孙瓒没机会，起点是太守府上的书佐，约相当于市政府打字员。

从书佐到封侯，公孙瓒靠实力完成了三级跳。

第一跳靠颜值聪慧。在太守府上被领导相中，成了侯太守的女婿，得到"进修"机会。师从大儒卢植，有个同学叫刘备。回来后，新任刘太守就升他做上计吏，类似市县财政或统计部门负责人。这一跳难度不算大，男婚女嫁，攀龙附凤，对外秀内慧的青年来说，开往富贵的车可能有空座。

第二跳靠义气担当。刘太守被查，解送京城，法律规定不许下属接近，公孙瓒化装成小兵，亲自赶车送行，照顾有加。太守要被流放到日南（今越南境内），公孙瓒准备了酒肉祭祖，说："日南多瘴气，怕回不来了，在此永别祖先坟墓。" 慷慨悲泣，在场的人无不叹息。幸运的是，走到半道被赦。回到家，就被举孝廉，这是晋升高干的资格，并任辽东属国长史，大致是省一级的秘书长。这一跳需要些水平，要超越自己的靠山，得取信于新的恩主，公孙瓒表现出在上司失势时敢违反规定效忠的勇气和担当，被赏识非偶然。

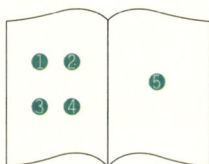

❶ 雄县一片楼之红西楼内小区。　　　　（2017年7月29日摄）

❷ 雄县一片楼之红西楼内小区。　　　　（2017年7月29日摄）

❸ 雄县一片楼之杨西楼街景。　　　　　（2017年7月30日摄）

❹ 雄县一片楼之杨西楼街景。　　　　　（2017年7月30日摄）

❺ 邯郸邺城遗址曹操像。　　　　　　　（2013年摄）

第三跳靠英勇善战。辽东地处边界，鲜卑、乌桓等游牧民族常来侵袭。一次公孙瓒带几十骑出行，突遇鲜卑骑兵，他手持双刃，杀敌数十，突出重围。另一次，他和破虏校尉邹靖一起追击胡人，邹靖被围，他回军解救杀败胡人，又乘胜穷追，天黑了点起火把接着追。还有一次，叛贼张纯联合乌桓丘力居来犯，一路烧杀劫掠，他率军迎战，大获全胜。他被称为白马长史和白马将军，他骑白马的亲随后来发展到三千人，号称白马义从。乌桓人互相转告，别碰上白马长史，他们还记住了公孙瓒的声音，晚上打仗，听见就跑。

189年，公孙瓒被封为奋武将军和蓟侯，拥兵一方。这一跳难度很大，得有过人之处，大多数人无力完成。

这年董卓作乱，袁绍、袁术、曹操等群雄纷起。河北一带有四支力量，幽州牧刘虞、冀州牧韩馥以及公孙瓒和袁绍。袁绍时任渤海太守（治所在今河北沧州），是韩馥下属，公孙瓒归刘虞领导。

刘虞是皇室后裔，在幽州多年，广布恩德，颇有名望，追求保境安民，要军队守纪律，主张以恩信招降乌桓。公孙瓒则想扩充实力，扫平乌桓，重视打胜仗，宽纵部下扰民，对以德服人的上司不以为然，暗地里给领导出难题。刘虞派人去给听话的部落赏赐，公孙瓒就叫人去拦抢。

190年，董卓逼汉献帝迁都长安，刘虞的儿子刘和在献帝身边供职，献帝想回洛阳，派刘和去请刘虞出兵接应，路过南阳时被袁术截住，袁术提出让刘虞派兵来共同接驾。刘虞要出兵，公孙瓒反对，认为去了会被袁术吞并。刘虞坚持派去几千人，公孙瓒表面服从，还让堂弟公孙越也跟着去，私下给袁术写信建议扣留刘和吞并幽州兵。袁术照办，刘和却设法逃回，刘虞了解内情后深恨公孙瓒。

袁绍取代了韩馥，成为冀州牧兼渤海太守，势力大增，和袁术产生冲突。战事中在袁术麾下的公孙越中箭身亡，公孙瓒闻讯大怒，说："我弟弟的死，袁绍是罪魁祸首。"准备征讨袁绍。

这时青州、徐州黄巾军30万北上，要过渤海与河北中部的农民军——黑山军会合。公孙瓒另一个堂弟公孙范当时在袁绍部下，袁绍就势把自己渤海太守让给公孙范，一方面想以此跟公孙瓒讲和，另一方面是让公孙兄弟去挡黄巾军。

191年11月，公孙瓒带兵两万在今沧州东光一带迎击黄巾军，公孙范带渤海兵助阵，兄弟同心，大破黄巾，斩首3万余级，生擒7万余人，车辆盔甲财物收缴无数。

公孙瓒威名大震，兵势强盛，冀州各城都背叛袁绍投向公孙瓒。公孙瓒进驻界桥（在今河北威县），向袁绍宣战，同时任命严纲为冀州刺史，田楷为青州刺史，单经为兖州刺史，并配置郡守县令，俨然已成北方霸主。

二

"绝怜高处多风雨，莫到琼楼最上层。"或许不少人都有这么一个"最上层"，一个自身能力与外界风雨相匹配的临界点，在这之前游刃有余，在这之后举步维艰。

191年底，公孙瓒或走到了他的临界点。靠颜值、担当和勇敢成为威震河北的实力派，一把好牌到手。可在错综复杂的割据斗争中，统领一方势力，他的牌打得有些随意、不成熟。虽已拥有重兵，但毕竟名义上还是刘虞的下属，自己连幽州牧都不是，地盘也没那么大，却一口气任命周围几个州的刺史，名不正言不顺，也把各地实力派人物都得罪了。且在前方大张旗鼓地和袁绍死磕，可自己根据地里还有个满怀敌意的上司。仗还没有开打，公孙瓒就已丢分了。

192年界桥之战，公孙瓒遇上平生第一场成灾的风雨。

在界桥南20里处，袁绍摆开阵势，命麴义领精兵八百在前沿，布强弩千张于两翼，后面步兵3万结成方阵，骑兵1万摆在两侧。公孙瓒率大军来战，看前沿袁兵不多，不以为意，白马义从飞骑冲锋，想像以前一样，踏平敌营。麴义命士兵伏于盾牌下不动，防备神射手的攻击，等白马冲到数十步前，一起奋力冲击，与此同时，强弩如雨点般射出，白马义从伤损大半，袁军掩杀，公孙军大败，冀州刺史严纲被俘杀。公孙瓒退到界桥率部还击，再次被打败，名噪一时的白马义从由此一蹶不振。

公孙瓒逃到刘虞治所蓟（今北京大兴一带）附近，在城东南另筑城池自守。袁绍派部将崔巨业率兵攻打，没能攻下，袁军南归，公孙军追击到巨马水击败崔巨业，乘胜再追，却吃了败仗，双方都无意再战，中场休息。

这波暂平，那波又起。刘虞和公孙瓒因刘和的事早就闹掰了，刘是地方长官，有名的爱民如子，公孙穷兵黩武连年征战，弄得民不聊生，刘看不下去，要加以限制，公孙不干，反而加倍征敛掠夺。刘虞多次召公孙瓒进蓟城，想好好谈谈，虽离得不远，但公孙瓒不放心，称病不去。刘虞脾气再好也是领导，对下属这样公开不服管理，总不甘心，想武力解决，谋士魏攸力劝他多包容，可不久魏攸去世了。新恨旧仇，终于让刘虞忍无可忍。

193年，刘虞主动兴兵攻打公孙瓒那个小城。公孙瓒大部队在外地，守军不多，吓得想弃城逃走。可一开仗，他就不怕了，刘虞谦谦君子，部队没啥实战经验，训练也不够，还不扰民，不损害民居，结果久攻不下。公孙瓒选出精兵数百，到刘虞兵营放火，乘势杀入。

刘军溃败，向北逃到居庸（今北京延庆东）。公孙瓒用三天攻破居庸城，俘虏了刘虞。回到蓟城，公孙瓒也没想好咋处置刘虞，暂且让他当傀儡。

此时董卓死了，献帝派使者段训给刘虞增加封地，令其督统六州，升公孙瓒为前将军，封易侯。公孙瓒担心放走刘虞对自己不利，就诬陷刘虞与袁绍合谋僭位，胁迫段训斩了刘虞。行刑前，公孙瓒把刘虞示众，当场祷告："如果刘虞该当天子，天一定会下雨救他。"正值盛夏，一天没雨。

公孙瓒由此独霸幽州。和刘虞的较量，看起来他赢了，实际上却受了严重的"内伤"。

门阀贵族在汉代很有影响力，他们兼并土地、发展武装，是州郡外主要势力。东汉末年，朝廷无力控制地方，各路诸侯或是门阀贵族，或得到门阀支持，袁绍、曹操、孙坚概莫能外。刘虞是皇室，在幽州经营多年，一直受当地门阀拥戴，渔阳望族鲜于辅、鲜于银还是刘虞主要部属。且幽州属边地，刘虞力主怀柔，在边民以至外族中都有不少的支持者。

公孙瓒杀刘虞，虽然罗织罪名，并当众演了出请上天"裁决"的戏码，但终究是违背当地门阀贵族的意愿，也让许多边民以至周围游牧民族不满。而且，刘虞还是他的上司，不管怎么说，犯上弑主在道义上是很被动的。

更关键的是，捅个这么个大窟窿，公孙瓒不思弥补，反而接着捅。他不只杀了刘虞，还杀了不少地方官员，"衣冠善士殆尽"。主政幽州后，对门阀贵族中有点出息的子弟，"必抑使困在穷苦之地"。他说，如果重用这些富贵人家子弟，他们会觉得是自己应得的，不知道感恩。

公孙瓒说世家子弟会不知感恩，自己却"日益骄矜，不恤百姓，记过忘善，睚眦必报。"为所欲为地在自己地盘上折腾之时，不知他是否想着，袁绍大军正在虎视眈眈地盯着幽州。他的任性终于招来一场毁灭性的大风雨。

195年，鲜于辅、鲜于银等率领刘虞余部起兵，得到鲜卑、乌桓人相助，会聚起汉、胡兵数万人，与公孙瓒的部队在今潮白河以北激战，击败公孙瓒部，斩杀其渔阳太守邹丹。袁绍派兵会合鲜于辅部及乌桓、鲜卑骑兵，10万大军攻打公孙瓒，大败之于鲍丘（今河北三河、大厂一带），斩首2万余。幽州所属代郡、广阳、上谷、右北平各郡都杀了公孙瓒所置长官，响应鲜于辅，公孙瓒屡战屡败，退守易京。

三

"燕南垂，赵北际，中央不合大如砺，唯有此中可避世。"这是汉末流传的一首童谣。

燕南赵北，即今雄安一带，燕国时曾建有临易城、易城，都在容城、雄县境内。"砺"是粗磨刀石，说是在这有块像磨刀石一样的地方可以避世。

流年不利的公孙瓒进取心下降，觉得有个避世的乐土也不错，依照童谣选择此地筑城，称易京。专家认为易京在今天的容城昝村到雄县一片楼一带，那时候这儿的河水可以通到渤海。公孙瓒屯田固守，敌军粮食不继，退走。

从此以后，那个曾横行塞上的白马将军不思出征，只想据守易水之畔。他组织大家挖沟，挖一圈、再挖一圈，还挖一圈，一直到建设出十环，"为围堑十重"。用挖出来的土在环线内筑土堆，土堆高有十多米，再在土堆上建造楼房。

他的部将家家都在这里建了楼，形成巨大的楼群，里面光存粮就有300万斛（当时1斛为10斗）。公孙瓒的楼在中间，最高，光台子就有24米，装上大铁门。他住在楼上，闲杂人一律不能靠近，7岁以上的男子就不能进去了，里面陪着白马将军的都是女人。

"那次是你不经意的离开，成为我这许久不变的悲哀，于是淡漠了繁华只为你开怀，要陪你远离寂寞自由自在。" 如花美眷，似水流年，公孙瓒很宅，自己不下楼，也不让外人上楼，来了文书就用绳子拉上去，据说现在有人取快递也学他。为把自己想说的话传出去，专门训练了大嗓门的女子，传达口谕时，几百米远的地方都能听清。

对退守易京的原因，公孙瓒说："当初我驱乌桓于塞北，灭黄巾于孟津，以为天下的事挥挥手就办了，现在看来，不是我能定的，不如不打了，努力种地存粮食。兵法上说，百楼不攻，如今我建了这么大的楼盘，等吃完这些粮食，就可以知道天下的事是什么一个结果了。"

在易京高楼之上，美女环侍之中，公孙瓒对打打杀杀的生涯已完全没有兴致。他的部下在别处被敌军围困，告急文书飞报进来，却再也看不到白马义从闪亮出行。白马将军说："去救一个人，以后别人就会指望被救而不努力作战，这回我不去救，今后大家就会努力自救。"不知道别的大哥这么说之后，是否还有小弟愿跟着他混。反正，袁绍北上进攻之时，公孙瓒南部边防诸多营寨都知道，自己守不住，大哥也不会来救，他们或者自己溃散，或被各个击破。

198年，袁军强攻易京。公孙瓒却想让别人来救，他在诸侯中没啥朋友，只好派儿子公孙续去找黑山军。黑山军首领张燕挺仗义，带十万兵前来。救兵还没赶到，公孙瓒已急不可待，写信给儿子说：
"袁军的进攻如同神鬼，地面鼓角轰鸣，空中天梯乱舞，易京快守不
住了，你赶紧死命求张燕，带骑兵快来，到后在北边点火，我就杀
出去。不然我死了，天下虽大，你想找个安身的地方恐怕都找不到
了。"

这是公孙瓒留下的最后一次告白。过些天，他终于看到那期盼
已久的火光，于是开始他平生最后一次出击，结果经历了最后一次败
退。回到高楼之上，袁绍的地道已挖到楼下，白马将军把最后的杀戮
留给了家人和自己，"尽杀其妻子，乃自杀"。

至于那楼群，《三国演义》中说"被袁绍穿地直入瓒所居之楼
下，放起火来"。打地道直入楼之下应是在土堆之中，如何能放火
烧楼，语焉不详。《三国志》中说"绍为地道，突坏其楼，稍至中
京"。地道是如何坏其楼的也没说清。裴松之转引王粲《英雄记》中
说得详细，袁绍是挖地道一直通到楼下，支上柱子开挖，边挖边支，
等估摸着把楼座的一半都挖空了，就放火把柱子烧掉，造成楼房倒塌
事故。

那是199年，从那以后，这个宏大楼群就沉寂了。

（四）

历史上白马将军很少，公孙瓒算第一个。漂亮的白马适合拉风的
王子，上战场不是个好选择，太醒目。

公孙瓒执意选择白马，还选择一批白马，应当不会是考虑功利
和实用，他似乎在追求一种风格。只要满足自己的偏好，他总是懒
得费心思算计得失利弊。在三国各派势力的领军人物中，他是一个

另类。

他的直接对手是袁绍。群雄争霸开场时，两人都是当地的二号人物，且实力都强于一号。袁绍所做的第一件事就是成为一号。

他的谋臣逢纪说："夫举大事，非据一州，无以自立。今冀部强实，而韩馥庸才，可密要公孙瓒将兵南下。馥闻必骇惧，并遣辩士为陈祸福，馥迫于仓卒，必可因据其位。"袁绍按这个设计施工，公孙瓒果然应约出兵，成了袁绍推倒的第一张骨牌。之后，荀谌劝说韩馥称，公孙瓒和袁绍两雄会于冀州，这地方肯定保不住，袁绍和你有交情又是同盟，不如把冀州让给他。袁绍占了冀州，公孙瓒就不能争了，袁绍一定会好好待你，你还能得个让贤的名声。并列举出韩馥与袁绍相比的三个不如，施加压力。

内外交迫，韩馥屈从，将冀州牧让给袁绍。

公孙瓒当了袁绍上位的工具，他自己忙啥呢？忙着和刘虞斗气，私下搞小动作，既不能取代刘虞，还把关系搞得很僵。"夫举大事，非据一州，无以自立"，这袁绍一上场就明白的道理，公孙瓒好像从未认真想过。

他和刘虞一直不和，实力也远比刘虞强，但没找到他取代刘虞的尝试甚至企图。就是他大胜黄巾，膨胀得一连封了好几个州刺史之时，刘虞都好好当他的幽州牧。他和袁绍打得昏天黑地，也没有试图清理一下后方。

最后还是刘虞先动手跟他见仗，而且显然出乎他的意料，否则他不会人单力孤地挨着刘虞待着。只是刘虞实在不会打，反被他抓了起来。抓到后也没想好怎么处置，老老实实地等到献帝来说事，又很老实地斩了，自己还在场。

看袁绍上位后是如何对韩馥的：待了一段时间后韩馥自己害怕

了，求袁绍让他走人。为啥害怕呢？袁绍任命了一个叫朱汉的人当都官从事，这是个相当于检察或纪检部门的官，有权抓人。朱汉跟韩馥有仇，不久就"擅自"带兵闯进韩馥家，韩馥赶紧躲，他大儿子没跑掉双脚被打折。袁绍当下把朱汉逮住办了，可韩馥还敢待吗？他要走，袁绍也没留（也许会客气一番）。韩馥投了张邈，袁绍又派人找张邈，当着韩馥的面指指点点、嘀嘀咕咕，韩馥发了毛，自杀了。

韩馥之死，啥责任也找不到袁绍头上，但你懂的。

要光打仗，袁绍肯定占不了公孙瓒多少便宜。但割据一方不只是军事问题，在处理政治关系上，公孙瓒差得远。袁绍之所以能取代韩馥，逢纪说的只是表面程序，背后是对冀州两大政治势力的拉拢和控制：以荀谌、辛评、郭图等代表的颍川集团和以审配、田丰、沮授等代表的河北集团。韩馥底牌是依靠颍川集团，压制河北集团，袁绍首先收拢了河北集团，接着又争取到颍川集团的支持。

作为颍川集团代表的荀谌出面劝韩馥让位，这本身就给韩馥亮了红牌。

可能是与年少时被歧视的经历有关，公孙瓒始终与门阀贵族有隔膜。三国谋臣名将不少出自各世族，如曹操身边的郭嘉、荀彧、荀攸等是颍川世族，司马懿是河内司马氏。公孙瓒身边一个也没有。他依靠的不是世族，是家世一般的有钱人，像丝绸商李移子、商贩乐何等，还和他们结为兄弟和儿女亲家。这些人有钱，但在政治军事上没帮上什么忙。

不是说非得依附门阀贵族，曹操就杀了孔子之后孔融、弘农杨氏杨修，对荀彧合则重用、不合则弃，总归是有打有拉，为我所用。公孙瓒却是从根本上的拒绝和排斥，主政幽州后，还进行种种报复，最终激起强大的反弹将他弹出局。

刘备是公孙瓒同学，还跟过他一段。看《三国演义》两人关系还不错，在虎牢关和磐河之战中都有良好的互动，但那是小说家言，公孙瓒没去虎牢关，磐河之战也没刘关张赵什么事。刘备确实来投靠过，公孙瓒让他当别部司马，安排到青州刺史田楷处帮忙，别的就没什么交集了。

两人其实谈不上是朋友，各方面差距太大。公孙瓒封侯拜将时刘备还在漂泊，可刘备的路越走越宽，公孙瓒却相反，原因何在？

首先为人处世上不一样：公孙瓒在幽州对付一个上司，著名的君子刘虞，总也处不好关系，最后弄得两败俱伤，身边连个像样的文臣武将都没有；刘备和多少头面人物打过交道，三国著名首领差不多全了吧，啥人没有，可刘备一路过来，毫发无损还节节攀升，身边能人也越来越多。

其次抗打击能力不一样：公孙瓒吃过几次的败仗，就想洗手不干，盖一大堆房子，守着大批粮食和女人过日子，连下属都不想见了；刘备战败次数得是公孙瓒的好几倍，大河上下，长江南北，多少地方留下他落败狂奔的身影，可人家最终打出了自己的天地，三分天下居其一。

第三也是最关键的是心胸气度不一样：公孙瓒没主动去取代刘虞，不是他傻，是他没那心思，不谋求"据一州"，是因为没想"举大事"，主导幽州后随性报复，因为他考虑的不是利益而是自己的心情；刘备之所以能承受那么多失败，能耐心与各色人等周旋，会为自己腿上长肉伤感，是因为他有志向，可以说为复兴汉室，也可以说为成就大业。

五

汉末三国大概是国人最熟悉的一段历史，很多人都知道其中大批人名，以前靠看戏、听评书，现在可以看连续剧、打游戏，近来《军师联盟》也推出了同名游戏。

不知道从三国演绎出多少种游戏，感觉其他所有古代作品演绎出的游戏都加起来，也不如三国游戏多。

在单机三国桌游和手游中，公孙瓒都是个难度比较大的君主，将少兵微，强敌在侧，要一统天下，需要很大的耐心，看来这有历史依据。

跻身于汉末三国群雄之中，对公孙瓒来说可能是个意外，他的擢升是因为资质才具，虽有争天下之力，却无争天下之心。拥有重兵，雄居一方，却想避世，以庞大的军事经济力量只满足自己一人食色需求。

有论者说公孙瓒是"缺乏眼光，缺乏修养，有野心而无志气"的蠢才。说的不准确，他是有个性无野心，因为没有野心，所以缺乏政治斗争所需要的眼光和修养，从功利和功业上看，确实有些蠢，但他有才，我们所说的功利和功业可能不是他的追求。

白马将军，也许内心只是个白马王子。

"归去来兮，请息交以绝游。世与我而相违，复驾言兮焉求？"

公孙瓒后来只想每天吃饱饭，等着看天下的事是怎样的结果，没能如愿。

在这部史上最精彩年代剧中，战胜公孙瓒的袁绍，后来也没能摆平颍川和河北两大集团，内部钩心斗角、矛盾重重，不久就败给曹操。

曹操封魏王后营建的国都在邺城，现在属邯郸市临漳县，地上还保留着当年金凤台等遗址，前几年还建了个挺大的博物馆，广场上有曹操高大的塑像，走邯长高速转大广高速到雄县四个来小时的车程。

袁绍的治所在冀州，现在叫衡水市冀州区，距有名的衡水中学不远，走大广高速到雄县两个来小时的车程。袁绍当年的冀州城还有一段土墙残存，2013年被列为全国重点文物保护单位。

公孙瓒的楼群早已了无痕迹，元代有个叫陈孚的诗人路过雄县，写了一首《过雄州》："百楼不复见，草白寒雉鸣。鸣角角，黍蔂蔂，昔谁城此公孙瓒。"野鸡声鸣角角，黍子成片丛生，这当年曾是公孙瓒广拥粮食和美女的楼群啊。

房子没了，公孙瓒的名字却留了下来，还不只留在典籍、游戏和影视之中。雄安新区里的雄县有昝岗镇、西昝村，容城县有昝村等，当地人和专家都说，这个昝就是从公孙瓒的瓒字衍化而来的。

昝岗镇在雄县县城的东北，是雄县除县城以外的第二大镇。从20世纪80年代起，这个镇就从京津引来技术和人才，发展乡镇企业。十多年前，曾走访过这镇里一家企业。

前些时间再到雄县，遇到昝岗镇的人，他还记得20世纪80年代那家企业盖起了一座楼。

他说，那是当地最早的楼。

第二章

黑云压城城欲摧

雄安之地得名"雄"和"安"，都始自1000年以前，当时这里的地位举足轻重。

秦灭燕以后，从秦汉到隋唐，雄安三县远离政治文化中心，经济不发达，也不是军事要地和交通要道，少有能影响历史走向的事件和人物，最有名的事就是易京之战了。

907年以后，情况发生了变化。

这一年，唐朝落幕，朱温建立后梁，将首都定在开封，这改变了秦汉以来政治中心在长安或洛阳的传统，也改变了华北平原上南北交通的格局。之前从幽燕之地通往长安或洛阳，最便捷的是太行山东麓大道，就是今京港澳高速河北段一带。开封要靠东一些，走这一路线就有些绕了，更方便的是直接向南，走今大广高速，如今从北京到雄安和到开封，导航都会推荐走大广高速，因为这是最短的路径。当时，雄安就成了南北要冲。

936年，后唐将领石敬瑭起兵造反，被困晋阳，为求得辽朝救兵，竟许诺割让燕云十六州，并以儿国自称。燕云十六州包括今北京、天津和河北北部、山西北部。石敬瑭建立后晋当上儿皇帝，中原却失去了大同—燕山一线天然屏障，雁门关—保定一线成为国防前沿，雄安被推到了辽与内地对峙的第一线。

军事要地兼交通要道，这块冷落了几百年的土地，又一次来到历史的聚光灯下。

959年，后周世宗柴荣率师北伐，收复燕云十六州中的莫、瀛两州，即今河北河间、任丘一带，以瓦桥关建为雄州，也就是今天雄县，辖容城和归义两县，这是"雄"的渊源。

"河北，朝廷根本，而雄州河北咽喉。"这话出自北宋名臣范镇之口。宋朝和其主要对手辽朝的边界主要在山西中部到河北中部一线，山西有雁门关之险可守，河北则是平原地带，也是辽到宋都的最近路线，所以是根本。雄州城北30里的白沟是宋辽边境线，雄州处在从辽朝燕京（今北京）通向宋都汴梁的咽喉要地。

992年，宋太宗赵匡义（后因避讳改名"赵光义"——编者注）在雄州以南不远设立顺安军，后改为安州，就在今天的安新，这是"安"由来。

"黑云压城城欲摧"，在辽朝强大的军事压力下，这片土地确实需要"雄"、需要"安"。宋辽对峙的一百多年里，雄安一带动静事关社稷安危、百姓存亡。寇准、包拯、王安石、欧阳修、苏轼……一个朝代的精英都关注这片土地，留下不少史实和传说。

雄州城、晾马台、古地道，一千年以后，雄安仍存宋辽记忆，在芜杂迷蒙的记录和传说中，闪现着这片土地曾经的斑驳陆离。

雄州"特区"史

雄州城故址就在今天的雄县县城，徜徉街头，店铺和车流之间，已看不到宋时古城的身影。一千年前，那身影举国关注。

军事、外交、政治、经济……国家诸多重要问题在这里交汇，从地位和功能上，雄州城都堪称北宋"特区"。

"雄州乃剧藩，喉领塞南地。译通老上庭，道系单于使。适馆授主粲，乘苇交客赞。列戎俨趋风，诸将走咨事。应变君所长，立功今可冀。"

这是北宋诗人宋祁送友人到雄州赴任时写的一首送行诗，道出了雄州在交通、军事和外交上的重要地位。

宋祁有"红杏尚书"之称，缘于他的名句"红杏枝头春意闹"。这句诗可以送给雄州，对这片土地而言，那时正在书写它一个"春天的故事"。

一

建立雄州的柴荣是一位富有传奇色彩的帝王。

他在五代这组历史"拼盘剧"中最后一个出场，像跑接力赛的最后一棒，接过棒很快就将全队的平均速度提高了好几倍，可正当他箭一般冲向终点之时，忽然倒下。

建立雄州是他倒下前迈出的最后一步，这突然中止的步伐，让许多后来人扼腕叹息，也"意外地"留给雄州一个独特的历史空间。史称他是"五代第一明君"，知乎社区上关于他的一个问题是"如果柴荣不死中国会怎样？"

柴荣，邢州（今河北邢台）人，早年家境不好，曾到江陵（今湖北荆州）倒卖茶叶，仍坚持读书习武，"善骑射，略通书史黄老"。任军职的姑父郭威很喜欢他，收为义子，招到身边，随军历练。后郭威称帝，建立后周。柴荣出任澶州节度使等职，政绩显著。954年，郭威去世后，遗命33岁的柴荣继位。

这不是一份轻松的差事，当时距唐亡不到50年的时间，中原已经历五个朝代，有十国割据，还有北方武力强大的辽朝。政权不稳、社会混乱，卧榻周围、鼾声四起。

柴荣给自己订了个三个十年规划："以十年开拓天下，十年养百姓，十年致太平"。可惜，上天只给了他不到六年时间。看看他这六年吧：

954年。刚登基，北汉引辽兵来犯，想重演石敬瑭推翻后唐的一幕。柴荣要亲征，宰相冯道反对，柴荣说："唐初天下草寇蜂起，不都是太宗亲自讨平的吗。"冯道回复："您能和太宗比吗？"柴荣立即罢了他的相位，这个冯道是中国历史上最著名的"不倒翁"，五朝为相，就此打住。

柴荣率军在高平与北汉军相遇，将军樊爱能、何徽不战而溃，柴荣冒死督战获胜。战后，斩杀樊爱能、何徽，重赏作战勇敢的赵匡胤

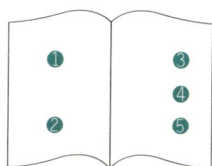

❶ 雄县古地道遗址公园内展室。

❷ 雄县古地道遗址公园内展示的古代火炮。

❸ 雄县县城街景。

❹ 雄县县城街景。

❺ 雄县县城街景。

（2017年7月29日摄）

等，并开始整顿军队，选精锐者为上军，淘汰怯懦者。令贪污腐败的左羽林大将军孟汉卿自尽。征发六万人，治理黄河水患。

955年。下诏让群臣荐贤，可不避亲，但后发现所举为贪官庸才者连坐。设贡举之司求才，亲自批阅新举进士的考卷。下诏："应逃户庄田，并许人请射承佃，供纳租税"。派军西征后蜀，击败西蜀军，秦、成、阶三州归附。

956年。亲征南唐，取滁、扬、秦、光、舒、蕲六州。征集工匠"于大梁城西汴水侧造战舰数百艘，命唐降卒教北人水战"。故襄邑县令刘居方在任廉洁，死后赠右补阙，子刘士衡赐学究出身，以奖廉吏。

957年。两次亲征南唐，水陆并进，收寿州、濠州、涟水、亳州。

958年。再次南征，尽得长江以北州十四，县六十。颁行《均田图》，派官吏巡行诸州，丈量土地，以据田亩，定税赋。诏翰林学士撰集《大周通礼》《大周正乐》。楚州防御使张顺因贪污榷税钱五十万，官丝二千两赐死。

959年。四月率军北伐征辽，出师42天，收三关三州，共十七县。正要取燕京（幽州），遇疾而返。六月，病故，年39岁。

5年多时间，对内反腐招贤，明纪整军，治水促耕，修律倡文；对外连战四方，开疆拓土。司马光说："若周世宗，可谓仁矣！不爱其身而爱民；若周世宗，可谓明矣！不以无益废有益。"欧阳修称："世宗区区五六年间，取秦陇，平淮右，复三关，威武之声震慑夷夏，而方内延儒学文章之士，考制度、修《通礼》、定《正乐》、议《刑统》，其制作之法皆可施于后世。其为人明达英果，论议伟然。"

除了对有错臣子很严厉外，似乎没什么太突出的缺点，柴荣几乎能够满足人们对君王的所有想象。死得早,好处是没有老了犯错的机会,坏处是孩子太小,基业传承没来得及布局,致使赵匡胤黄袍加身,建立宋朝。

承接柴荣基业,赵匡胤、赵光义向西、向南都完成了柴荣未竟的功业,扫平北汉、南唐等割据势力。唯独在北方,柴荣倒下的地方,没能从雄州继续柴荣的功业。两宋三百多年,始终处在北方游牧民族巨大压力之下。难怪会有人问"如果柴荣不死中国会怎样?"

柴荣病倒前,将刚收复的瓦桥关建为雄州,这是在调整全面收复燕云失地的步伐,没有燕山一线的崇山峻岭和长城抵挡游牧民族,中原的汉族王朝难有宁日。

宋建立后,赵匡胤停下了从雄州前进的步伐,他采取先南后北的战略,想扫平南方割据势力后再向北前进。这一战略后来饱受非议,清代王夫之认为,南方势力没有战斗力,逐一征伐,师老兵疲,不如开始就以精锐攻辽。也有论者认为这是国力所限,无可厚非。

赵匡胤其实时刻准备着再从雄州出发。他建立封桩库,把所得南方各王的金银财宝和每年省下的金银都贮存在里面,准备等攒够三五百万后,再与辽谈判,赎买燕云土地,不行的话就用这些钱召练精兵攻取。不过,他没能等到这一天,976年,在斧影烛声的千古之谜中去世。

从雄州前进的任务落到宋太宗赵光义头上,979年,他亲率大军北上,攻到燕京城下,久攻不下,增援辽军赶到,宋军大败,赵光义中了两箭,差点被俘。981年,辽帝统大军围攻雄州,宋太宗亲征击退辽军。986年，宋太宗发动了最大规模的一次北伐，史称"雍熙北伐"，宋兵分三路，意图全面收复燕云失地，最终未能如愿，宋将杨业死于此役。

辽掌握主动后，频频攻宋，宋太宗大败之下，仍想尽力北伐，双方战事不断，互有胜负。995年，辽出动数千骑兵夜袭雄州，被知州何承矩率军民击退，这也是宋太宗时期宋辽最后一次战事。当年宋太宗在幽州城下中那两箭，箭疮年年发作，997年要了他的命。

在宋太宗去世一百多年以后，宋徽宗才继续柴荣在雄州停下的步伐，不过那给宋朝带来的是更大一场灾难。

雄州，这个柴荣设计的中转站成了终点站，宋人只好站在大平原上和契丹铁骑打交道。

宋军将河北地区的屯卫部队增加了一倍。在雄州边界大规模植树造林，以挡骑兵。还建立方田工事，在田地里挖五尺宽、七尺深的坑，注入水，一个个连起来，形成防线，以"限其戎马而大利我之步兵"。

宋朝的皇帝和大将军们，还共同创制一个超大型的防御性阵法，叫"平戎万全阵"。全阵需用兵140930人，分前中后左右五军大阵，而中军又分三个步兵方阵，共五军七阵。三个步军方阵每阵三万人，各有一大将主阵，各阵内均有战车1440乘，像城郭一样摆开，方阵内士兵使用拒马、枪、床子弩、步弩、牌、掉刀等兵器，仅拒马每阵就有5600具。36000多骑兵分布前后左右四阵，辅助步兵机动作战，大阵四周还设有望楼，都有重兵守卫。

这一巨阵战果如何，没有记载。有学者说："宋河北大军对这种阵法操练的战备活动，也许在声势上已经对辽起到某种震慑作用，使其有所顾忌而不敢轻举妄动。"

无力收复天险，在平原上等着对付骑兵总不是个过日子的办法，继任的宋真宗希望能和辽订立和约。他把曾在雄州击败辽军的何承矩重新派到雄州，说："朕嗣守鸿业，惟怀永图，思与华夷共臻富寿……疆臣贪地，为国生事，信好不通……汝任居边要，洞晓诗书，凡有事机，必能详究，轻重之际，务在得中。"表明想和辽和平共处的心思。

一个知州由皇帝亲选，还面授机宜，托以重任，可见雄州的重要性。北宋时雄州一直是最前沿、最敏感的雄藩大镇，地位远高于一般州城，宋曾在此设立河北缘边安抚使司，由雄州知州出任，管辖整个河北中部地区，就是说今天保定、石家庄、沧州一带都曾受雄州管辖。朝廷在选择雄州守臣这件事上十分认真，所派大都是强勇干练之臣，何承矩即是其一。他到任后试探着和辽联系，没取得进展。

1004年，辽兴兵二十万大举攻宋，骑兵深入到河南北部，但河北中部的宋城多数未能攻破。宋真宗亲征到澶州与辽大军对峙，这时辽也屡次遇挫，双方订立和平条约，史称"澶渊之盟"。盟约规定双方结为兄弟之邦，以白沟河为界，辽为兄，宋遗辽"岁币"绢二十万匹、银十万两。双方互不容纳叛附，互不骚扰农作，互不在沿边地带增筑城寨、开掘河道。

这一盟约意义重大，历史上褒贬不一。肯定者认为是明智之举，否定者说是城下之盟。但宋真宗当时是真心地满足，他还写了首诗："锐旅怀忠节，群胡窜北荒，坚冰消巨浪，轻吹集嘉祥。继好安边境，和乐同小康。"让群臣唱和。

盟约看起来不是一个平等条约，但对无险可守的宋王朝来说，让点步解除军事威胁也不错。如宋真宗所愿，宋辽结束战争局面，维持了一百多年的和平。

盟约规定，雄州为"岁币"交割地，自此它不仅是一个军事、交通要地，还成了外交、贸易和民族等问题交织的地方。在雄州，边将在盟约框架内为国家利益斗智斗勇，上演的不再只是人喊马嘶的战争剧，更多的是纵横捭阖的政治剧、尔虞我诈的谍战剧。

二

澶渊之盟以后一百多年，在雄州城这个举国瞩目的舞台上，最佳演员叫李允则。

李允则，字垂范，山西盂县人。他在盟约签订后第一个出场，之后上场的32名雄州知州都不及他的光环之盛。

何承矩卸任时举荐了他，他也是宋真宗心仪的人选，盟约签订后，真宗拟了个想重用的守边人员名单，12人中李允则居首。他不以武艺见长，也没有显赫战功，真宗希望"卿为我运筹策，不必当矢石也"。1006年，李允则上岗，任雄州知州14年，为三十六计制作了操作范例，先举三个。

其一瞒天过海。李允则到任后想修城墙，可盟约规定沿边地带不准增筑城寨，他使了这一计。雄州城北面，有个防御用的旧瓮城，李允则要把它与整个城墙连起来。先建了个东岳祠，用百两黄金做成供奉的器物，到处宣扬，居民也纷纷献出自家金银器物供奉。过了段时间，李允则秘密将器物全部转移，宣称从北面来了盗匪，下令在城北抓捕盗匪。顺势开始修建城墙，放风说要保护东岳祠。乘这个机会，关上城门，开挖壕沟，修建月堤，把瓮城纳入了城中。

其二顺手牵羊。根据盟约，不能公开进行战备活动，李允则使用这一计，寓战备活动于日常动作之中。雄州城北当年建了方田工事，城上有观察敌情的城楼，议和了摆着这些也不好维护使用。李允则派人拆了城楼，填平陷马坑，在上面挖井开沟，种植树木荆棘，形成新防线。他又组织人修建佛塔，原来在城楼上只能望十里，现在塔高可望三十里，而且登塔望远属于正常生活范畴。

其三假痴不癫。边界之地，危机四伏，一些突发情况往往有背后玄机，李允则曾用这一计，假装糊涂，以静制动。有一次他在军中设宴，军械库突然着火。李允则仍然推杯换盏、行酒作乐，副使请求去救火，他也没搭理。时间不长火灭了，李允则下令将被烧的军械埋掉，暗地派人拿着檄文到瀛州，用装茶叶的笼子运来武器甲胄。不到10天，军械如数补充齐全。不知什么人将这事私报朝廷，枢密院弹劾李允则不救火，真宗不以为意，说："李允则对这事一定有说法，还是先问问他吧。"李允则上奏称："兵械库一向戒备森严，为什么刚好在宴会时烧起来了呢？这一定是奸细故意放火。这时如果我离开宴席去救火，说不定会发生不测之事。"

李允则的表现在当时和以后都得到了充分肯定，北宋时苏辙说："李允则守雄州，以知术显，世多能道之者。"南宋曹彦约在给宋理宗讲解历史时说："本朝守边之臣，未有出于允则之右者。"明末清初彭孙贻也说："宋之边帅，以李允则为第一。"

雄州是宋辽使节来往的必经之处。据史家研究，澶渊之盟后，宋辽每逢重大节日和双方重要活动都要互派使者，总计达1600人次。使节入境后有接伴使、馆伴使和送伴使。出使或接送辽使，不少宋代名人都曾往返雄州道上，并留下了诗文。如包拯、欧阳修、王安石、苏轼、苏辙、沈括等。

苏辙《渡桑干》："会同出入凡十日，腥膻酸薄不可食。羊脩乳粥差便人，风隧沙场不宜客。"在辽待了段时间，饮食不习惯，气候也不好，有些抱怨。欧阳修《马啮雪》："白沟南望如掌平，十里五里长短亭。腊雪销尽春风轻，火烧原头青草生。"出使归来，看到边界白沟，再走几十里就能进雄州城喝酒了，心情不错。王安石《白沟行》："白沟河边蕃塞地，送迎蕃使年年事。蕃使常来射狐兔，汉兵不道传烽燧。"年年走动，打打野味，别样的边塞风光。

迎来送往，招待费少不了。包拯曾报告说："除雄州每年五千五百贯文外，自馀赢州、莫州、恩州例皆二千贯文。"比别的州两倍都多。

外交无小事，吃喝有风险。《辽史》记载，耶律哈尔吉出使宋朝在雄州落脚，欢迎酒会上，助兴的戏子嘲讽辽朝的一次败仗，哈尔吉当即把辽的战功宣讲了一番，弄得宋人不好收场。可和一个戏子较劲，有失国使体面，回来后被辽帝训了一顿，挨了二百鞭，免职处理。

这还属细枝末节，算不上事件，惊动两国的大事雄州发生不少。如一次为礼物交割地点发生争执，涉及实际控制线问题，双方对峙了近10天，还得皇帝出面解决。说到底，场面上迎来送往都是虚的，真正利益之争谁也不会含糊。

四

金庸小说《天龙八部》的书根是萧远山被误为辽国奸细被中原武林截杀，由之展开了几十年的恩怨情仇。书中奸细之事是个误会，但历史上宋辽边界确实谍影重重。

表面上维持和平，两国暗地里较量无时无地不在进行，这是一个"冷战"时期，虚情假意之中闪动着刀光剑影，在雄州城，上演过不少无间道的故事。

再说下李允则版操作范例，这一计叫反间计。为减少意外，雄州元宵节向不燃灯。他到任后却张灯结彩，引得辽幽州统军想来看热闹。李允则和部下在城外等，看到有穿紫色衣服契丹人来，没上去抓（有盟约抓也没用），跟来人进酒店，也不说话，招来妓女陪着一顿大喝，还把来人骑的驴拴在走廊边，让他想走就走。几天后统军被自己朝廷杀了。统军还没来李允则就知道了，肯定是有内线，回去马上被朝廷办了，说明辽方在这边也不是没人。

发展内线是个技术活，李允则有办法。一次雄州抓到个辽朝间谍，李允则好酒好肉好招待，那间谍供出已刺探到的宋朝情报。李允则说："这些都不是真的。"叫来分管钱粮、兵马的官员，把实际数字交给那间谍。那间谍提出在这情报上封印，李允则给了很多金银放他走。不久他就又来了，交回那份情报封印完好，并提供了关于辽军的情报。

李允则做到"契丹中机密事，动息皆知之，当时边臣无有及者"。一次有宋兵逃到辽朝，李允则要求引渡，辽方推说不知道在哪里，李允则点出其藏身处。辽人只好递解。欧阳修赞叹："吾爱李允则，善觇多计筹。虏动静寝食，皎如在双眸。出入若变化，谈笑摧敌谋。恩信浃南北，声名落燕幽。"

谍战并非守将个人所为，而是国家行为，宋在雄州设有机宜司，负责刺探辽朝机密，掌管间谍人员名单，有用于雇佣间谍的专门经费。议和后，改名国信司，负责与辽朝外交往来事宜，核心职能还是情报机构，外交人员都有谍报责任。即使包拯也不例外，1045年他出使辽朝，回来后报告："臣昨奉命出境，敌中情伪，颇甚谙悉"。

较出彩的是《水浒传》中写的反派童贯，说他出使辽朝时，收买了对辽有异心的马植，后来马植成功跑到开封，童贯将他引荐给皇帝，皇帝赐名为赵良嗣，赵良嗣后来为宋对付辽出了不少主意，宋金攻辽海上之盟就是由他策划并完成。

根据形势需要，皇帝有时直接指挥进行情报活动。1074年，山西边防探知辽朝军事力量调动反常，宋神宗立即下诏："雄、定州并河北缘边安抚司、经略安抚司厚以钱物体问敌中动静以闻。"次年，河北缘边安抚副使沈披申请朝廷给钱五万缗，以之收取利息作为雇佣间谍的费用，朝廷没有完全同意，打了个两折，赐钱万缗，这也不是个小数目。

1081年，河北诸路纷纷上书朝廷，说谍报辽朝可能召开重要会议，各地主官全部参加，皇帝下诏让雄州从速花重金选得力间谍打探，结果没那么回事，大概是辽朝放的"烟雾弹"。

辽朝做间谍工作也十分努力，飞狐招抚司、西南面招安使司等机构都是专门针对中原设立的谍报机关。除组织管理本朝间谍外，还负责调查宋朝的间谍，有生杀大权。在宋代之前，辽朝就在中原没有间谍组织。《玉堂闲话》载，后晋时，有个女子，貌美而无腿足，其父用车推着她在中原的都市行乞，每天有许多人跟着看，深房曲巷、华屋朱门，她都能进。后来破获了一个辽朝间谍组织，顺藤摸瓜，原来这美女是总头领，已掌握了大量情报。

辽朝间谍主要活动在今河北和山西一带，以河北地域为多。史料记载这里捕获的辽谍最多，措施最严密。雄州守将警惕性非常高，1038年，遇到旱灾，水塘干涸，雄州知州葛怀敏担心辽国间谍借机探明水塘的深浅，紧急组织调水注入水塘。

《天龙八部》写萧远山是在雁门关遇埋伏，后到少林寺出家，有一定的历史根据。山西也有辽谍活动，且不少辽谍是化装成僧人。不过他们选择的不是少林寺，而是五台山。

雄州曾上报朝廷："契丹遣蔚、应、武、朔等州人来五台山出家，以探刺边事。"朝廷赶紧下诏："五台山诸寺收童行者，非有人保任，毋得系籍。"

1036年，宋在五台山设立了"勾当寺务司及真容院兼兴善镇烟火巡检司"，这么长的名称，其主要职能却没显示，是个反间谍机构，直属朝廷领导。

五

史家考证，宋辽对峙共165年，其中和平时期为122年，失和时间为43年。

和平时期，虽然有扣人心弦的谍战，但那在幕后，台上唱的主戏还是经贸往来。这方面，雄州在当时地位也是独一无二的，一来是岁币交割地，二来是榷场。

雄州是岁币交割的唯一处所，可说的事也不多。从1004年澶渊之盟后到1121年宋宣布停付岁币，118年间，宋在雄州总共向辽支付绢3150万匹、银1970万两。交割方式一般是宋方将银绢堆到边界，辽人清点一下堆垛数量就行，不逐一验看，年年如此，用不了多长时间。可在1072年，辽国接受人员却要求逐一验看，提出送去的绢出了质量问题，宋廷派专使进行调查，果然有数百匹绢质量不行，雄州的官员被问责。

榷场要复杂得多，榷是专利、专卖的意思，榷场是宋与辽在边界地点设置的互市市场，后来宋与西夏、金的边界也设了。澶渊之盟后，宋辽之间共设过13个榷场，其中宋设了11个、辽设了两个，这些榷场存在时间不一，其中，存在时间最长、交易规模最大、影响最广的是雄州榷场。

边界互通有无，宋初就存在，但是自发的。977年，宋太宗令雄、镇、霸、易、沧州各置榷务，后因经常打仗，互市时断时续。榷场上辽对宋的依赖更多一些，所以关系恶化时，宋常以止互市作报复，而且对违者严加制裁。这个月还进行鼓励保护，下个月就可能严厉禁止，违者斩杀。

澶渊之盟后，先在雄州、霸州和安肃军（今徐水）开了三处，后逐步增加。官方严格控制榷场贸易，交易品种逐渐增多。宋从辽进口的主要是羊、马、布等，其中羊最多，每年有上万只，出口开始主要有茶叶及从南方交易来的香料、犀角、象牙，后来增加了铜、锡、苏木等，其中茶是主要输出品，铜、锡准许交易后，数量也不少。

榷场每年贸易额约150万缗，宋的贸易顺差较大，每年能有40多万缗。这样按盟约要支付给辽的岁币，可以从榷场交易中获得。宋徽宗曾说："祖宗时赐予之费，皆出于榷场。岁得之息，取之于虏而复以予虏，中国初无毫发损也。"

政府在榷场设专官，稽查货物，征收商税。买卖双方不得直接交易，要通过官牙人（中介）评定货色等级，进行交易，还得交纳牙税（中介费）。政府对榷场交易的商品种类也有严格规定。北方的战马，南方的硫黄、焰硝之类军用物资，一般不许出境。

宋真宗还对图书交易进行了限定，"民书籍赴沿边榷场博易时，非自九经书疏，悉禁之，违者案罪，其书没官。"九经指《易经》《诗经》《左传》《论语》《孟子》等，其他书籍不得交易，主要是因为宋雕版印刷盛行，文人政客的诗词歌赋以至臣僚奏章、士子策论，无所不印，成了辽人收集宋政治情报的一个渠道。

不过，这一禁令效果一般。苏辙出使辽朝时发现，苏洵、苏轼的文集辽人都很熟悉。他说："访闻此等文字贩入塞外，其利十倍，人情嗜利，虽重为赏罚，亦不能禁。"并作诗："谁将家集过幽都，每被行人问大苏。莫把文章动蛮貊，恐妨笑谈卧江湖。"

榷场管理也不只是查违禁品，双方间谍常以商人身份进入榷场收集情报，榷场也是反间谍的战场。

尽管有种种问题，宋辽的榷场还是热热闹闹地开了一百多年，影响深远。比如铜、锡开禁后，5年时间，进入辽朝的铜就数以百万斤计，加速了塞北生产工具的改进，促进了草原开发。宋代受游牧民族政权阻隔，没有直通西域的丝绸之路，高昌、龟兹、大小食等国商人常常到辽之后，通过宋辽的榷场，完成东西方经济文化的交流。

1121年宋宣布停付岁币，榷场也名存实亡。此时，宋与和新崛起的势力——金达成了"海上之盟"，约定夹攻辽朝。100多年后，宋军再次从雄州出发，攻入辽朝，并一度占领燕京，然而，随后被辽军杀得大败，狼狈退回雄州。

金击败了辽，也看透了宋的孱弱。1126年，金兵南下，直捣汴梁，宋徽宗、宋钦宗成了俘虏，史称"靖康之耻"。北宋灭亡，政权更迭，区域格局重新洗牌，那束投射到雄州上的灯光黯淡下去。

杨六郎其实挺郁闷

在雄安最出名的古人是杨六郎，三县都有他在本地抗击辽兵的传说和遗迹。

河北民歌《小放牛》有句"杨六郎把守三关口"，三关中的瓦桥关在就雄州城。杨家将故事在北宋就已出现，欧阳修在《杨琪墓志》中说，从士大夫到村中老幼，都知道杨氏父子智勇无敌的故事。在小说演义中、在戏剧影视中、在雄安等地的传说中，杨六郎智勇双全、威风八面、身经百战、功高位重，这当然是有些依据的。

但应注意的是，他青壮年的大多数时间无仗可打，经历的战斗屈指可数，终其一生也未成为独当一面的统帅。

其实很长时间里，杨六郎挺郁闷的。

真实历史经过一代一代的演绎，广为传播的故事和传说中，已经附带了太多的好恶和心愿。

杨延昭确实是宋初名将，作战英勇、战功显著。

他本名延朗，改名延昭是因为1012年宋真宗做了一个梦，宋真宗梦见自己的祖先是秦代的赵玄朗，这一年延朗已54岁，避讳，改名。

在这之前，杨延昭已完成了他记在史书上的所有功业。

他爸是杨业，故事中的杨令公，原是北汉的将军，称"杨无敌"。延昭从小喜欢排兵布阵的游戏，杨业很喜欢，常带他出征。979年，宋灭北汉，杨业归宋，负责镇守雁门关，这年延昭21岁。次年，辽军10万人来犯，杨业以数千人击败强敌，威名大震，辽兵望见"杨"字大旗就跑。

986年，雍熙北伐中，杨业是西路军副将，主将潘美，就是那个潘仁美。延昭随军作先锋，朔州城下，胳膊被箭穿透，冲锋更加勇猛。西路军收复云、应、寰、朔四州，因主力东路军失败，全线撤退。为完成将百姓迁到内地任务，杨业在雁门关外战败被俘，绝食而死。

杨延昭丁忧三年后出仕，宋太宗没安排他到抗辽一线，他在景州待了一段后，就被派到南方。这期间宋辽冲突不断，但太宗一直未让杨延昭到对辽战争的一线。直到太宗去世后，999年真宗才调他回北方，此时杨延昭已41岁，任保州缘边都巡检使，负责今雄安西邻徐水一带的防务。

这年冬天，辽最高统治者萧太后亲统大军南犯。宋真宗安排傅潜任镇、定、高阳关行营都部署，总领今保定、石家庄区域的军队，坐镇定州，统兵八万。面对来犯辽军，许多将士自己增备了兵器，主动请缨，傅潜一概不允，闭门不战。老资格的将军范廷召骂他"胆小得不及一个老太婆"，他也不急，接着避战。

杨延昭当时带少量兵力驻守遂城（今徐水境内），城池很小也没有多少防御手段。辽军将遂城团团包围，潮水般的进攻让城里不少

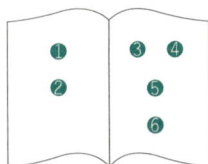

❶ 容城县晾马台六郎殿内杨延昭像。

❷ 容城县晾马台六郎殿。

❸ 容城县晾马台六郎殿内杨延昭像。

❹ 雄县古地道遗址公园内杨延昭像。

❺ 雄县古地道遗址公园内杨延昭像及传说展示。

❻ 容城县三贤广场上杨六郎及其传说浮雕。

（2017年7月29日摄）

人心惊胆战。杨延昭多次请求傅潜救援，傅潜拒不发兵。杨延昭把城里的壮年人都集合起来，发放兵器和铠甲，让他们登上城墙守卫。正逢大寒天气，他组织大家把水浇在城墙上，一夜间冻成又硬又滑的冰墙。辽人攻不上去，只好退兵，杨延昭乘胜出击，缴获不少军用物资，这是杨延昭与萧太后唯一一次直接对决。

战后，集贤院学士钱若水上书建议将傅潜斩首，提拔杨延昭这样的将官。傅潜是宋太宗当藩王时的老部下，根基深厚，宋真宗将他革职。召见杨延昭，问了不少边防事务，延昭应对得体，真宗很高兴，大加奖赏。

1001年，辽兵再次南下，杨延昭在遂城以西25里的羊山设下埋伏，主动向北迎击边兵，边战边退，将辽兵引入埋伏阵地，杀伤辽军两万人，斩获其大王、统军、铁林、相公等15人首级，辽人"余皆奔北，号恸满野"。延昭被提升为团练使。真宗对大臣说：杨延昭这样的人，在朝里没有靠山，全靠自己尽忠竭力，忌妒他的人很多，都是朕给他做主，才有今天。

忠要靠战绩体现，一旦战绩不佳，没靠山就没保障。1002年，辽朝为报羊山之仇再次进攻，杨延昭出兵，还没布好阵，辽骑兵就冲了过来，宋军大败，损失不少军士。真宗命李继宣取代杨延昭，将杨召回准备治罪。后来辽兵又打过来，李继宣退缩不战被降职，重新起用杨延昭。至此杨延昭仍是个只能指挥几千人的中级将领，但他的威名远大于权力。

1004年，宋真宗下诏把杨延昭部队增至万人。这一年，辽军大举南下，突破河北中部防线，到澶州城下，与宋真宗对垒。这时杨延昭正率部向北前进，属于起牵制作用的偏师，但他向真宗提交了一份全局性的战略计划："辽人停在澶渊，距边境上千里，人困马乏，人虽多战斗力却不强，他们一路抢的东西都堆在马背上。建议督促各路人马，控制辽军退路，可以一举歼敌。"

真宗没理会，他这时考虑已不是歼敌而是议和。

杨延昭带兵到辽朝边境，攻陷古城，俘获不少辽人，这是《宋史》记载的杨延昭对辽最后一战。

澶渊之盟达成，金戈铁马的战争剧在宋辽边界中断，再开播是一百多年以后的事了，这期间虽闹过纠纷，但没有真正意义上的战争。

二

作为名将，杨延昭的最后10年镇守边关却无仗可打。

和谈达成后，宋真宗为了表达"继好安边境，和乐同小康"的诚意，将几个边防部队都改了名，威虏军改为广信军、静戎军改为安肃军、宁边军改为永宁军等等。还着意选派"有武幹、善镇静"之臣出任河北。杨延昭也被选中，进入第一批名单中，1005年出掌保州（今保定市区），任知州兼缘边都巡检使，大致相当于市长兼武警总队队长，不久升为保州防御使，约等于市警备区司令员。

同年，调任高阳关副都部署，算边防军首长，高阳关在今高阳县东、雄安新区以南，紧邻原来的瓦桥关等三关。一年时间三个任命，可见宋真宗是想着杨延昭的。但当时国之大计是和平，他不忘加强对杨延昭的约束，派他到高阳关不久，就明令杨延昭"勿伤北朝人骑"，而且只能"遣同巡检往来巡视"，意思是巡察防区只能让副职去，不让他本人去。之后又下诏"如遣兵袭贼，按罪痛绳之"。攻击辽军要论罪，并派人来监军，严格监督。

这是杨延昭最后一个岗位，史书没有记载他当年想些什么，做了什么，只是说他9年不理政务，日常事务都交给一个叫周正的小校去管，周正瞒着他做了不少坏事，宋真宗知道后对他进行了严肃批评。

不久，杨延昭去世，时年57岁，这是1014年。

《宋史》评价他说："延昭智勇善战，所得奉赐悉犒军，未尝问家事。出入骑从如小校，号令严明，与士卒同甘苦，遇敌必身先。行阵克捷，推功于下，故人乐为用。在边防二十余年，契丹惮之，目为杨六郎。"

去世后，宋真宗哀悼他，派遣宦官护送灵柩回乡，河朔的人大多望着灵柩而哭泣。真宗将杨延昭的三个儿子都任用为官，他的随从、门客都按才录用。

杨延昭被称为杨六郎，这不等于说他是第六个儿子。

六郎之称始于北宋时期的《隆平集·杨延昭传》，说："（延昭）威震异域，守边二十余年，虏情畏服，上呼曰：杨六郎。"后来的史籍多沿用这一说法，如王称《东都事略》："虏人畏之，呼为六郎。"李焘《续资治通鉴长编》："敌惮之，目为杨六郎。"无论是"呼为"还是"目为"的意思都是说，"六郎"这个号是契丹人认为的，与排行无关。

北宋的记载没有关于杨延昭排行第六的说法，只是说契丹人怕他，称其为"六郎"。在列举杨业七个儿子时，都是说杨业死后的情况，当时延玉已战死，余下六个杨延昭排在第一位。多数论者认为他排行或是老大，或是老二，因为没能跟延玉比较。至于契丹称之为六郎，说法也挺多，比较被认可的是将星说。古人视天狼星为将星，又名为六郎星。因为杨延昭骁勇善战，素为契丹人所畏服，认为他是天上的天狼星下凡，所以呼其为"六郎"。也有人认为"六郎"只是契丹语的音译，赶巧听起来像是排行，究竟何意，因契丹语已失传，尚不得考。

虽然正史上本没有杨六郎镇守三关的记载，守哪三关更无从谈起。但这三关在哪儿却是个话题，说法有五种包括：瓦桥关、益津关和淤口关；遂城关、瓦桥关、益津关；瓦桥关、益津关和高阳关；霸州、雄州和白沟河；宁武关、偏头关和雁门关。除最后一说在山西外，其他四说相近，杨六郎在山西时是随父征战，并未在地方任职，山西说可以排除。宋初所说三关是第一说，不过柴荣已在瓦桥关建雄州、益津关建霸州，叫三关只是沿用旧称，宋代史书上没有任命过谁守三关。可能是因为淤口关后来名声不显，而杨延昭守过遂城和高阳关，所以后人拉过来凑成三关。

说杨六郎守三关都是杨家将故事中提的，而戏中所指多是瓦桥关，也就是雄州城。元杂剧《昊天塔孟良盗骨》中，杨五郎对六郎说："兄弟，闻得你镇守瓦桥关，怎到得这里？"《八大王开诏救忠臣》中说杨六郎镇守之地时，干脆说是"瓦桥三关"。当时只有三关之名而无其实，杨六郎把守三关是戏里的说法，并非史实。

民歌《小放牛》中，和杨六郎这句并列的鲁班修赵州桥，张果老骑驴走，柴王爷推车走上头，还有王母娘娘如何等等，全是神话故事，没人当真，偏是杨六郎这一句，总有人执拗地要考证出是真的，还要确定出是哪三关。

三

史上的杨延昭与故事中的杨六郎本应是一个人，但传着传着就走两岔了，还是有不小距离的。

杨家将故事进入艺术作品，最迟不晚于南宋，南宋的"说话"中有《杨令公》《五郎为僧》的名目。元杂剧现存杨家将剧目有《谢金吾诈拆清风府》《昊天塔孟良盗骨》《杨六郎私下三关》等。明代出现了通俗小说《杨家府演义》。清末至民国初，据《京剧剧目初探》和《戏考》所载，京剧有杨家将剧目40多种。不少至今仍是剧团保留节目：《四郎探母》《三岔口》《金沙滩》《辕门斩子》《穆桂英挂帅》等等。至于全国其他地方戏中的剧目，就数不胜数了。近些年，刘兰芳等播讲的评书《杨家将》广有听众，杨家将电影、电视剧不下十种，还有公司推出了杨家将即时战略游戏。

在这名目繁多的作品中，情节、人物并不统一，不存在一个完整的杨延昭形象，大体上作个描述，涵盖不了所有作品：六郎杨景，是令公第六个儿子，字延昭。在金沙滩举行宋辽两国皇帝的双龙会，杨氏七兄弟为保护宋太宗，大郎、二郎、三郎战死，四郎流落番邦，五郎出家，七郎求救被潘仁美乱箭射死。杨继业也被潘仁美联合辽军陷害，头撞李陵碑自尽。六郎杀出重围，独自返国，在八贤王和寇准帮助下，潘仁美招认罪行。皇帝爱妃是潘仁美的女儿，只判潘仁美充军发配，杨六郎不服，最终将潘仁美斩杀。杨六郎官封保灵侯、殿前司左右金枪班都指挥使，娶妻八贤王御妹柴郡主。后出任三关大帅，有大将孟良、焦赞，曾火烧辽国元帅韩昌。

这些情节，不少是人们根据史实生发的想象。杨氏父子与辽作战，杨业战死，潘仁美有责任，潘仁美的女儿是皇妃，这些正史都有记载。但并没有什么金沙滩双龙会，杨家将也没有保护皇帝的经历，太宗在979年北伐时确曾遇险，当时杨业并未随驾。杨家七子中延玉和杨业一起战死，其他六个在杨业死后各有任用，除延昭后来继续与辽作战外，另外五个没有上战场的记载。四郎、五郎、七郎的感人故事都没有历史依据。潘美因杨业之死被降了职，不久复任，也没被复仇追杀。杨延昭官没当那么大，妻子不是郡主，孟良、焦赞有没有其人不确定，韩昌也是个虚构人物。

史上的杨延昭可称英武超群，也有战功，得到皇帝认可、百姓爱戴，还让敌人畏惧。但与故事中那个英雄比起来，现实里的他有更多的无奈。

虽然杨业和杨延昭的才能受到赏识，杨家的忠烈也被朝廷嘉奖，但杨家将在宋军中地位并不算高，也发挥不了战略意义上的作用。作为北汉的降将，杨业以至杨延昭在宋实质上都属于控制使用，宋帝本就提防武将，况是降将，无论太宗还是真宗，从来没有放心地把重要地区和兵力交给杨家。杨业降宋后被掣肘，主要不是被奸臣所害，而是难以得到真正的信任。最后以身赴死，也可说是以死明志。

杨业和潘美诀别时说，降将本就该死，还能掌兵已是恩典，既然还不信任，只能挺身先死。这话与其说是慷慨悲壮，不如说是凄凉无奈。

杨业以死表忠心，太宗看起来也挺感动，但他并没安排延昭上前线，即使被辽军打得头破血流也没有。从28岁到41岁，冷兵器时代一个将军的黄金年华，杨延昭只能怀着杀父之仇，空自北望。

真宗起用杨延昭，还不断提拔，但到最后延昭职位也没有杨业高。有人以延昭任高阳关副都部署，说他可统管包括三关在内的大片防区，这是误读。宋的高阳关路管辖范围包括河北中东部、天津南部及山东西北部，三关当然在内，但1048年才设立，杨延昭已去世34年。他任职的是高阳关，不是高阳关路，只是一个独立的驻军关防，是个关城守将，称不上一方统帅，所辖包括不了几十里外的雄州。

更为关键的是，宋真宗从一继位就明白无力收复燕云，只想议和。他没谋划过大规模军事行动，几次战争都是防御，不久有了澶渊之盟。之后，他虽用杨延昭却一再严令不准生事。杨延昭去世前9年不理政务，心理状态可想而知。

杨家将的故事开始非常悲情，但最后还是奸臣被处理、忠臣受重用、大仇得报的大团圆。历史上的杨家确实悲情，但大团圆则未必。太宗朝思暮想收复燕云，却始终不给让辽人丧胆的父子一个充分施展的平台。

要信任一个不是自己嫡系的人，真的好难。

四

雄安三县关于杨六郎的传说：容城是扳倒井晾马台，雄县有大战祁家桥，安新说烧车淀火烧韩昌。

扳倒井晾马台的传说是这样的：杨六郎镇守瓦桥关，这天辽国大兵包围了瓦桥关。杨六郎率部趁着月色骑马杀出，杀得辽兵抱头鼠窜，可辽兵太多了，刚杀散一群又涌上一群。直杀到次日中午，阳光暴晒，宋军将士又累又渴，战马疲惫不堪跑不动了。杨六郎只好撤往西南方向的草桥关，行至途中，发现一口砖井，可没有取水用具，众人束手无策。杨六郎双手扒住井口用力一扳，那井竟然侧歪了，井水顺着井沿儿慢慢流出来……重振精神的宋军杀得辽军大败而逃，宋军追到白沟河，杨六郎下令休息，将士们放开战马，那些马抖掉身上的土。由于马很多，越抖越多竟成个大土堆，后人管这儿叫晾马台。杨延昭虽在雄州附近任职，但并未镇守过瓦桥关。至于被包围退敌的事，他在遂城遇到过，雄州城多次被围，杨延昭都不在城中。

大战祁家桥的传说是：宋朝派杨六郎把守三关口，辽派奸细买通奸臣潘仁美，潘仁美诬告杨六郎，宋朝削减了杨六郎的兵权，派潘仁美女婿张昭之到三关任督军。辽国出动十五万大军，直取瓦桥关。张昭之奉潘仁美密令只拨给杨六郎五百骑兵、一千多步兵迎战辽军，不出战就让潘仁美找到杀害杨家借口。杨六郎在关外杀死许多辽兵，可辽军人多势众，杀到天黑城内仍不鸣金，也不派兵接应。杨六郎只好带残兵退到祁家桥。辽兵包围了祁家桥，宋军退到桥头一座寺院里，人饿马饥，意外发现僧人为防灾荒，丰年用栗子面打成的墙，兵马都吃饱了，精神抖擞，杀回瓦桥关。

潘仁美确有个女婿姓张，叫张昭允，也做过雄州监军，当时杨延昭不在前线。杨延昭守遂城时，张昭允在傅潜手下任职，杨向傅求救，张也劝傅出兵，傅潜拒绝，战后傅潜被革职，张昭允也受牵连削职流放。至于辽买通潘仁美陷害杨延昭，几乎没有可能，潘991年去世，杨999年才到河北前线任职。

烧车淀火烧韩昌的传说是：杨六郎与辽军统帅韩昌激战，宋兵力不足，杨六郎从士兵砍芦苇做燃料受到启发，再战时佯败，将韩昌引入早准备好的芦苇阵中，放起火来，将辽军烧得焦头烂额，辎重车辆也成了火堆，人们为了纪念杨六郎的战功，把这个淀叫烧车淀。

据《保定郡志》记载："昔人以车装石灰，经此遇雨，灰中生火烧车，延及蒲苇，通宵不熄，故名烧车淀。"辽代两个韩氏家族很有势力，幽州韩和玉田韩，都是投向契丹的汉人，出过不少高官，但在宋辽战争中没有叫韩昌的将领。

雄安新区里关于杨六郎抗辽的传说不只这几个，其他大同小异，主要意思都是杨六郎作战英勇，但有奸臣害他，不过杨六郎如有神助，总是逢凶化吉。

虽是名将，但杨延昭实际能在宋辽战场上建功的时间和机会都非常有限，驻守河北前线16年，实际能打仗的只有999年到1004年6个年头，这期间还待罪停职一年左右。6年里宋辽发生过4次战争，延昭都参加了，三胜一负，地点3次在今徐水附近，一次在辽境的古城。再加上年轻时山西那次随父出征的路线，除此之外，其他地方所谓杨六郎抗辽遗迹，如谭其骧先生所言："杨家将故事流传很广，不少地方有'遗址'，我认为多半是靠不住的。"

这些民间故事千百年的广泛流传，表现出超越历史事实的心愿，折射着民众自求平衡的心态。如沈起炜先生所说："为什么（杨家将）传说和事实会有不同呢？因为人们在讲的时候，总是按照自己的想象和愿望，发展了故事。"杨家将战无不胜，只是朝中有奸臣陷害，但老天爷是帮助杨家的。杨家将故事虽然庞杂繁芜，中心脉络也就这三句话，而这内容对从宋到清的中原民众来说，有心理补偿作用。

石敬瑭割让燕云十六州后，没有长城抵挡游牧民族，中原民众屡受掳掠，每次都是妻离子散、家破人亡的惨痛记忆。北宋虽然以让步换来了百年和平，但战争威胁始终存在，所以朝廷上下努力对辽搞谍战，北境一有动静满朝皆惊，这对民间的心理影响也不可估量。杨家将威震辽国的故事，无形中可以给人们一种安慰和满足，所以北宋时，杨家将故事就流传开了。

到了南宋，靖康之耻造成巨大的心理阴影，《射雕英雄传》中，郭靖和杨康的得名，就是因为两位的家长要时刻不忘靖康耻，这是金庸对南宋社会心理的一种把握吧。在这种社会心理环境下，杨家将的故事开始脱离史实的轨道，更多地向人们愿望方向演变。元代是游牧民族直接统治，明代虽夺回长城一线，但北方的压力一直存在，直到最后又被游牧民族取代，这几百年来的历史背景推动了杨家将故事的演进和传播。《水浒全传》中征辽的全胜，《说岳全传》中岳雷扫北的成功，都体现着一种超越历史事实的愿望。

谭其骧是在1982年《关于编修地方史志的两点意见》中，提出对所谓杨家将遗址的质疑。但之后修的不少地方史志中仍没考证清楚杨六郎遗迹的真伪，或不是不能，而是不想。这大概是千百年来的群体心理惯性作用，执意要论证出杨六郎把守三关口是史实的也属此类，即使找不出依据，还要说"有些历史事实并不一定都见于史传"。

话虽如此，但有的事实其实不难弄清楚，只是我们愿不愿意去面对而已。

五

"听说是杨元帅为国丧命，不由得年迈人珠泪淋淋。杨家将保社稷忠心耿耿，数十载东西征南北战，立下了汗马功劳，老汉我听得明来记得清。"这是京剧《杨门女将》中采药老人一段"二黄原板"，虽是戏文，但用于对历史上杨家将的评价并不过分。

即使没有故事里的曲折和圆满，杨家将也足以让后人钦敬。他们忠心报国、英勇杀敌的事迹威震敌胆，也深得民众崇敬，这正是杨家将故事能一再演绎的基础。

故事有故事的魅力，但真实本身永远比故事更有意味，在现实中他们经受的怀疑和冷落，体会的无奈和委曲如果剖解出来，可能比故事和传说更深刻，更能透见世事和人心。

"断垣衰草野狐鸣，曾说六郎此驻兵。千载烽烟锁旧垒，三军旗鼓剩荒城。"

被称为六郎遗迹的地方不少，史无记载杨延昭曾到过今天的北京，但海淀有挂甲屯、平谷有挂甲峪，都称是杨六郎征辽时挂甲之地，这体现着人们对英雄的向往。

时间流逝，相传的六郎征战地，多数没有什么痕迹了。

不过仍有杨家将的后人聚族而居，在山西雁门关下，代县鹿蹄涧村，近千口人多数是杨家将后裔。村中有杨忠武祠始建于元代，为杨业后人杨友、杨山兄弟奉敕修建，他们定居于此，繁衍至今。

杨忠武祠占地1100多平方米，正殿面阔5间，进深3间，门楣悬挂4块匾，分别写着"敕建"和"忠义千秋""威镇华夷""忠勋世美"。殿内塑像22尊，既有杨业、杨延昭这样史上有记载的人物，也有故事中的佘太君、杨宗保等。祠堂内还存有北宋皇帝关于杨家的诰敕10篇，以及历代颂扬杨家将的题词、碑刻、匾额等。镇祠之宝是《杨氏宗卷》，为南宋遗物，卷长8.1米、宽0.39米，排列顺序先为传记，次为画像，再为名人赞诗。

雄安新区有个晾马台，"晾马台，晾马台，不带干粮下不来。"这个台在容城县城以东12公里处，现存台址仍高两三米，曾出土蚌刀、鱼梭镖、红铜翘首刀等器物。文物部门考证，这是一处具有龙山文化元素但以商周遗物为主的遗址。它距被认为是燕都临易的南阳遗址不过2.5公里，专家判断可能是与燕都相关建筑的遗存。

当地相传，这台是杨六郎筑的，因他在此晾马而得名。1920年编的《容城县志》中记载："晾马台，在县东二十余里，宋杨延昭筑此以晾马，基址尚存。"

晾马台复建的明月禅寺里，有个六郎殿。

明月禅寺始建于唐代，据明月寺碑记载属"临济正宗"，道琛法师曾驻锡传禅于此，历代禅师辈出。

实地走访，晾马台上有些荒芜破败。正值中午，几位老人在树荫下乘凉，听评书，刘兰芳的《杨家将》。

六郎殿锁着门。正听评书的老人们说，可找人来开门。不久，有位老者拿着一串钥匙走来，一把一把试了许久，门开了。

殿里，杨六郎塑像居中，身边立着杆长枪，左右是孟良、焦赞的塑像，两边墙上有杨业、佘太君和柴郡主、杨宗保、穆桂英的画像。

杨延昭在这里有个称号，叫"延昭护法尊者菩萨"。

古地道还是一个大问号

　　雄安地下存有多处古地道，连同周边地区已发现的，古地道分布面积可达上千平方公里。令人不解的是，这样庞大一个工程正史上没有相关记载。

　　有专家根据用砖和发现器物判断，古地道属于宋辽时期，从当时历史背景分析认为是北宋防御辽朝的"地下长城"。虽然有了专家的说法，但一些关注古地道的人士仍不断钻研，提出种种不同看法，古地道的谜团并未完全解开。

　　它究竟是何人所建？当地宣传说是杨六郎，有人认为是李允则，都是推测。还有人怀疑是否为北宋方面修建，提出北京张坊等地都有宋辽时期古地道，可它们是在辽朝境内，应该是辽朝修的。

　　它为何在正史上没能记载？一般解释是因为保密，古地道是国防工程。有人提出质疑，认为这么一个大工程，在一个朝代任何记录中都找不到痕迹说不过去，而且使用情况、发挥作用如何也没有。何况这样大的项目，人力物力，拉土用砖，在国境线上，以当时谍报的发达程度，难以相信对方会没有察觉，如有察觉也应有记载。

　　由于还没找到可靠的记载和确实的依据，现在对古地道的认识大都还是推断。与其说它是一条浩大的"地下长城"，不如说是一个巨大的"地下问号"。

———

到雄安寻访古地道很方便，雄县县城将台路上有宋辽古地道遗址公园，全天开放。

公园不大，仿古的围墙里，有几个展室，介绍古地道相关情况和雄县一些历史知识。从一个亭子里下去，就进入了古地道，经过修复加固的古地道长200米，整体用青砖砌成，洞顶为涡轮状异型砖。地道为穹顶穹门，高低宽窄不一，曲折延伸，多直角转向。有6个洞室，既有窄小多变的"迷魂洞"，也有较宽大的藏兵洞，还有议事厅、兵器室。

雄县古地道发现时间在1964年，最早是在县城东北17.5公里的祁岗村，村民打井时发现了一个幽深的未知。之后又在邢村大台等处发现古地道。

1982年5月至7月，经河北省文物部门批准，对祁岗村地道进行开掘。地道顶距地面4米，洞内一般高1米，最高处1.8米，宽一般0.8米，最宽处1.6米，内有翻眼、通气孔、掩体和放灯、存物之处，地道由35厘米×15厘米×7厘米的砖砌成。

那次挖掘清理了东、西、南三岔汇合口一处和向南延伸的地道35米，出土黑釉砂水缸一口，砂瓶、夜壶各一个。河北省文物专家根据用砖和发现器物分析，认为是宋辽对峙时期的地道。

多年前曾去寻访祁岗地道，当时没有什么人管理，地道口散落着些水泥板，从台阶下去，走不多远就被杂物挡住了。

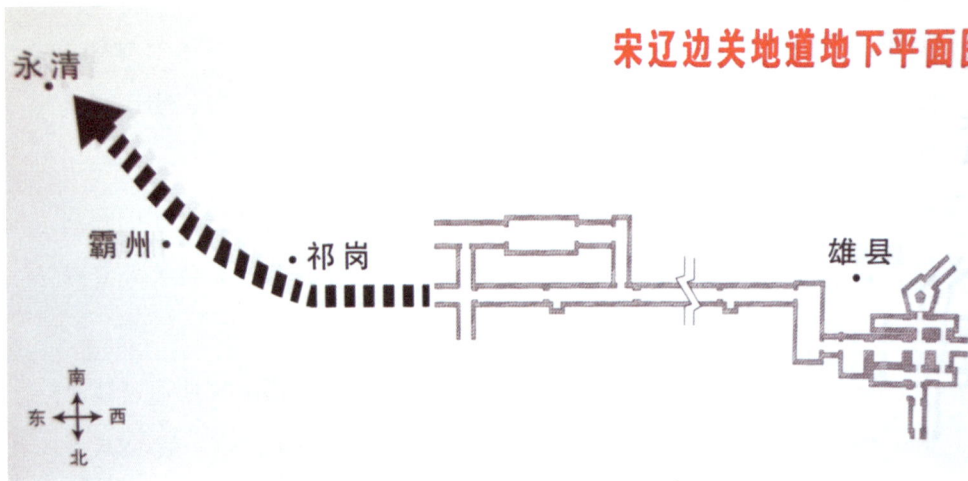

宋辽边关地道地下平面图

永清

霸州   ·祁岗

雄县

南
东 ✛ 西
北

① 雄县古地道遗址公园内整修开发的古地道。　　（2017年7月29日摄）

② 雄县古地道遗址公园内整修开发的古地道。　　（2017年7月29日摄）

③ 雄县古地道遗址公园内展示古地道示意图。　　（2017年7月29日摄）

④ 雄县古地道遗址公园内古地道入口。　　　　　（2017年7月29日摄）

⑤ 雄县古地道遗址公园大门。　　　　　　　　　（2017年7月29日摄）

⑥ 永清县未开发的古地道。　　　　　　　　　　（2003年摄）

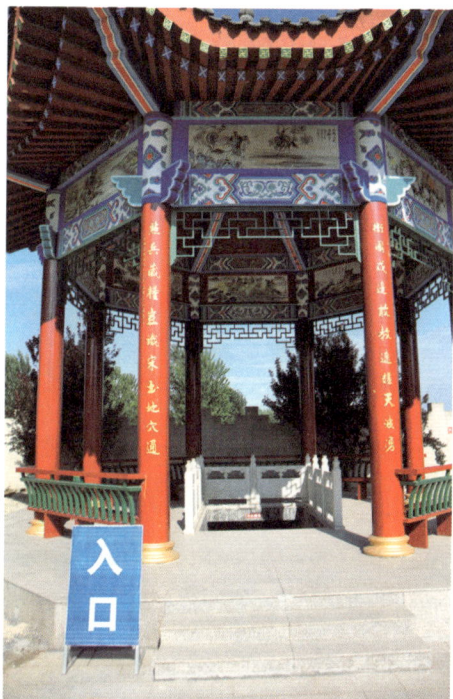

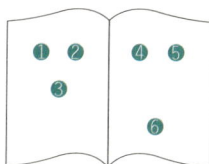

邢村大台地道就是现在的遗址公园，在原雄州城里的铃铛阁附近，因为交通方便先得到开发。这里的地道向东北有分支，据判断是通向祁岗。这是从地道走向分析，现在能发掘确认的地道还是一些点，更多的地方淤塞已久，究竟是什么情况还有待实际的发掘。

雄县的古地道遗址公园2009年5月正式对外开放。2013年3月雄县古地道列入国家重点文物保护单位，是合并项目，并入了已于2006年列入的永清县宋辽边关地道。

永清县古地道发现更早，地点更多。清末县城西南蔡户营就发现过古地道。抗战时开展地道战也挖到了古地道，龙虎庄还在里面捡到锅盖大小的盾牌残片。1948年永清大水，瓦屋辛庄的积水突然在一声巨响后流入地下，人们发现有地洞。1951年县城南关一户人家发现洞口，公安人员带枪下去察看，发现个砖砌大洞，这户人家挖砖填洞，用这砖盖了5间房子也没用完，还卖了6车。

1988年，永清县对全县的古地道进行调查，发现古地道以县城南关为起点，向东南和西南两个方向延伸，几乎遍布县境，面积约300平方公里。战道中既有掩体、闸门等军用设施，又有灯台、土炕、气孔等生活设施，建造所用的青砖，均长30厘米、宽16厘米、高8厘米，应属统一烧制。地道最浅处距地表不足1米，深处则达5米。

这次调查中重点对瓦屋辛庄村那个吸水的地道进行挖掘，发现这处地道有200多平方米，由两个"迷魂洞"和一个"藏兵洞"组成。"迷魂洞"曲折迂回，如同迷宫。"藏兵洞"中有5间并排的小屋，每间屋大约2平方米左右。

当时，永清成立了古地道开发机构，准备将古地道发展成旅游景点，相关村热情都挺高，有的村清理出150米长的地道，最大洞厅60平方米。后来，因资金等问题，开发规划久未落实，多数已挖开的古地道又封闭回填了。

前些年去永清寻访，在县城附近右奕营村，一户姓任的村民家中，还有个洞口可下去探访，是当时永清可探查的几个洞口之一。古战道距地面约3米，举烛前行，曲曲折折，有的地方可直立行走，有的地方需弯腰前进，青砖砌成的拱门、洞壁上的灯台均保存完好。在洞顶和两边，有土的地方垂下一条条细细的白色的须线，当地人说这是上边植物的根须。走了不过十来米，前边就不通了。这家人在洞中储藏着些食品，算是当了个地窖吧。

这家主人说，家里知道有地洞是20世纪60年代，盖房时发现，当时不懂，看有挺多砖，挖出来用了后就把洞填了。1988年县里组织调查，他挖了几天没找着，县里说找着奖500元，就挖出洞口了。县里组织人挖了半个月，地道都被淤土封死了，是一点点把土淘出来的。快挖到正房底下时，怕把正房挖坏了，就没让再挖，还能挖多远谁也不知道。

二

1988年永清进行的调查，为对宋辽古地道进行较全面研究、分析提供了条件。

1989年，中国社会科学院、首都博物馆等单位的20多位考古学家和历史学家来到永清，举行了"永清古地道考察及学术研讨会"。

通过现场考察研究，专家们认为永清古地道不是简单的藏身洞，不是老百姓个人所为，其性质是宋代军民经过精心策划、在统一组织领导下建造的大型永久性地下军事工程，也是边关御敌的配套工程。有专家说，我国古代军事史上地道多用于攻城，古战道却是持久防御工事，与地面长城战争功能相同，在特定的历史时期，古地道所起的作用也不逊于万里长城，堪称"地下长城"。

专家考察地道所用青砖，认为其硬度、土质与雄县祁岗宋代地道砖别无二致，也属同一规格。另外，在元、明、清三代，从河北地区的战略态势看，没有大规模构筑地道的必要，而地道中出土的文物又表明它们不可能早于宋代。由此专家认为，古地道当为宋代所建。鉴于古地道工程量大，分布面广，用砖数量可观，且用砖统一，有专家提出，古地道是有权威主管部门直接策划的国家级工程。

对于古地道的修建目的，专家认为：是宋为了抵御辽军而建造的。因为辽军主要是骑兵，以运动战为主，无须修建地道。宋当时无力北伐，在河北平原上与辽长期对峙，无险可守，除筑城防御外，挖地道备战也是合理选择。

永清进行的调查发现，古地道向东南和西南两个方向延伸，分别通向信安镇和霸州镇。今天的信安镇在宋时是淤口关，霸州则是在益津关建立的，都属于历史上的三关，还有一关就是瓦桥关也就是雄州城。

雄县的地道据分析从县城通向祁岗，再由祁岗通到霸州。近年来，人们在霸州境内也发现有古地道。就是说，永清和三关之间有可能通过地道相连接。

这意味着，今天的雄安新区，在一千年以前或有一条地下通道，蜿蜒数十公里通向北京新机场附近的永清县。

专家认为，永清县处在宋北部防线的最前沿，这里通过地道和后面的军事重地三关相连，遇有紧急情况，可以保证前线与三关的联络，发挥三个作用：藏兵运兵、监测敌情、传递情报。

有专家根据历史情况分析，提出是最有可能的时间段是在989年至

1004年（景德元年）的15年间。从989年宋对辽由进攻转为防御，在河北中部西起保州（今河北保定），东至泯姑海口（今天津塘沽附近）的东西900里，南北六七十里的地区，利用原有河水塘泊，加以疏通，筑堤蓄水，广置稻田，把平原建成水泽并连成一线，当时号称的"水长城"。同时设寨28个，立铺125个，用以阻止辽军骑兵。但是，在广阔平原上抵御辽军光靠这些还不够，宋人可能根据平原土质条件，秘密建地道构成纵深防御工事。到1004年宋辽议和，这段时间是古地道最有可能开挖的时间。

至于为何正史无记载，专家们估计有两种可能：一是该工程纯属国家机密；二是官修的史书有意回避，与史臣们为宋廷屈辱投降的对外政策回护有关。

明嘉靖年间《霸州志》记载："引马洞，为杨延昭所治，始自城中，通雄县：每遇虏至，必以出师。"在雄安以及周围地区，流传着不少杨延昭抗辽的传说。杨延昭主要任职和战绩都是在保定。据此，有的专家提出古地道"即使不是杨延昭为首主持修建，他也一定参与领导过具体的修建"。

这一说法很受地方认可，在古地道的宣介中，都称是杨延昭主持或参与修建的。还引申说，杨延昭在此镇守达16年之久，寸土未失，这一带无天险可据，而杨延昭却屡战屡胜，这要归功于他当时修的地道。

在1989年永清古地道会议上，与会专家将其命名为"永清古战道"，认为它的发现填补了史书上的空白，为文物、历史以及古代军事、古代建筑等多学科、多门类的研究提供了新的课题。

不过，2006年和2013年，国务院公布永清和雄县的古地道列入全国重点文物保护单位时，使用的名字是宋辽边关地道，都没有采用

"古战道"这个名称，这显示出国家权威部门的审慎态度。

毕竟，古地道对于我们来说，未知大于已知，还不到对所有问题都给出标准答案的时候。

三

专家答案中最受地方欢迎的也最受质疑，就是古地道是否是杨延昭主持或参与建造。

杨延昭确曾在保定任军职并抗辽，但具体地点一是在今徐水境内，一是在今高阳境内，他从未管理过古地道所在的雄县、永清和霸州，所谓"杨延昭把守三关口"只是杨家将戏剧里的说法。

杨延昭在河北驻防虽有16个年头，但只有6年宋辽处在战争状态，他在徐水一带连续作战，到雄县、永清来修地道可能性不大。其他10年时间，宋辽已议和，他在高阳关的任上不理政务，被下属蒙蔽还受到皇帝训诫，说他这段时间去不是他防区的地方主持或参与建设地道没有依据。在他任职河北期间，主持雄州的是名臣何承矩和李允则，无论从地位上还是职责上，杨延昭都不大可能到何、李的地盘动土。至于说他靠古地道屡战屡胜寸土未失，更不靠谱。

关于杨六郎的说法不少是人们的愿望，而这些说法也常和史实混淆起来。元代戏文中就有了他守三关的台词，明朝《霸州志》中出现"引马洞，为杨延昭所治"的说法难以为凭，他未曾霸州镇守，即使在高阳关时相距不算远，当时已无战争，也不可能"每遇虏至，必以出师"。有论者提出"认为雄县永清的地道就是杨延昭主持所建，其实这也仅是传说而已，要当真还缺少依据"。这是有道理的。

有人提出古地道修建者是李允则，澶渊之盟后李允则主持雄州多年。他是有名的能臣，出镇雄州办过许多漂亮事，他有能力和地位在这一区域组织实施大工程。史书有他教民烧砖盖房，组织遍凿水井的记录。把凿井理解遮辽国耳目实际上修地道，也说得过去。如果古地道确为宋官方修建的军事工程，李允则应该是最有可能的组织者。

但对是否为宋官方修建的军事工程这一点，还有人提出疑问。认为从古地道结构看，很难藏兵运兵，至于监测敌情和传递情报，似乎也用不着花这么大气力修如此的工程。

"按初步发掘清理的结果，雄县和永清的地道高低宽窄不一。永清地道底部至穹顶平均高约1.5米，宽约0.8米，最窄处0.5米。雄县的地道平均高约1.7米，宽约1.1米，最窄处只有0.7米。两地地道的入口多数需要手脚并用方能垂直进入地下。进去后，由于多数地方很矮很窄，仅容一人而过，需要弯腰低头才能前进。"

藏兵容量有限，而要使用这样狭窄黑暗的通道运送大队人马，别说马就是人也不容易。辽军以骑兵为主，宋方进行的防守努力主要是如何在平原上阻滞骑兵，种树、建方田、建溏泺防线、练巨型阵法，都是为这个目的。

从宋辽战争的实际情况看，如果宋军只要挡不住辽兵，辽兵突破后就会南下，对后方有无宋兵不大顾忌，澶渊之战就越过整个河北，打到河南，河北诸多城池还在宋军手里。建地道，藏兵运兵发挥不了什么作用。"善于马上作战、习惯平原驰骋的辽兵，也不会下马冒着迷魂洞、翻板、掩体、闸门等危险设施，钻到洞里去寻找几个宋军决战。"

1991年北京张坊发现了古地道，全长大约为1500米，清理出了500米，也被认为属宋辽时期。还有人提出，从历史地图上看张坊在宋辽边界白沟河以北，属于辽朝境内，宋不可能越境来建工程这么大的地道，不应该是宋方修的，而应是辽方建的。"辽国这边临河没有城池，有必要修筑防御工事，但若新增城池，容易被宋朝发觉，则要承担毁盟责任；秘密修建地道，可不为对方发觉。宋朝每岁纳款，使辽有充足的财力完成这项规模浩大的地道工程。"

对永清宋初是属宋还是属辽也有争议。一方据《读史方舆纪要》等书记载，说永清"宋初为霸州治"；一方则认为，这是名义上的，永清一直是辽的事实领土，辽所有官修文献，以及后人写的《辽史地理志》等都是将其列在辽的南京道析津府。北宋未曾真正管理过永清县，宋初宋太宗两次北征伐辽，宋军到达宋辽边境时，都只是军至白沟河以南的"雄、霸、平戎、破虏、乾宁"一线而止。从986年开始，宋在边境修建水长城，永清县在水长城以北50里，宋没有理由再去那儿建地道。

不过，如果说在辽境就是辽修，那雄县、霸州都是宋境，难道是各修各的，这还是个疑问。

四

对这个疑问，有人提出是民间自发建造的看法。

这个说法有三点看起来比较有道理，能给古地道的谜团一些解释：一是民间各自修建，既不是官方修建，就无所谓辽境还是宋境了；二是民间修建主要目的不是军事作用，所以不利于藏兵运兵就可以理解；三是民间行为，官方没有记载也就容易说得过去了。

说到民间，宋辽对峙时期，雄州一带有个特殊群体——"两属户"。

柴荣在雄州停下北进的步伐，赵氏兄弟没能再走一步，辽取得了对宋的军事优势，不甘心雄州已属宋朝，宋的雄州下辖容城、归义两县，辽也在境内设立了容城、归义两县，主张对雄州一带的管辖权。

由此，从雄州城北界到白沟河之间，也就是今天雄县县城到白沟一带，成为宋辽争相管辖区域，形成史上少有的"两属地"（又称"两输地"）。这里的居民就是"两属户"（也叫"两输户"），要接受宋和辽的双重管辖，同时向两国纳税服役。

史料记载，宋神宗时，面对辽在"两属地"不断加码的压力，王安石主张"柔静"以对，通过谈判解决，可以适当让步，集中力量对付西夏，等解决了西夏再对付辽；文彦博则提出要针锋相对，毫不妥协。1072年到1073年，辽方巡马过界河骚扰，宋雄州知州张利一以强硬手段对付，引起宋廷多次辩论，最后还是将张利一免职，但这并不能解决辽人过界河的问题。

宋廷对"两属地"是进退两难，退是示弱，放弃祖宗基业，进又没办法阻挡辽的势力进入。在如何对待"两属户"上也存在矛盾，既想通过优待维系其"向化之心"，又对其与辽不断接触满腹疑虑。

"两属户"一仆二主，苦不堪言，曾到雄州给州官送羊酒，请求帮助改变"两属户"处境，州官也没辙。"两属户"一直持续到北宋和辽结束自己的历史。欧阳修《边户》写了"两属户"的情况："自从澶州盟，南北结欢娱。虽云免战斗，两地供赋租。"

有"两属户"曾试图南逃到宋腹地，但宋对"两属户"的忠诚度有怀疑，规定"（两属户）私出本州界，并坐徒"，甚至不允许宋人和"两属户"通婚。有人认为，古地道是"两属户"无处可去，为躲避灾乱而建的避难所。

有论者提出，宋廷重文轻武，资料记录相当认真完备，掌管资料记录的职官多达几十种，形成多层次全方位的记录体系。如果古地道是宋的政府行为，即使是保密工程，动议也该由皇帝做出。别的资料没有，皇帝应该有圣旨口谕，因为朝内有专门起草和记录皇帝圣旨口谕的职官。尤其涉及财政、物料等项，会动用封桩库、右藏库、内藏库的金银，无皇帝圣旨不能取出。可是这些在宋朝的史料中至今查不出记载，之后的史家写宋史时也没有参考这些资料的痕迹。从这一点可以看出，此工程应与政府无关。

说是民间建设的避难设施，有一定的道理。历史上每遇战乱年月，人们就有在自己院落或耕地内挖置躲避洞的习惯。《元史·邸顺传》记载，金朝后期河北、河南百姓就曾开掘地道以避战乱，"群盗据城叛，民皆穴地以避之"。

清朝时一些富户，在建房时就设计构造了复杂的地下躲避洞，至今在山西的一些大院里都能找到这一系统。

抗日战争时期包括雄安在内的冀中地区，曾经开展过大规模的地道战。虽然称为地道战，但它最早也是从干部群众自发挖的藏身之所"蛤蟆蹲"开始的。雄县、容城所属冀中军区十分区的地道斗争，就是分区政委旷伏兆在"蛤蟆蹲"藏身后受启发开展起来的，成为战斗用地道是后期的事。

古地道用砖石铺砌，内有通气孔、灯龛、蓄水缸、土坑、储粮处等设置，也发现了罐、碗、盘、壶等器具，还有翻眼、掩体等防范装置，是集防备、藏身、吃住于一体的长久性设施。所以有人认为它属于躲避地道，是百姓用来避难的。不仅躲避辽朝骑兵，更躲避辽朝征税抓丁的官吏，也躲避宋朝的军队和地方官吏。因为多是永久性建筑，宋亡以后仍有利用，有的地道曾发现过明朝器物。

认为古地道是官方建造军事工程的说法，有些难以自圆其说的地方，对此，民间建造避难场所之说能解释通。但民间建造之说自身又带来诸多难解之处，比如这么大的工程，有统一制式的用砖和大体相近的结构，分布范围广还可能互联互通，且在宋雄州城内也有，只说是民间个体建的避难场所，难以让人信服。

五

古地道如同一头大象，有人摸到了腿，有人摸到了肚子，有人摸到了尾巴……

相关说法有各自的道理，也有各自的局限。国家权威部门使用了宋辽边关地道这个名字，符合我们现在对古地道的认知程度。

对于这个庞大的地下工程，现在能够被大多数人接受的就是它建于宋辽时期（也有人提出是明代修建的），当时这里是边关。至于何人所建，什么性质，有何作用，这些都还有待进一步的了解和认识。

前段时间，新华社报道称：调查显示，雄安区域地质构造稳定，地面沉降和地裂缝较轻，没有制约城市规划建设的重大地质安全问题。"地下雄安"前途无量：区内地下100米深度内以黏性土为主，仅在26至40米深度分布连续含水层。总体上土体结构较均匀、颗粒较细，砂层分布较少，工程施工条件好，十分适宜地下空间开发利用。

为保护地下26至40米深度的连续含水层，中国地质调查局建议地下空间分浅层（埋深0至26米）和中深层（埋深40以下）两个层位规划开发。浅层地下空间上部可作为仓储购物、生活娱乐、停车场和民防工程等建设空间，下部可作为综合管道、地下交通等建设空间；中深层地下空间上部可作为地下交通、物流通道等建设空间，下部可作为储水管廊、特种工程等战略基础设施建设空间。

这可以说明，雄安具有开发地下工程的优良条件。这里有记载的地下工程历史，早的有袁绍当年挖地道攻击公孙瓒的易京城，晚近的有抗日战争时期的地道战。

袁绍所挖是军事史上常见的攻击地道，随用随弃，早已无存。宋辽古地道与抗日地道相比，二者存在一些共同点：内部结构都比较复杂，都具有窄小的迷魂洞、迷障巷道、翻板、闸门等军事设施。

它们也有一些明显的不同之处：一是抗战地道中，除了厕所之外，几乎没有其他生活设施，古地道中有通气孔、灯台、蓄水缸、土坑等生活设施；二是抗战时期所筑的所有地道，没有用砖铺就的，而古地道却全部都是用砖石铺砌而成。这说明，抗战时的地道是临时性的，是一种临时性的隐蔽所或临时性的战斗设施，人们每次进去的时间都不长，不需要用许多生活设施；而古地道则显然可以供人们在里面长期栖息，由于全部都是用砖石铺砌而成，可以经数百年乃至千年而不至崩塌损坏。

正因为此，当时长达万里的冀中抗战地道距今不过几十年，在不少地方还能找到当年活跃在地道中的人，而地道本身却仅在清苑冉庄等极少地点有存，其他均湮没无迹了。

抗战时期，在雄县米家务曾发生过激烈的地道战，而到村里走访，有纪念当年在地道战中牺牲军民的烈士陵园，也有能回忆当时一些情况的老人，但已找不到地道的任何痕迹了。古地道虽经历千年，却依然大面积留存，只不过我们目前还不知道修建、使用这些地道的是谁。

在雄安新区，现在有两处全国重点文物保护单位，除了宋辽边关地道，还有一处是南阳遗址。

对南阳遗址是燕都临易这一判断，目前争议不大，考古人员正在深入发掘，有望给出结论。史书上有临易相关记载，遗址范围也有限，对南阳遗址进行深入发掘，将所发现情况和记载对照就可以找出答案。

宋辽边关地道则不同，一方面还没有找到相应的正式记载，另一方面分布范围广进行全面开掘难度大。

既未能看到这"大象"的全貌，也没有找到这"大象"的正式介绍。

要回答这一巨大的地下"问号"，还需要时日。

第三章

紫气关临天地阔

　　"东逾辽水北滹沱，星象风云喜共和。紫气关临天地阔，黄金台贮俊贤多。"这是唐安史之乱后，杜甫听到河北各节度使归顺朝廷的消息后写下的诗句。

　　对经历浩劫后的唐王朝来说，河北之地的降服是"紫气关临"。对河北之地来说，"紫气关临"的时刻，是在杜甫写下这首诗近400年以后的1153年。

　　这一年，金朝动用庞大人力、物力和财力，在辽燕京基础上建设的新都落成。"筑宫室于燕，逮三年而有成……都城四围凡七十五里，城门十二，每面有三门，其正门两傍又设两门……金碧翚飞，规模壮丽矣。"

　　金海陵王在迁都诏书上说："燕本来是春秋时诸侯国的名字，现在成了京师，不应该再以燕京作为称号了，可以叫作中都。"

　　告别"燕"，改称中都，这个名字的改变，宣告幽燕之地摆脱偏居边陲之地的处境，开始成为帝国的"心脏"。

　　金中都的建成，被认为是北京建都史的正式开始。这个宏大的新都翻开了北京历史新一页，也改变了政区地理格局。由这一年起，新的政治中心诞生了。

　　由此，历经元、明、清，直到民国初年，作为畿辅之地，河北有了全新的历史定位。

雄安不再属春秋战国时的边疆小国，不再是汉唐时代偏远小县，也不再算宋辽时期的"特别区域"，而成为国都附近地区，在政治、文化、教育等方面有了以前不具备的条件，可以说"紫气关临天地阔"。

之前，这片土地进入史册主要是因为这里发生的事件，之后越来越多在这里生长的人才开始发挥影响，走入历史记忆。雄安三县的县志中，所记载人物，大都是金代以后的，算得上"黄金台贮俊贤多"。

雄安历史悠久，人杰地灵。容城三贤、安州陈氏三进士、民国两上将……

有"容城三贤"之称的元代刘因、明代杨继盛、明末清初孙奇逢，三人不仅名重一时，还以自己的道德文章彪炳史册，他们的生平事迹体现了慷慨悲歌、奋发有为、重信尚义的人文精神，这也是雄安的文化基因。

陈调元、孙连仲两位民国上将，身处纷乱复杂的时代，从雄安出发，以自己的品格和能力跻身高层，各有一番轰轰烈烈的作为，也各有自己的局限。他们的生平际遇，为我们理解中国近百年来的历史提供了借鉴和启迪。

简单的丰盈

"茫茫大块洪炉里，何物不寒灰。古今多少，荒烟废垒，老树遗台。太行如砺，黄河如带，等是尘埃。不须更叹，花开花落，春去春来。"

宇宙犹如巨大洪炉，万物都会化为灰烬，古往今来，多少荒烟废垒、老树残台。巍巍太行像块磨刀石，滔滔黄河如一条衣带，一切都如同尘埃。不须叹息，花开了要落，春去了还来。

这首《人月圆》表达了对时光流逝、万物变化的旷达超脱。作者刘因，号静修，元代诗人、学者，容城沟市村人。

刘因是今天容城以至雄安重点推介的名人，容城县三贤广场上有他的塑像。

刘因在活着的时候就已经挺有名了，元世祖忽必烈对他念念不忘，两次征召。但他生前地位并不高，多数时间当教书先生，也穷，曾想到江南旅游，终身未能实现，足迹没出过燕赵，只活了45岁。他死后名气更大，名列元代三大儒，还入祀孔庙。

一个在世间没有经历多少荣华富贵，甚至没有去过多少地方的乡村穷儒，何以能有"茫茫大块洪炉里"的视野和气度，且广受景仰？

在简单生活中，如何拥有丰盈的内心？

一

刘因的人生轨迹是：神童——有志青年——恬退中年。

1249年，刘因生在一个"不治产业"以儒传家的家庭，沟市村靠近拒马河，就是当年宋辽对峙的界河，是宋辽都管的"两属地"。

不过刘因出生时，攻灭辽和北宋的金朝也灭亡15年了，他的高祖和曾祖都做过金朝的小官，祖父没有官职，赶上金后期乱世，携家逃难到河南，死在归途。父亲刘述扶柩返乡，曾应征召，短期任过元朝的官职，是好学之士，博览群书，交游广泛，天文、历数、阴阳、医方、史学无不通。母亲姓杨，进士的女儿。

这一年刘述42岁，盼子心切，梦见神仙用马驮着一个小孩到家，说"好好养活他"。醒来刘因就出生了，初名为骃，字梦骥。（后改名为因，改字为梦吉。）

孩子确实有天赋，"公生天资纯粹，三岁识书，日记千百言，随目所见，皆能成诵。六岁能诗，十岁能为文，落笔惊人。"刘因自己也曾说"八龄书草字，观者如墙堵。九龄与《太玄》，十二能文章"。

旁人也认为刘因是神童，有位田尚书在请刘因赴师席时写道："伏惟梦吉先生，两仪间气，四海英才。初学语则自识于之无，及讲书则径明其旨趣。料总角之时，必至于耸坠甫弱冠之日，俄骇其能文。河倾万卷之储，笔扫千军之阵。"

刘因的早慧是与刘述的培养分不开的。刘述中年得子，十分用心。还没刘因的时候他就对别人说："这辈子没儿子就算了，有儿子我一定要好好教他读书。"这是他的心里话，为了刘因，他"隐居教

容城三賢
劉因

① 容城县三贤广场上"贤冢洄澜"浮雕。

② 容城县三贤广场上游人寻访刘因雕像。

③ 容城县三贤广场上刘因雕像。

④ 容城县三贤广场上刘因雕像。远处为孙奇逢和杨继盛雕像。

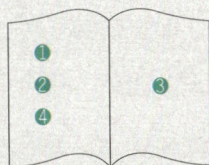

（2017年7月29日摄）

授，杜门绝交，万事置之度外，惟以教子为事"。说："我今教子，亦将以志吾之志而已。"也是位把自己理想寄托在孩子身上的爸爸。

除了家传，刘因还拜过一些老师。11岁时，他随父迁居真定（今正定），当时真定是北方名城，人才济济，在这里他师从大儒砚弥坚，在同学中出类拔萃，砚先生对刘述说："令子经学贯通，文词浩瀚，当为名儒。"

他跟砚先生学的是经学："初为经学，究训诂疏释之说"，经学是解释儒家经典的学问，这满足不了他的求知欲，"圣人精义，殆不止此"。他接触到理学著作，很有共鸣，"及得周、程、张、邵、朱、吕之书，一见能发其微，曰：'吾固谓当有是也。'"

理学是宋代发展起来的，以儒家为基础兼容佛道的哲学理论，阐释纲常名教的合理性，形成完备的理论体系。周敦颐、程颢、程颐、张载、邵雍、朱熹、吕祖谦都是理学名家排行榜上人物，刘因后来也名列其中。

刘因19岁作《希圣解》中说："天地之间，理一而已，爰执厥中，散为万事，终焉而合，复为一理。天地，人也；人，天地也。圣贤，我也；我，圣贤也。"提出"希贤、希圣、希天"，自命为"天地间一清才"。从哲学基础上提出人人可成圣贤，表达用世之心。曾自称"驱幼有大志，早游翰墨场"。"头上无绳系白日，胸中有石补青天"。有志于"致身青云间，高风举六翮。整顿乾坤了，千古功名立"。

他号静修，取自诸葛亮《诫子书》"静以修身，俭以养德。非淡泊无以明志，非宁静无以致远。"并非退隐独善之意，流露出的是宁静致远之志。走出茅庐，匡扶天下的诸葛亮事迹是不少读书人期许的目标，刘因也是其中之一。"补天""整顿乾坤"都寄托着他的政治抱负。

元初没有实行科举取士，青年刘因一腔抱负，无施展的路径。为谋生计，他开馆授徒，以满腹才学进行教学创新，因材施教，颇有成绩，引动时人的注意，容城靠近京城，公卿路过常常闻名拜见，刘因大都托词回避。

名声带来机遇，1282年，丞相文贞王不忽木举荐，太子真金下诏征召刘因入朝，授承德郎、右赞善大夫，官居五品。当时真金在皇宫建太学，请他教授近侍子弟。时间不长，因继母病重，刘因辞归，次年继母去世，在家守孝仕途中断。

1292年，忽必烈以集贤殿学士、嘉议大夫三品清要之职征召，刘因以病固辞，忽必烈感叹"古有所谓不召之臣，其斯人之徒欤！"

1293年，有人荐以国子祭酒，当年刘因病故。朝廷"赠翰林学士、资德大夫、上护军，追封容城郡公，谥文靖"。

二

一名有志于天下的青年，为何变成"不召之臣"？

有人说他心向宋朝，不愿屈身元朝。这或是后人将自己的感情投射到刘因身上了，他对宋并没有什么认同感。

刘因的故乡在宋辽时期就已是"两属地"，当地居民对宋的忠诚度宋廷也没信心，不允许他们和宋人通婚，也不准许进入宋境。刘因的高祖、曾祖都出仕宋的死敌金朝了，父亲也做过元朝的官，很难说刘因对宋有归属感。

他出生时元统一北方已十九年了，京畿之地，一派升平气象，"民间垦辟种艺之业，增加数倍"，交通畅达、商业繁荣。他11岁时忽必烈即位，直到他去世仍在位。忽必烈为一代英主，统治初期重用汉族知识分子，全国政治经济情况较好。他重用的汉人郝经曾说："今日能用士，而能行中国之道，则中国之主也。"

刘因说："中统元年，今天子即位，草昧一革，古制浸复。及至元改元，则建官立法，几于备矣。"赞同元的统治，也支持元用兵南宋。曾在为人写的碑铭中说："至元十一年（1274年），诏大丞相伯颜领诸将兵伐宋，有志之士，咸喜乘此际会，思效计勇以自奋。"有诗云："天彻藩篱要混通，古来佳丽数吴中。送君如对秋风起，恨我不随江水东。"

他的《渡江赋》正面写元军灭宋，有人说此文有"哀宋"、"欲存宋"之意，这不确切。文中不乏对元军声威的夸赞和对宋军的讥讽，"昔我国家，初基创元。顺斗极，运天关，握雄图，祭雪坛。""卵压中原，势开混沌。蠢尔荆蛮，何痴而狂。"既已称"我国家"，立场已很明确。

明末清初的孙奇逢不愿承认这位家乡先贤倾向元朝，曲意回护，并以刘因晚年拒绝元帝征召为据，想说明刘因心向宋朝，其心情可以理解，但与事实不符。与孙奇逢同时代的傅山明白刘因的立场，说："后之人诬以刘因辈贤我，我且几时瞑也！"不屑与刘因为伍，这是由他的时代身份决定的。

身为元人，刘因乐见元统一天下，想在元朝做一番事业可以理解。冯友兰曾说，先秦以来，中国人区分华夏与夷狄是事实，"但是，这种区分是从文化上来强调的，不是从种族上来强调的。"元朝和清朝进入中原之初，汉人排斥、抵抗，归顺者被视为变节，如侯方域、钱谦益等。但其统治中原时间长了，出仕者众，也没有谁被指责，其中有多种原因，但统治者已接受汉族文化是一个因素。

刘因第一次应诏出仕没迟疑，说明他对仕元并不排斥。第二次拒绝，有他个人因素，也有时代因素。第一次应诏是以太子真金名义进行，也在太子身边做事，真金积极推行汉化，很器重刘因，只不过由于刘因的家事中止了他这次任职。

还没等刘因服丧期满，忽必烈与真金出现了矛盾，忽必烈虽重视汉文化，但在推行汉化上比真金保守。想有所作为的太子引起父皇疑虑，这情况在历史上发生过多次，这次结果是真金"忧惧而死"。刘因是太子器重的人，服丧期满后朝中一时没人再提他，这应该给刘因心理造成影响。

元朝的政治变化更使他心灰意冷，真金死后，汉化势力受打击，蒙古贵族特权加强，色目人（除蒙、汉外的民族）地位提高，汉人地位低下，儒臣被边缘化。忽必烈统治后期，政治也不如开始时清明，在内贪墨少文的色目人掌权，对外对日本、安南、缅甸等连年征战。由于这些因素，他的万丈豪情逐渐变为对隐逸的向往。

他的个人情况也是他不愿再出仕的原因，父母去世后，两个姐姐相继亡故，41岁时喜得一子，取名刘和，人到中年，后嗣有人，刘因喜不自胜，诗云"四十举儿子，明珠掌上稀"。不幸，爱子早夭，使他本已羸弱的身体，受到沉重打击，从此百病缠身，"形体癯瘁，须发斑白"。

忽必烈第二次征召刘因时，刚杀了权相桑哥，"朝政又一更新"。以"三品清要之职"给一个平民，是很大恩宠。刘因一则政治热情下降，二则身体已"不能扶病而行"，写下《上宰相书》，诉说自己不是不想出仕，而是身体条件不允许。"某素有羸疾，自去年丧子，忧患之余，继以痁疾，历夏及秋，后虽平复，然精神气血已非旧矣。不意今岁五月二十八日，疟疾复作，至七月初二日，蒸发旧积，腹痛如刺，下血不已……"这封信被视为刘因的名作，哀婉动人，如泣如诉，忽必烈得知后，也未勉强。

三

刘因的政治经历简单，人生履历也不复杂，丰富的是他的内心世界。

他一辈子都挺穷，但对金钱从不苟且，对送上门的富贵也能说不。

他19岁丧父，无钱葬父，写信给父亲的朋友翰林待制杨恕，杨恕同情他并出资相助，这才完成葬礼。穷成这样，刘因也不随波逐流，不乱交朋友，不合道义的钱，一点也不要。壮年后教书为业，也是个清贫的行当，因遭荒年，粮价上涨，生活颇为拮据，有时不得不以一些代食品糊口，但也"不汲汲于富贵，不戚戚于贫贱"。

在外部的清贫和孤寂中，他追求着精神的富足和充实。元灭南宋后，他曾想到江南寻访诸先儒名迹，未能成行。不过他北上易州（今易县），到辞官回乡的何玮家设馆授徒，何玮曾参加灭宋之战，家中藏有不少从南宋带回的理学书籍，刘因在这里教书三年，"馆于藏书之家而肆其检阅"。

他在书海中思考世界和人生的道理，抒写对历史与个体的感悟。

刘因的成就首先体现在理学方面。理学在两宋形成并发展，但在全国思想领域取得支配地位是在元代，到明清时期真正成为官方意识形态。刘因穷其半生，对周敦颐的"无极太极"之学、张载的气学、程颢和程颐的理学、邵雍的象数之学、司马光的史学、朱熹"综罗百代"的理气性命之学进行了认真研读，在此基础上进行思索，可以说承继了两宋理学传统，并进行充实完善。

刘因对两宋的理学作过一个概括，"邵（雍），至大也；周（敦颐），至精也；程（颢、颐），至正也。朱子，极其大，尽其精，而贯之以正也。"认为朱熹是集大成者，他以朱熹为宗，但不限于朱熹所论。

刘因对宇宙本体进行思考。认为宇宙之中，只有一个共同的理，即天理，具有天地万物之本原的含义。理是天地万物的本体，天地万物皆由理所生，万物形体消灭后又复归于理。理既是一种超然的神秘实体，又是万物产生、变化的根据，体现在万物之中，并主宰万物。

只有理是永恒的，包括天地在内的一切事物都是一个过程，他说："呜呼！天地至大，万物至众，而人与一物于其间，其为形至微也。自天地未生之初，极天地既坏之后，前瞻后察，浩乎其无穷。"意思是说天地虽大，也不是永恒，有"未生之初"和"既坏之后"。

刘因对宇宙人生的思考，表现出"天人合一"的思想。他把"化"（宇宙间化育）分为"天化"（天地化育）和"人化"（人参与的天地化育）。天化表现为阴阳五行运行于天地间的自然规则、生成万物、繁衍生息；人化表现为五伦为代表的纲常伦理所维系的社会秩序。

他认为，社会秩序要与自然规则完全相符。他说："大而父子、君臣、夫妇、长幼、朋友之道，小而洒扫、应对、进退之节，至于鸢飞鱼跃，莫非天化之存乎人者也……故人伸于天化之上，天隐于人化之中。合人物于我，合我于天地，融溢通畅，交欣鼓舞，无所间隔，无所壅蔽，人化宣而天化成矣。"天人合一，就是要人道合于天道。人心是人性的枢机，只有做到人心、人事暗合于天道，才能成功。

在认识论和方法论上，刘因对"观物"一词情有独钟，常在诗中使用："清不见群鱼，暗不藏毒怪。观物得吾师，终日欲相对。""芳蝶具百种，幽花散红翠。道人观物心，一一见春意。""天教观物作闲人，不是偷安故隐沦。""观物"是北宋邵雍的哲学用语，既有认识论意义，又有方法论意义，尤其指一种修养境界意义。

刘因把"观物"作为一种修养境界、一种思想方法来运用，因而常表现出一些辩证色彩。他说："凡物，无无对者，无无阴阳者。"他在一篇给友人送行的文章中说："世家子弟，生在天下最容易的处境里，也是处在天下最不易的环境里。假如能够努力自立，只要比别人强一些，就可能由此成就一番事业；如果不行，在别人不一定很快被贬斥，而世家子弟就会被舆论所不容。"这辩证法已经运用到处世哲学中了。

在清修苦读中，刘因对宇宙、对人生、对世事进行透视，写出许多如"茫茫大块洪炉里"那样有内涵的诗句。

四

刘因是理学家，也是个文学家。

理学方面，黄宗羲评价说："有元之学者，鲁齐（许衡）、静修（刘因）、草庐（吴澄）三人耳。"文学方面，张纶评价说："刘梦吉之诗，古选不减陶柳（陶渊明、柳宗元）。其歌行律诗，直溯盛唐，无一字作今人语。" 刘因和门人弟子被称为静修学派，是元代北方文派的重要一支，对元代以至明清的哲学与文学有重要影响。

刘因勤于写作，作品较多，去世后门故友收集其旧作，集成30卷的《静修文集》刊行，皇帝还专门下了道圣旨，高度评价了刘因的人格、思想和著述，称刊行此书"上可以禅国家之风化，下可以为学者之范模"。

现存《四库全书》（文渊阁本）中有刘因散文115篇、诗875首、词33首、赋3篇。这些文学作品立体而感性地留下了刘因思想和情感的印迹。

他七岁丧母，对母亲感情很深。31岁时曾有诗云："只应老母心酸处，还似孤儿泪尽时。留在此身成底事，回头二十四年悲。"还有《白云辞》两首，其一云："白云凝情兮佩月光，白露结彩兮明幽芳，众星皎皎兮水波不扬，渺予思之若遇兮耿在目而不忘。音容著兮形无方，肃予中立兮四无旁。予母归来兮山高水长。"

青年时期，他满怀壮志。有诗云："鸿鹄凌云志，燕雀安能知。二禽登寥廓，尺鷃笑藩篱。"又云："中原年少燕南道，功名未立黄尘老。黄尘老，马上神情依旧好。"

经历了世上的坎坷和无奈之后，中年的他倾向归隐。他起了一些名号表达这种情怀：樵庵、牧溪翁、雪翠翁、雷溪真隐等。也有不少诗句："诸公久矣笑吾贪，是处云山欲结庵。只有皇卿解赀助，画山须画静修庵。""院静复夜静，幽人世虑轻。是非容勿辨，忧宠莫多惊。"

他不多的词中不少都表达出隐逸情怀，如《太常引》："男儿勋业古来难。叹人世，几千般，一梦觉邯郸。好看得，浮生等闲。红尘尽处，白云堆里，高卧对青山。风味似陈抟，休错比，当年谢安。"归隐不是会东山再起的谢安，而是真正寄情山水的陈抟。

还有一首《清平乐》："棋声清美，盘薄青松底。门外行人遥指似，好个烂柯仙子。输赢都付欣然，兴阑依旧高眠。山鸟山花相语，翁心不在棋边。"虽是咏争胜负的围棋，实是说淡看输赢的归隐。

他创作出了76首和陶诗，充分抒发归向田园心愿，陶渊明成了他在浮世蹉跎中寄托灵魂的旷世知音。

"颇爱陶渊明，寓情常在兹。""开襟受好风，试学陶夫子。""每读渊明诗，最爱桃源长。"在《和拟古》其一云："郁郁岁寒松，濯濯春风柳。与君定交心，金石不坚久。君衰我不改，重是平生友。相期久自醉，中情有醇酒。义在同一家，何地分胜负？彼此五百年，几许相爱厚。持刀断流水，纤瑕固无有。"这诗宛如穿越五百年的情歌，这情不是男女之情的缠绵，而是同气相应的契合。

"相期久自醉，中情有醇酒。"刘因身体不大好，但在诗词中，酒是他超越平凡生活的凭借。

《菩萨蛮·饮山亭感旧》："种花人去花应道，花枝正好人先老。一笑问花枝，花枝得几时。人生行乐耳，今古都如此。急欲醉莓苔，前村酒未到。"花开一时，人生一世，欲求开心，酒还未到。

《清平乐》："山翁醉也，欲返黄茅舍。醉里忽闻留我者，说道群花未谢。脱巾就挂松兔，觉来酒兴方酣。欲借白云为笔，淋漓洒遍晴岚。"

《西江月·赠赵提学酒·强村业书本樵庵乐府》："买得鸡泉新酿，病中无容同斟。遣人持送旅窝深，呼取毛翁共饮。少个散花天女，维摩憔悴难禁。安排走马杏花阴，咫尺春风似锦。"

《饮山亭雨后》："山如翠浪经雨涨，开轩似坐扁舟上。西风为我吹拍天，要架云帆恣吾往。太行一千年一青，才遇先生醉眼醒。却笑刘伶糟曲底，岂知身亦属螟蛉。"

还有："未开常探花开未，又恐开时风雨至。花开风雨不相妨，说甚不来花下醉。""人言华发因愁早，劝我消愁惟酒好。夜来一饮尽千钟，今日醒来依旧。""为寿无多事，惟愿岁长丰，年年社酒同。""问前溪,今朝酒熟。幽禽歌曲,清泉琴筑。欲归来,故人留宿。""凭谁寄语,廉泉父老,斗酒相欢。""行色匆匆缘底事,山阳梅信相催。梅花香底有新醅。南州今乐土,得意即衔杯。""酒香浓趁歌声,试轻轻咽。""露引松香来酒盏,雨催花气润吟笺。""翠霞腾晕紫成堆,收尽云烟酒一杯。"

还专门有一首《饮后》,书写醉后感觉:"日光射雨明珠玑,怒气郁作垂天云,天浆海波吸已竭,倒景径入黄金卮。金卮一倾天宇间,天公愁吐胸中奇。海风掀举催月出,吹落酒面浮明辉。"

胸中多少块垒,消得这么大酒。

刘因一生平淡如水,他的内心波澜壮阔。

五

刘因足不出燕赵,对这片土地上的风物人事多有吟咏,显露出独到眼光。

《白沟》:"宝符藏山自可攻,儿孙谁是出群雄。幽燕不照中天月,丰沛空歌海内风。赵普元无四方志,澶渊堪笑百年功。白沟移向江淮去,止罪宣和恐未公。"借家乡的宋辽界河白沟河(拒马河),讲述大宋三百年历史。

《白雁行》:"北风初起易水寒,北风再起吹江干。北风三起白雁来,寒气直薄朱崖山。乾坤噫气三百年,一风扫地无留钱。万里江湖想潇洒,伫看春水雁来还。"从家乡的易水河说起,以北风比喻元军铁骑,书写元朝一统天下的历史。万里江湖、伫看春水显示出对兴衰更替的宏大视野。

荆轲是燕地前辈,他写过几次,直接表达了自己的批评意见,

"惭一时之豪养兮，遗千古之盗名。逞匹夫之暴勇兮，激万乘之雄兵。挟尺八之匕首兮，排九鼎之威灵。死而伤勇兮，虽死何成！呜呼吾子，何其愚也……子亦何人兮，敢与天仇？"说荆轲是"与天仇"，就是说他与历史趋势作对，与天道相违，是"何其愚也！"

他还写过一首《登荆轲山》中说："遗台古树空崔嵬，平芜落日寒烟堆。纷纷此世亦良苦，今古燕秦经几回？"表现出以世事变幻的体验。

刘因曾到井陉凭吊韩信，当年韩信在这里背水一战，刘因作诗三首。写道："英彭一体谁遗类，绛灌诸孙自列侯。爱杀鹿泉泉下水，乱山百折只东流。""最恨当时萧相国，直教三族到全夷。""枉为虚名误忠节，五陵烟树亦凄迷。"流露出对韩信的批评和痛惜。

他还多次评说历史上有名的"不倒翁"——河北老乡冯道。在易州看到冯道吟诗台遗迹，写道："今朝此登临，孤怀涨岩幽。何当铲叠嶂，一洗佗山羞。"还有一首直接写冯道："亡国降臣固位难，痴顽老子几朝官。朝梁暮晋浑闲事，更舍残骸与契丹。"对这位一直做高官却毫无气节的前人表示出十分的不以为然。

对河北特别是保定一带的名胜古迹，刘因亦多有寻访，留诗记述。《游狼山》是一首很长的杂言诗，中间的句云："忽然长啸得石顶，痛快如御骏马蹄。万里来长风，五色开晴霓。长剑倚天立，皎洁莹鹡鹧。平地拔起不倾倒，物外想有神物提。"狼山就是今天的狼牙山。《晚上易台》："遗台连废垒，落日展遥岑。海岳天东北，燕辽世古今。每当多感慨，直欲罢登临。莫更留陈迹，千年不易禁。"易台是燕下都宫室遗址，抚今追昔，表达无尽而深沉的历史感慨。

刘因去世后，他在燕辽故地上也不断让人追怀。他葬在故乡沟市村先茔，1348年在墓边建了静修祠，之后曾多次重修。墓地在拒马河南岸，引水环绕，被称为"贤冢泂澜"，是昔日容城八景之一。以前河水有时泛滥，因有水渠保护，墓地无恙。民国时尚存，墓高4—5米，占地十几亩，有百余棵高大的松柏，还有碑碣若干，现荡然无存。

在容城高速路口对面的三贤广场上，有容城八景壁雕，"贤冢泂澜"列在其中。容城县城内，原也有静修祠，始建于元，明清多次重修，抗战时毁于战火，原址在今容城县委招待所院内。

枷锁飘香

"风吹枷锁满城香，簇簇争看员外郎。岂愿同声称义士，可怜长枷见亲王。圣明厚德如天地，廷尉称平过汉唐。性癖从来归视死，此身原自不随扬。"

这首《朝审途中口吟》的作者是杨继盛，容城人，明代名臣。前两句清末被章太炎引用，改为"风吹枷锁满城香，街市争看员外郎"。那是1903年，章太炎因"苏报案"被捕，关在上海租界牢房。有人说："这位国学大师如果不是因言获罪、拒绝出逃这一壮举名动天下，也许很难进入公众的视野。从这个意义上说，'苏报案'成全了章太炎。"

"风吹"而能"满城香"的应该是花，将枷锁用在这里，牢狱就不止于受难的层次了。高墙铁窗之内，木枷铁锁之中，失去在世上行走的自由，失去在社会取得的地位，没有亲人的陪伴，忍受身体的折磨。这一切，如果是为了一个超越生命价值的理想，所有的苦难就有了承受的理由。

章太炎的"枷锁"或是成全个人，杨继盛的"枷锁"则在成就精神，成就了一种不畏强权、不较得失、慷慨悲歌、舍身成仁的精神。

"决心除奸除佞，体危行危言，在当年说得出口、做得到家，这烈汉子可谓浑身是胆；捐躯为国为民，留直名直节，迄今日提起伤心、听着掉泪，此大丈夫果然虽死犹生。"

一

杨继盛，字仲芳，号椒山，1516年生于容城县北河照村。

北河照村距刘因故里沟市村不足10公里，200多年之后，这片土地发生了很大变化。在元末明初战乱中，这里居民大部分死亡或流亡，村庄荒弃，十室九空，明朝政府组织迁来大批移民，有的来自山西、有的来自江苏、有的来自长城以外。杨继盛家族来自古北口外小兴州（今河北滦平），先祖杨百源始定居北河照，传到继盛是第七代。

一直到18岁，杨继盛生活的三个主题词是：家庭矛盾、牛和书。其父杨富宠爱妾室陈氏，陈氏恃宠而骄，继盛之母正室曹氏很受气，继盛舅舅告到官府。亲戚们担心曹氏会被报复，给他们分了家，杨富和陈氏占家产三分之二，曹氏和孩子占三分之一。不久继盛兄嫂受陈氏教唆又和曹氏分了一次家。这年杨继盛6岁，也跟着母亲干活，旁人看了都叹息。"7岁失母。庶母妒"，有文章把《明史》这句话解释为：七岁时，母亲去世了，父亲没闲着，给他找了个继母。这是想当然，杨继盛出生时就有庶母。

8岁开始放牛，听到别的孩子读书的声音很向往。经向父兄恳求，得以入学，但又几次中断学业去放牛。他11岁杨父去世，哥哥和庶母打起家产官司。杨继盛只是努力读书和干农活，书读得不错，乡里有钱人家都想把闺女嫁给他。是他自己说的，"乡人见予学颇进，富室多许妻以女。"

❶ 容城县北河照村杨继盛故里祠。

❷ 容城县北河照村杨继盛故里祠内杨继盛塑像。

❸ 容城县北河照村，杨继盛第十四代孙杨四合介绍杨继盛故里祠前石碑。

❹ 容城县北河照村杨继盛故里祠。

❺ 容城县三贤广场上杨继盛雕像。

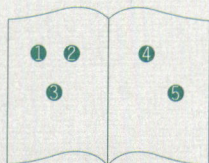

（2017年7月29日摄）

从19岁到32岁，杨继盛主要做两方面的事：结婚生孩子和考试。19岁娶妻张氏，婚后还是穷，还是苦读。自己回忆："夜尝缺油，每读书月下。夜无衾，腿肚常冻转筋，起而绕室疾走，始愈。其苦盖难言万一矣。"这期间，考中举人，生了两子一女，也经历了不止一次的考试失败，还入国子监学习，受到名臣徐阶的指导。

1547年，32岁的杨继盛考中进士。和他同榜得中的还有张居正、李春芳、王世贞等。杨继盛与这三位比起来：历史贡献不如张居正，官阶地位不如李春芳，文才名气不如王世贞。但在短短几年里，他以自己的勇气和正直名垂青史。

中进士后，杨继盛出任南京吏部验封司主事。南京是明朝留都，设有六部等国家机构，地位与北京的相近，但权力小得多，算是闲职。在这里3年多，是杨继盛人生中难得一段平静顺利的时光。他师从南京兵部尚书韩邦奇学习音乐理论、天文、地理和兵法。特别在音乐领域下了不少功夫，还在韩邦奇指导下制作乐器，制作出"十二律之管，每管各备五音七声，各成一调"。为了这乐器，他"废寝食者三日"，朝思暮想，于梦中得到灵感。一时间，成了南京音乐界的名家达人。

这期间，他登泰山，有诗云："志欲小天下，特来登泰山。仰观绝顶上，犹见白云还。"序中说，原以为天下泰山最高，登到顶上才知道"而山之上，其高固无穷也"。

1551年，升任兵部车驾司员外郎（相当于副司长）。到京任职后，看到兵部衙门里大家虚应故事，不务实际，很不以为然。当时蒙古俺答汗多次侵扰北方，还一度威胁北京。前方大将仇鸾与蒙古军作战失败，提出议和，力主同意俺答汗要求，开放马市，进行贸易。

杨继盛任职兵部，曾研习兵法，有志于"身亲兵事，扫除俺答"，上疏弹劾开马市之议。

这是他名留史册的第一次上疏，主要奏言开马市的十不可、五谬。十不可是：一谓忘天下之大仇；二谓失天下之大信；三谓损国家之威重；四谓堕豪杰向用之心；五谓懈天下饬武之心；六谓开边方沟通之门；七谓启百姓不靖之渐；八谓长外蕃轻中国之心；九谓堕远人狡诈之谋；十谓贻后日难继之祸。五谬批驳了开马市的五种理由：苟能有备，何藉于羁縻；既和矣，马安用之；互市不已，必致朝贡，朝贡则中国之竭财益盛；开市不能尽给其众，得不到的会入侵掠夺；如说好战非祥事，如同痈疽毒每天内攻而不敢用药。

疏章呈入，嘉靖皇帝看了几遍，似有所触动，下发给仇鸾、严嵩、徐阶等大臣商议，仇鸾极力反对。当时仇鸾正得宠，包括徐阶在内的大臣都不愿出头，嘉靖还有些犹豫，仇鸾又进密疏。于是将杨继盛严厉杖责后投入狱中，不久贬到狄道（今甘肃临洮）任典史。这是个县令之下未入流的杂佐官，约相当于县司法局局长之类。

二

从京城"发配"大西北，面对因直言而遭遇的仕途和人生落差，杨继盛没有沉沦。

当时的狄道是民族杂居之地，"其地杂番，俗罕知诗书"，以"率习番典"为时务。杨继盛到任前，他的事已传来，上司和同僚觉得这个敢冒犯朝中红人的人可能不好打交道，处了几天后，觉得还挺好相处的。杨继盛说："随遇而安，是做人本分，当官就像演戏，时上时下，我只守本分就行了。"

通常贬谪的官都闲待着，不大管事，县里也没给杨继盛安排啥具体工作。杨继盛跑去找活，说："哪能光拿工资不干事呢，有活就派给我吧。"对自己讨要来的差事，他尽心尽力去办，县里也开始找些重要的事给他办。

他很快解决了府县生员学习的处所，将门生赞礼和俸资所余买下东山超然台，盖了处书院，这个台相传是老子西出函谷关后的飞升之所。杨继盛给狄道教育带来了一次飞跃，他还在圆通寺设馆招收一百多名汉藏童生，请专人教书。为解决生员的生活问题，他凑钱购置学田2000亩，为凑这钱他投入所有俸银，还卖掉自家值点钱的东西：坐骑、夫人的首饰。这学田一半交生员分种，一半租出去租金用于补助生员急需。后来到狱中，他仍记挂着狄道学子，写信问："年来学业如何，幸勿蹉跎也。"

杨继盛的努力在边远土地上生根开花，《洮阳书院碑记》上说："迄明杨椒山先生谪尉兹土，就超然台建立书院，捐俸置田资诸生膏火，讲明正学，无间寒暑，由是文人蔚起，科第联翩，寝寝乎称盛矣。"自他去后，狄道人士多有中进士者，都称是杨继盛的开创之功。

狄道县城西南80里有煤山（在今黑甸峡），有两处可供采煤，一处在峡西，一处在地竺寺前。县里几次想开采，被当地藏民所阻，百姓用火需靠二百里外贩运来柴薪，价高且不便。杨继盛请命前往交涉，"到则先摄之以威，次惠之以赏，由是煤利以开"，藏民信赖他，称其为"杨父"。这煤矿一直开采了400多年，直到20世纪80年代才封矿。

当时狄道百姓不少靠"结褐"谋生，被有权势者巧取豪夺，或以低价收买，或以杂物易换，织褐者卖不上价钱，生计困难，"故有号泣于道者，有求死于河者"。杨继盛出告示禁止公职人员购褐，杜绝公差减价易换。不久巡按派人来购褐，杨继盛将差人拘禁起来，后经府掌印官说情才罢休，之后各上司再也不派人来购褐，百姓收入也因此增加。

杨继盛还在狄道组织疏通园圃水渠，增加灌溉面积一倍以上。并重新核实户籍，据以征收粮草，解决了旧户籍因有钱人作弊"富者纳轻而贫者反重"的问题。他在狄道任职不过一年多时间，以作为赢得了当地人的爱戴。他下狱时，狄道进士张万纪冒死上疏相救，蒙难后，狄道百姓立祠纪念。

1552年，俺答汗毁约入侵，仇鸾失势并去世。嘉靖想起杨继盛，调升他为诸城知县。七月十二他从西北来到海滨就任，八月初一闻报调任南京户部云南司主事。十月二十重返南京，三天后就闻讯又升任北京刑部湖广司员外郎。十一月初八离开南京沿大运河乘船北上，刚到淮安就听说被调到了兵部武选司。

半年四次调升，这快速提拔属嘉靖给的恩宠，但也有严嵩的力量，这位史上著名的奸臣，当时掌握大权。他与仇鸾不和，按"敌人的敌人是朋友"的思路，想施恩于杨继盛，使这位出了名的谏臣能为己所用。

不足两年时间，因得罪权臣经历"断崖式降职"，又因另一权臣支持获得"火箭式提升"，这经历会让一些人认识到在官场应该怎么"站队""找靠山"，寻找政治资源。

这时，杨继盛也在思考。本来，在接到刑部的任命后，他想回乡祭告父母后称病不出，这样的政治已让他心凉。可调到兵部的消息，又燃起了他济天下的热情，重回上疏弹劾开马市的位置，他感到了皇上的信任和恩宠。

长长的冬夜，一条漂泊在大运河上的客船里，杨继盛点着蜡烛，静静地坐着，直到凌晨。

妻子张氏问他想些什么，他说，受到国家这么大的恩典，不知如何报答。张氏随口说，严嵩把持朝政，谁能干成什么，只好不当官就是了。一句话，点醒杨继盛。

三

杨继盛做出了选择。

在那条驶往政治中心的航船上，他酝酿了一起政治风暴。怀着还天下以清平的理想，以自己的身家性命为代价，向权倾天下的巨奸发动攻击。

这是一场"明知必死而为之"的战斗。杨继盛发出的"炮弹"是被称为"明史上第一大奏牍"的《请诛贼臣疏》。

在这篇宏文中，杨继盛先陈述自己的心迹，被仇鸾所害，若非皇上恩典命都没了，现在复职，这命和官都是皇帝给的，为感激天恩，舍身图报，请圣上清除奸臣。接着直指严嵩"盗权窃柄，误国殃民"，是"天下之第一大贼"。并以天象灾变为依据，"上天恐奸臣害皇上之治，而屡示灾变以警告。去年春雷久不声，占云'大臣专政'。然臣莫大于嵩而专政亦未有过于嵩者。去年冬日下有赤色，占云'下有叛臣'。……背君之臣又孰有过于嵩乎？如各处地震与夫日月交食之变，其灾皆当应于贼嵩之身者"。

文章主体部分酣畅淋漓地力劾严嵩"十罪五奸"：十罪是"坏祖宗之成法，窃人主之大权，掩君上之治功，纵奸子之僭窃，冒朝廷之军功，引背逆之奸臣，误国家之军机，专黜陟之大柄，失天下之人心，坏天下之风俗。"五奸是"上之左右皆嵩之间谍，上之纳言皆嵩之鹰犬，上之爪牙皆嵩之瓜葛，上之耳目皆嵩之奴仆，上之臣工皆嵩之心腹。"这"十罪五奸"的表述是孙奇逢在《杨忠愍公传》中的概括，原文中每一项都有非常具体内容和问题线索。

第四大罪状是"纵奸子之僭窃"，内容是，严嵩司管票拟，这是他的职责。严嵩却让他儿子严世蕃代拟，让他干儿子赵文华等一起来代拟。结果题疏才呈上，内容却已在外传开。像沈炼弹劾严嵩的疏章，陛下让吕本提出处理意见，而吕本却暗中将疏章送给严嵩，让严嵩拟上。这是严嵩以臣窃君权，严世蕃以子窃父权，所以京城有'大丞相、小丞相'之说。举出了明确的事例，其他几罪大抵如此。

"五奸"之说，把严嵩收买控制皇帝身边的人进行了大揭底，如：严嵩厚贿结纳皇上左右的人，掌握陛下的言行。王宗茂弹劾严嵩的疏章五天后才交给皇上，严嵩早想好了应对。厂卫是陛下的爪牙，严世蕃就和他们结为儿女婚姻，可以问一下严嵩孙子媳妇都是什么人。严嵩害怕科道的多言，进士不是他的人，不能成为中书行人的人选。推官、知县没有向他行贿，不能成为给事中、御史的人选。文章最后说徐阶不敢主持正义，有负国家，陛下要察知严嵩的奸邪，可以召问裕王和景王。

在冬日航程中，杨继盛完成了这篇近六千字的檄文。

几年前，在大运河畔的江苏宿迁，发现一方有杨继盛名字的砚台，上面刻着"三更五点奋笔击大奄，事成汝之功不成同汝贬。"

为节省时间，他取消回容城的计划，腊月十八到京上任。1553年的春节，他正式誊写《请诛贼臣疏》，初二到端门想上递，未成如愿。一直等到正月十四，斋戒沐浴三天，正月十八正式上本。

两天后，家里来了锦衣卫。

这疏章对严嵩有很强杀伤力，但读到后面，严嵩放心了。杨继盛以指责的方式，摘出来了老师徐阶，但把借助的力量放到嘉靖的儿子裕、景二王身上，殊不知这正触了皇帝的忌讳。儿子交接外臣影响朝政，从来都是帝王心头大患。

杨继盛被锦衣卫用重刑，逼问是受何人主使，他答，朝中大都是严嵩的人，何况尽忠的事何必有人主使。又被用刑逼问为何引用二王，他答，奸臣能欺骗皇帝，却不能骗过二王，因为没提防避忌他们。拷讯楚毒，杨继盛始终不屈。嘉靖下旨，重责一百棍，送刑部从重议罪。

议罪过程中，刑部山东司郎中（相当于司长）史朝宝提出从轻处理，但刑部一、二把手都是严党，尚书何鳌是门生，侍郎王学益是严世蕃儿女亲家，定下诈传亲王令的罪名，这是死罪。不久，史朝宝就被降职。嘉靖并不想马上要杨继盛的命，结果判处绞刑，缓期执行。

从1553年正月二十被锦衣卫抓捕，到1555年十月初一被执行死刑，杨继盛在狱中生活了近三年时间。在这期间，他自订年谱，认真回顾人生经历，对狱中岁月有较多记述。

这是杨继盛身体承受巨大苦楚的日子，也是他精神迸发耀眼光芒的时刻。

四

人在落难时，最能看清朋友，看清人性，也最能显露自身的底蕴。杨继盛上疏被同事知道后，锦衣卫还没来，大家就已经像躲瘟神一样远离他了。这时，霸州人王遴，"义气激发，情爱恳至"。杨继盛遂以家事相托，当时杨家两子一个已婚、一个未婚，王遴当即称有女年纪相当，订下婚事。等到了镇抚司和刑部，王遴都设法进行保护。

受刑之前，湖广人王之诰在袖子里藏了块蚰蛇胆，托一位姓苗的校尉，带了壶酒送给杨继盛，说服了可以减轻苦痛。杨继盛说："椒山自有胆，何必蚰蛇哉。"饮酒一茶杯，谈笑去挨打。受刑时，他紧闭牙关、一声不出，因为一发声则气乱，气乱则意丧，他"提起念头，视己身若外物者"。打至五六十下，就不觉痛了，其实早已皮开肉绽。

受刑后半个月，已到刑部大牢。杨继盛右腿开始长肉，左腿溃肿如瓮，他用瓷片尖击打了几十下，也没见脓血，可见疮溃已深，不是挤压能解决了。于是他为自己进行了一次著名的手术。这次手术的描述不少，有的还写得挺煽情，不过有些演义化了，具体情况还是看他自己写的吧。

"遂以小刀，先用针线将腿皮穿透提起，乃将刀刺入，约一寸深。周围割一孔，如钱大，脓血流出。方余割肉时，狱卒持镫，手战，至将坠地。乃曰，关公割骨疗毒，犹藉于人，不似老爷自割者。当时约四五碗，其内毒始脱矣。每日以布数十片拭脓。每布约两尺，每日此布轮用，脓可湿两次。每日，则脓可流二三碗矣。自初疮至愈，脓岂止六七十碗而已哉。十六日有右腿垂筋两条，如簪粗。一头已断，一头尚在腿上，余亦割之。"

《明史》中的记载是"碎瓷碗，手割腐肉。肉尽筋挂膜，复手截去。"不少人以此进行复述，极力渲染用瓷片割肉的种种细节，杨继盛的确使用过瓷片，但进行手术还是有小刀和针线的。其实不需添枝加叶，已足够惊心动魄。

杨继盛没有记下那位持镫狱卒的名字。在狱中，有迫害杨继盛的严党刘槚等，但像王遴、王之诰、史朝宝那样支持保护他的人也不少。如秀才侯冕、内侍赵用都送来药，提牢官丘秉文将他从笼柙中解脱安置到狱卒房中。三月九日朝审，杨继盛带长枷出行，观者如堵，争一睹真容，入朝，坐西廊下，内臣围观者上千，有的给他送食物、有的给他送银两，骂严嵩之声不绝于耳。

或就在这次朝审的路上，他吟出那首《朝审途中口吟》。在枷锁之中，杨继盛感到了庞大而陌生的人群里，散发出对他的赞同和钦敬，身体残留着惨痛，思想充盈了满足。一己一时之痛，是为苍生为社稷的付出。"风吹枷锁满城香"，就是他当时的体验吧。

狱中第二年，他的记述中没有受刑的记录，但曾染上瘟疫，提牢官严党曹天佑断绝医药，杨继盛几乎丧命。幸得另一位提牢官浙江人应明德相救。这一年，巡抚艾希淳等三位官员出银二百两，为杨继盛家买地三顷，使他家业渐立。

1555年，杨继盛生命的最后一年。春天，王遴应约将女儿嫁给了杨继盛的儿子。秋天，严党将杨继盛的名字附在南直隶总督张经之后报给嘉靖。这是份处决名单，张经因倭寇失事，是皇帝必杀之人。嘉靖看到张经的名字，批准了这个名单。

大限将至，王遴、王材、徐望湖、王世贞、杨朋石、龚全山、应明德等人仍多方奔走，试图挽回。王材亲往严嵩处相劝，据说严嵩看到不少人支持杨继盛，也正在犹豫。严党胡植、鄢懋卿称不杀杨继盛是养虎遗患，严世蕃率众孙跪地说如救了杨继盛全家都要遭殃，促使严嵩下了决心。王材力争说："死一个杨继盛不算什么，但这是关系国家的大事，应该为天下后世考虑。"但已于事无补。

杨继盛的妻子张氏写下《请代夫死疏》，作最后努力，其中诉说她亲见杨继盛夜不能寐，"衔恩感怀，思图报效"之情。说他误听市井之说，书生意气，遂发狂论，是一时糊涂。讲述他在狱中剐肉断筋、备极苦楚之事。恳求皇帝"将臣斩首都市，以代臣夫之死"，让杨继盛到沙场报效，"亲执戈矛，必能为疆场效命之鬼"。监斩御史蒋焞也具奏求情，均未能收效。

十月初一，杨继盛在西市（西四牌楼）被执行死刑。

五

杨继盛走上刑场时留下两首诗：一首是"浩气还太虚，丹心照万古，生前未了事，留与后人补"。另一首是"天王自圣明，制度高千古，平生未报恩，留作忠魂补"。

杨继盛这两首诗很有意味，第一首像是写给历史的，第二首却像是写给现实的，留给历史的是浩气和丹心，想让皇帝知道的是圣明和忠魂，这不矛盾，他既属于历史也属于那个时代。《明史》中取前首的前两句和后首的后两句合为一首，其实就有些不伦不类了。

1562年，严嵩被查，其子严世蕃被斩首，严嵩被没收家产，削官还乡，无家可归。两年后，严嵩凄惨死去，死时寄食于墓舍，无棺木下葬，更无前去吊唁之人。

1567年，裕王继位，年号隆庆。新皇登基后，首先抚恤直谏诸臣，以杨继盛为首，追赠太常少卿，谥号"忠愍"，予以祭葬。次年，监察御史郝杰上奏获准，在杨继盛的家乡保定建旌忠祠。在北京，后人以其故宅改庙以奉，尊为城隍。

1570年左右，戏曲《鸣凤记》问世。剧中表现了杨继盛忧国忧民威武不屈，杨妻张氏深明大义不畏权贵，严嵩父子受贿专权祸国殃民。剧作者被认为是王世贞，杨继盛系狱时，王世贞是帮助营救的人员之一，也是最有名气的一个。后人将不少别人的努力都放到了他头上，仿佛只有他敢站出来帮助杨继盛，其实杨继盛生前曾得到了多方面的支持。

1656年，清入关后的第一个皇帝——顺治帝亲节并颁行《表忠录论》，表彰杨继盛公忠体国、直言上谏的精神，要求百官以为楷模。其中说："朕观有明二百七十余年，忠谏之臣往往而有。至于不畏强御，披膈犯颜，则无如杨继盛；而被祸之惨烈，杀身成仁者，亦无如杨继盛云。"并分析当时的情况，认为严嵩已在拉拢"继盛倘一委蛇，可立取通显，不即缄口屏息，循职自效，亦何所不容？而乃重公室，蔑权门，慷慨叫阍，从容就义。有臣如此，良国之砥柱哉！"

1719年出生的刘墉曾写诗追怀杨继盛："顽懦从来不汗颜，坊民以此尚逾闲。捐生那计终无补，知死犹闻重似山。何日墓门飞鸟去，只今祠屋夜鸟还。平生讲席留足迹，萧瑟松风昼掩关。"

1736年继位的乾隆皇帝多次题诗旌扬杨继盛。《旌忠诗》："捐躯不为逆龙鳞，两疏千言万古新。直使权臣阴丧胆，何妨烈士显忘身。降神独萃扶舆气，怀古重过易水春。居节丹青藏宝笈，须眉宛是个中人。"另有《观〈居节画杨继盛小像〉诗》："有生孰不惜华年，生死还应义与权。遐想皋夔千载上，岂辞龙比一身捐。须眉正色真无忝，史册芳名历久传。西市从容吟四句，丹心浩气至今传。"

1879年，京剧《打严嵩》上演，开场邹应龙一段西皮原板唱道："嘉靖爷坐江山风调雨顺，我朝中出奸臣名叫严嵩。大不该害死了杨继盛，大不该害死了马总兵。"此剧是京剧经典曲目，至今仍在上演。

1996年，香港拍了部《十三密杀令》，以严嵩迫害杨继盛为基础，演绎出一部曲折的武侠电视连续剧。江汉出演杨继盛，张兆辉和蔡少芬分饰杨继盛的儿子、儿媳。

2014年，保定旌忠祠修缮后重新开放，祠堂位于金驿台街与皇华馆街交汇处。大门两旁镌刻着杨继盛名句"铁肩担道义，辣手著文章"。主殿正中为杨继盛铜坐像，高约三米，重逾一吨，阶下分置有三座铜跪像：严嵩、仇鸾、严世蕃。三座跪像的双手均被反绑于背后，向杨继盛铜像跪拜。

在北京，宣武门外大街达智桥胡同12号，是杨继盛的故居。至今，仍是纪念他的杨椒山祠。

2017年7月走访北河照村，这里也有杨继盛的祠堂。现今1583人的村子，杨家的后人占800多人。种田仍是主要收入来源之一，也加工毛绒玩具和箱包。在村委会的楼上有"秉忠臣铭训 思一心为民"十个大字。

现任村主任杨占军是第十五代。第十四代的杨四合一直致力收集研究杨继盛事迹，他说，2002年曾自费到甘肃临洮寻访杨继盛遗迹，受到了当地人的热情欢迎和款待。

从豪侠到圣贤

从影片《龙门飞甲》中赵怀安（李连杰饰）式的豪侠，到《孔子》中孔子（周润发饰）般圣贤，这是孙奇逢的人生。

孙奇逢字启泰，号钟元，人称夏峰先生。明万历十二年十二月（农历岁末，公历1585年）生于容城县北城村，当时杨继盛殉难已30年。他是容城三贤中出生最晚的一个，也最长寿，1675年去世，92岁，已是清康熙十四年。

他是举人出身，一生没当官，先后十一次拒绝当官的机会，明六次、大顺一次、清四次。朝廷征诏，甚至以革除举人功名相胁迫，他都以种种理由拒绝，后人称他为孙征君，意思是征诏去当官也不去的读书人。散文家方苞写过篇文章，就叫《孙征君传》，入选中学课本。

《左传》提出立德、立功、立言，这"三立"后成为有志者的人生目标。孙奇逢未曾出仕，但在德行、事功和著述上的成绩足以称道，可称"三立"。还能加上一"立"——"立子"。中纪委网站上曾以《河北容城孙奇逢：身型家范　堂传孝友数百年》为题，解读他的制定的家规、家训，介绍他的家风传承情况。

一

北城村在雄安新区目前唯一的高铁站白洋淀站附近，距杨继盛老家北河照村不过几公里，和杨家一样，孙家也是明初从口外小兴州迁来的。

孙奇逢少时胸怀大志，14岁成为秀才，17岁中举。他有个一生的朋友叫鹿善继，二人"以圣贤相期勉"。方苞说他："负经世之略，常欲赫然著功烈。"

使他人生志向发生转折的是两次守孝，22岁父丧，25岁母丧，按照礼制要求，他连续守孝六年。这六年中，他严格按照古礼，在墓地边结庐而居，不饮酒、不吃肉、不御内（和妻子同居），六年如一日。当时守孝是必需的，但真能在墓边住三年坚守"三不"的不多，地方官员专门建坊表彰。

两千多个日夜，这个在墓边禁欲读书的年轻人，经历了很大心理变化，他说："少年妄议功名，自两亲见背，此念顿灰。""不谓连见背，形枯而神伤。自觉生气绝，耻事名利场。"或是孤寂地守着父母亡灵之时，对浮世荣华和生命意义有了深入思索。在这之后，他勇于任事，但无意于功名、财富；甘于清贫，仍不懈地求知、修身。

明末，阉党祸国、农民军纵横、清兵为患，在剧烈社会动荡中，孙奇逢奋发有为，敢于担责，成就了一番豪杰事业。

守孝期满后，1612年孙奇逢游学京师，和进士周顺昌等结交，并开始授徒讲学。1622年鹿善继跟随兵部尚书孙承宗在山海关督师，约他前去。得到孙承宗的赏识，想留他在身边，孙奇逢闻讯赶紧回家。不久，王好贤、徐鸿儒等在河北一带发动农民起义，孙奇逢得到消息

① 容城县北城村征君文化园。

② 容城县北城村孙奇逢纪念馆。

③ 容城县三贤广场上孙奇逢雕像。

④ 容城县三贤广场上游人经过孙奇逢雕像。

⑤ 容城县北城村征君文化园内亭子和回廊。

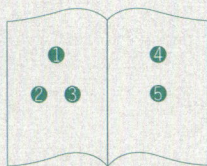

（2017年7月29日摄）

后，积极组织地方武装，准备抵抗。

电影《新龙门客栈》《龙门飞甲》等都以义士保护受阉党残害的忠良之后为主题。梁家辉演的周淮安和李连杰演的赵怀安是虚拟人物，但现实中确有这样的人，孙奇逢就是其中一个。

天启年间，宦官魏忠贤把持朝纲，为非作歹，正直的大臣周顺昌、左光斗、魏大中等均陷囹圄、以身殉道。他们的朋友大多唯恐避之不及，"一时知交，削迹远遁，捧头鼠窜，唯恐蔓延波连"。但孙奇逢挺身而出，筹集资金，多方营救，且在锦衣卫环伺中，与左光斗等相见，受他们所托，将左光斗之弟光明、魏大中之子学洢救出，可称"置身家性命于度外"。时人将他和鹿正（善继之父）、张果中称为"范阳三烈士"，这里的烈士不是牺牲者，是指有气节志向之士。这是1625—1626年间的事，孙奇逢40岁出头。

崇祯继位后，清算了魏忠贤。1630年，在黄宗昌等大臣举荐下，征召孙奇逢，孙托病推辞。1635年，再召，仍是推托，托辞学而优才能仕，自己学尚未优。

1636年，清兵突入喜峰口，劫掠京畿。孙奇逢率亲族进入容城县城，周围亲友纷纷前来投奔。他协调官绅，带领全城人齐心抗敌。当时城墙被雨水冲坏，尤其西北面损坏最重，孙奇逢领头承担这最重的防守任务。还没修好，清兵就攻了过来，他带人边抵抗边修城。在清兵的强攻下，周围县城都被攻陷，只有容城在孙奇逢带领下得以保全。

战后，孙奇逢感到容城城墙颓败，难以固守，这次侥幸获全，以后难以保证，力请官府重修，但没人搭理。两年后，清兵再次攻入，孙奇逢决定携家西迁到易县五峰山，跟随他入山的有好几百户，他组织依山结寨，制定防守策略，坚持读书施教。农民军声势越来越大，兵部尚书范景文请他参赞军务，推辞不出。

孙奇逢斗阉党、抗农民军和清军，都是在维护明王朝，但他拒绝了明廷的多次征召。这一方面是他淡于名利，另一方面也是他感到大势所趋，不愿将自己拴在一条将沉的大船上。他晚年曾回忆说，那次在山海关曾与茅止生共议，认为北方将重演五代时沦入少数民族之手的历史，后来还预测李自成进京不过是给别人打扫场地。

李自成进京后也曾派人请孙奇逢赴京受官，他明确拒绝。到了清代，无心参与异族的统治。

二

始于豪杰，终于圣贤。这是人们对孙奇逢的一个评价。

壮年颇有几件让人称道的壮举，可以说完成了"立功"，他更多的时间和精力用于"立德""立言"。

清初，贵族圈占京畿土地，孙家田园也被圈占，他只好移居白洋淀边的新安（今安新），住了4年之后，水乡也不安稳了，他被迫南迁。这一年他66岁，路过保定时写道："垂老出门值岁寒，萧萧书剑伴征鞍。离家百里云烟隔，冻绥方知行路难。"

一路辗转，1650年到河南辉县。经过两年困苦的借居生活，得到在这里当官的山西人马光裕相助，获赠夏峰村田百亩。又生活了23年，终老于此。夏峰先生也由这里得名。

"家学渊源二百年，不谈老氏不谈禅。为贫何似为农好，富贵苟求终祸缘。""堪笑庸人虑目前，自驱陷阱冀安然。道人拈此作家诫，淡薄由来是祖传。"在这两首《示子孙》里，孙奇逢让后辈继承家风传统，安于清贫，乐于农事，甘于淡泊，无原则求取富贵终是祸根，只贪图眼前利益会落入陷阱。

其中说"为贫何拟"，何拟在这里是何妨之意。他一生与贫有缘，早年靠祖上两顷薄田，守孝时家境日蹙，曾卖田换米。即使如此，对送上门来的富贵也不苟取，拒绝违背心志的出仕，也不接受有违心愿的馈赠。有一次有个富户愿意借钱粮给他，条件是让他到官员面前给说几句好话，孙奇逢断然拒绝。话虽然好说，但人家听进去了就是给你面子，这次给你面子，下次你就得买账。

天启年间，有个与魏忠贤有关系的人想延揽孙奇逢，送他名马。孙说，家穷难以喂养。那人就送来所需物资，孙又说，身体不好骑不了马。终没接受。这其中有要与赠马者保持距离的因素，但更多的是自我对物质享受的疏远。

在他给朋友的信中提到这件事说，养马就要雇人，还要消耗草料，自己出门不多，近处步行，远一些普通马就能对付，养名马是浪费。这有点像"象牙筷子"的故事，有象牙筷子要配什么碗，装什么饭，对物质的追求是无止境的。

早年他在给鹿善继的信中曾说："一有恒产，此志便为所夺。'贫即是道'，旨哉斯言。"把对物质享受的态度放到哲学的高度去理解。他说："笼鸡食足，野鸟无粮。食足者，就烹有时，供人一饱而已；无粮者，乐天地之宽，而喜岁月之舒也。"汲汲于物质的满足，会迟滞精神的跋涉，没有物质拖累，可以获得更自由的精神体验。

名利如笼，笼里笼外，身体满足与精神自由，本来就是选择。"空山有饿虎，仓中无饿鼠。林中有饥鹤，田间无饥雀，又何怪乎庸碌之人多厚享，而清修之士甘寂寞乎？"

孙奇逢提出，"贫贱"是人一生下来的自然状态，"富贵"是后来外部得来的，有所得就会有所失，无所得就无所失，"守贫贱"就是"守根本"，所以贫就是道。"人生初落地时，只有此身，原来贫贱，非有所失也。至富贵，则有所得矣。无失，无不得；有得，有所失。"

动荡之中，不依附权势，难免贫穷。刚到辉县时，一家40多口，衣食无着，孙奇逢对贫穷的体验是深刻的。"半亩亭台唯种月，一家生计只依云。"月光云影虽好，哪抵饭香，"粮绝方知蔬食美"。"近山时有绝薪时，买米归来爨已迟。五十年来识一字，朝餐及午已忘饥。"

他五十年来识的这个字是"贫"。

1651年闰二月二十二日，他对门生王其佑等说，以贫贱之身，值此流离忧患之际，能当的当，能卖的卖，仍旧是有病买不起药，每天只吃一顿饭。但"余五十年始识一'贫'字，正赖有同志者，实履其境，而深咀其味。" 王其佑当即表示愿深咀贫中滋味，给书斋起名"共饥斋"。

"共饥"也得一天一顿吧，饭总是要吃的。没有马光裕赠田，很难说孙奇逢能有在夏峰的学术成就。得田后孙奇逢很高兴，"墙外有田百亩，艺黍植麻，可农可圃。"对马光裕一直心怀感激，在《夏峰集》中有多首寄怀马光裕的诗。

孙奇逢并不是简单地排斥物质生活，而是主张不要因为物质上的欲求影响精神自由。他说："应贫而贫，应贱而贱，即道也，即仁也。"又说："当贫而贫，当贱而贱，则贫贱有余荣；不当富而富，不当贵而贵，则富贵有余辱。"

这是有时代背景的，明末政治腐败，大顺是农民政权，大清是异族统治，在当时要求富贵，就得与这样的势力合作，所以他说，富贵有所得就会有所失，而守贫贱，能保全自己的节操追求。

贫即是道，这里有哲学意味，也包含现实无奈，更显示着品格力量。宁可忍受贫穷、饥饿、低贱，也不出卖自己的操守，在黯淡的生活中闪耀出灵魂的光泽。

三

在"贫贱"中，孙奇逢不懈地进行道德完善和学术探索，被称为明末清初三大儒之一，在理学上颇有建树。

在北城村、五峰山、新安城和夏峰村，孙奇逢处清贫寂寞中，用心学问和教育，授徒讲学、著书立说。他的门生数以百计，著述包括《夏峰集》《中州人物考》《畿辅人物考》《四书近指》《日谱》《读易大旨》《理学宗传》等170多卷，达300多万字。

孙奇逢活了九十多岁，也学习思考到九十多岁。他说："七十岁功夫，较六十岁而密，八十岁功夫较七十岁而密。九十岁功夫，较八十岁而密。学无止境，此念何时而懈，此心庶几少明。"活到老、学到老，漫长岁月，只有学习的光芒可以照亮身内外的黑暗。

理学中有程朱（程颢、程颐、朱熹）派和陆王（陆九渊、王阳明）派，他们都认为"理"是永恒的，但前者主张"理"是超越万物的存在，要"即物以穷理"，要多读书；后者主张心即"理"，"万物万事之理不外于吾心"，只要抓住本心，不必多读书。孙奇逢开始传承陆王之学，晚年好读程朱之书，突破了门户的藩篱，有人说他是两派的调和论者，不无道理，但他有自己独立思考，用意不在调和两派，而是根据自己的认识去分析两派得失。他自许以孔子认识为准绳，有"北方孔子"之称。

孙奇逢很看重"心"，说"吾心即天地万物"，可以从自身去认识"理"，"读古人书有一字不明，只于自己身上体贴，于古前言行有一事不合，只于自身上体贴，则不明者无不明，不合者，无不合，所谓五经、四书皆我注脚，前言往行皆我尘迹，我一生足以上生千古，下生千古。"这体现着对陆王学说的继承。但他也很重视学习，说"学可令吾身通天地万物为一体，千古上下皆联于呼吸一气之中，故学者圣人之所以助乎天地，不学则身夷于物耳，何以仰答天地父母之生我？"这体现出对程朱学说的认可。

在对两派学说进行学习传承中，孙奇逢以自己的认识，将两派学说进行融通理解，如对王阳明"只存得此心常见在，便是学"一语，他做出了合乎程朱学派理论的解释。将"常见在"与孔子的"学而时习之"，曾子的"吾日三省吾身"等结合起来理解，把玄妙的心学实用化了。这就使他的学问更加严实中允。

康熙尊崇程朱理学，明文倡导程朱，陆王学说在清初不显。孙奇逢的理论以慎独为中心，以体认天理为要点，以日用伦常为实际，承自陆王但有程朱色彩，且结合自己研究有了新发展，得到了朝廷肯定。1838年道光皇帝御批："孙奇逢学正醇笃，力行孝弟，其讲学著书，以慎独存诚，阐明道德，实足扶持名教，不愧先儒，著从祀文庙西庑，以崇儒术，而阐幽光。"从祀孔庙可称古代读书人能得到的"最高礼遇"，容城三贤最早的刘因直到清末光绪年间才享受到这一待遇。

清初，孙奇逢在夏峰讲学、黄宗羲在浙东讲学、李颙在关中讲学，后被并称三大儒。清初北方学术界，孙奇逢是一代宗师，门下有名的弟子有：汤斌、费密、耿介、魏一鳌、王余佑、申涵光、杜越、耿极等等，其中四川费密，其父读孙奇逢著述而心服其学，命他来投师；登封耿介翰林出身，曾任直隶大名道。

孙奇逢是理学家也是教育家。他认为人有贤愚，但不是先天的，是后天学习决定的，他的教育内容以理学为主，教学方法上讲求诱掖和磨炼，对初学者是诱掖，就是积极引导扶持，对有一定基础的要磨炼，就是严格要求。有具体方法上，他不主张讲座式的灌输教学，喜欢集体讨论式的开放式教学。弟子汤斌等回忆说，师生每月聚会两次，聚会时弟子就先儒异同，或礼制、祠祀、钱谷之事，提出自己意见相互质证、讨论，最后由先生解答。1662年，有县官把学生召集在一起请孙奇逢讲学，孙奇逢以登坛演讲是佛教"禅门家数"为由拒辞。

汤斌是孙奇逢最出色的弟子之一，也是翰林出身，25岁中进士，曾在陕西、江西任职，有政绩和军功，33岁辞官随孙奇逢学习。在夏峰跟随学习十余年，孙奇逢称"十年以来，余见其学日进，而心日虚"。孙去世后。汤斌又应诏出仕，官至礼部尚书、工部尚书，政绩、政声都很好。民国总统徐世昌编撰的《清儒学案》中称，汤斌"出而为政，膏泽及民，清节冠世，独立不挠，儒术之效于斯为大"。孙奇逢很器重汤斌，曾说："举世逐鸡群，子也云中鹤。"在汤斌身上，实现了孙奇逢经世致用的抱负，

《清儒学案》中说，清初丧乱之余，讲学之风犹在，文化传承仍在继续，孙奇逢的努力功不可没，当时北方学者大都出于他的门下。梁启超在《中国近三百年学术史》中对孙奇逢评价很高，说："许多人见他一面，听他几句话，便奋志向上做人。要之，夏峰是一位有肝胆有骨气有才略的人。晚年加以学养，越发形成他的人格之尊严，所以感化力极大，屹然成为北学重镇。"并说孙奇逢"因为年寿长，资格老，人格又高尚，性情又诚挚，学问又平实，所以同时人没有不景

仰他，门生子弟遍天下。"

四

虽以贫贱自守，但道德文章为世仰慕，孙奇逢生前已名满天下。

当时官员往来经过，先不去衙门，而要到夏峰求见。1661年，孙奇逢同友人游嵩洛，名门世家闻讯争相延请，有人让子孙前来追随，还有人抱婴儿来见，以便孩子将来能说"小时候见过孙先生"。

即使如此，平民的命运总是不由自主。面对突来危险，老迈的孙奇逢仍旧勇于担当。

孙奇逢曾辑《甲申大难录》，表彰死难于李自成事的明代臣民，这是顺治年奉旨之作，材料也多由清廷大臣提供，到康熙三年（1664年）济宁州牧李顺昌刊刻，正逢朝廷严禁野史，书中有"野史氏"字样，被人告发，李顺昌被捕。

刻书的都被抓了，编书的命运可知。消息传到辉县，孙奇逢正和马光裕在一起吃饭，在座众人闻讯大惊失色，孙奇逢却淡淡说道："天下事只论有愧无愧，不论有祸无祸，八十一岁老人，得此亦足矣。"于是上书知县，说明奉旨辑录的原委，并愿以耄耋之年北上进京，向有司面陈。

孙奇逢随即起程。门人李滋等先行走到邢台，得知朝廷没追究，李顺昌也将官复原职，立即返回在汲县迎上孙奇逢一起回程。路上，孙奇逢说："无事不宜生事，有事不宜避事，学者正在此着力。"小时候听父亲说过"没事不找事，有事别怕事"，不知有多少家长都用这句话教育孩子，最早的出处或就来自孙奇逢吧。

孙奇逢对教育孩子非常用心。有三封信可见：

"近日饮食如何？能终夜熟睡乎？不能睡，由平日思虑过耗，欲禁之以勿思不得也。当就所思之事穷其为真为妄，为正为邪，必有爽然自失者。圣人无思，贤人无邪思，中人以下憧憧往来无所不思。能猛然提醒，破除邪思，思虑渐少，便是超凡入圣之路。"吃得怎样，睡眠如何，睡不着是想多了，把想的事从真假是非上想明白就轻松了。从日常起居中，指引提高自我修养的路径。

"向来看《传习录》者绝少。自国镇倡之，迩来友人津津喜谈之矣。欲做真学者，须从此书默自理会，字字句句对照身心，直到毫无藏躲处，浑身汗流，方是本性出头时候。尔与是经兄弟每日读几段，大家讲究。"这是读书的方法，也是修身的指南。

"风波之来，固自不幸，然要先论有愧无愧。如果无愧，何难坦衷当之。此等世界，骨脆胆薄，一日立脚不得。尔等从未涉世，做好男子须经磨练。生于忧患，死于安乐，千古不易之理也。孟浪不可，一味愁闷何济于事？患难有患难之道，'自得'二字，正在此时理会。"处事处世之中，都蕴含道理，即要有骨有胆，也要处变自得。

这三封信都是孙奇逢写给自己儿子的家书，在问起居、说读书之中，讲述为人处世、修身立命的原则和方法。

孙奇逢说："士大夫教诫子弟，是第一要紧事，子弟不成人，富贵适以益其恶；子弟能自立，贫贱益以固其节。"他认为品德是家教的核心，要教导子弟从如何做人开始，努力成为贤人君子，做到"饥饿穷愁困不倒，声色货利浸不倒，死生患难考不倒"。他写给儿子的信，都体现了他这种家教用心。他撰写了一套"家教教材"，包括《孝友堂家规》《孝友堂家训》《家祭仪注》《孙氏族谱》等。

《孝友堂家规》中，孙奇逢开宗明义说："迩来士大夫绝不讲家规身范，故子若孙鲜克由礼，不旋踵而坏名灾己，辱身丧家。不知立家之规，正须以身作范。"他将先祖"世守勿替"的所垂训辞，归纳总结，推广补充，形成条理，分类排列，修订成家规18条：

安贫以存士节；寡营以养廉耻；洁室以妥先灵；斋躬以承祭祀；既翕以协兄弟；好合以乐妻孥；择德以结婚姻；敦睦以聊宗党；隆师以教子孙；勿欺以交朋友；正色以对贤豪；含洪以容横逆；守分以远衅隙；谨言以杜风波；暗修以淡声闻，好古以择趋避；克勤以绝耽乐之蠹己；克俭以辨饥渴之害心。

意思是，穷困之时要守本分保持节操；清心寡欲以养成廉耻之心；以清洁房屋妥善安放先人灵牌；祭祀前要净化身心；兄弟和睦遇事同心；和妻子儿女相处要和乐；选择婚姻重视德行；对族人要厚道和气；请品德高的老师教导子孙；交朋友不得欺诈；对待贤人豪杰要庄重严肃；用宽宏气量对待不讲理的人；安守本分远离事端；说话谨慎以免纠纷；自己修行淡看声名；学习古人智慧进行取舍；勤劳以免耽于享乐损害自己；节俭以便看清欲望对心灵的妨害。

孙奇逢六个儿子都是读书人，多有著述。孙氏一族耕读传家，孝友之风绵延数百年。

五

作为容城三贤中最后一个，孙奇逢对刘因和杨继盛一直念念不忘。

孙奇逢在家乡时常到两位先贤故地拜谒，也多次张罗过为两位重修祠堂等事宜。在《重修静修祠暨配飨诸贤始末记》中说："况生先生之乡，而景行仰止，寤寐不远者乎？先生身在运会之中，道超运会之外，教授燕赵，成就英才甚多……"他还专门写过篇《渡江赋辩》，认为刘因是心怀宋室的，虽不一定符合实际，但表现了维护乡贤之心。

在《重修忠愍祠记》中说："先生之以死谏，可谓忠矣，而忠可谓仁矣。余窃窥先生之学，得之造化之源，非独以忠节见也。"不仅肯定了杨继盛的忠烈，还对他学术成就给予高度评价。他作有《杨忠愍公传》，以景仰之心为杨继盛作传，说："明代忠臣多矣，其轰烈震动天地者，公之外曾有几人？"并说："使公而不以忠死，岂不足为道学之宗哉。"

孙奇逢还作多首《仰贤诗》，分别抒发对刘因、杨继盛等的追怀和肯定。

在容城县城以北，方圆不过百十平方公里的土地上，400多年的时间，出了3位道德文章均可以世之楷模的贤人，他们的品格气节相通、相承，都体现着修身致远、奋发有为、不畏强权、不慕虚荣的精神。

三贤之间，似乎存在一种超越时空的精神传递。刘因曾作过一首《九日九饮歌》："一饮君听第一歌，谁知此际见天和。醉乡开物工夫密，春意空濛尚未多……"直到"九饮"。杨继盛也有首《九日昆峰赐饮拟和刘静修先生九日九饮歌韵体》："一饮初歌第一歌，乾坤万物属中和。醉乡能发天然乐，况复幽人情兴多……" 孙奇逢向不好酒，但特地到刘因墓前作了首《九日同止生、仁卿、集羡静修墓下追和九饮歌》："一饮君听第一歌，萧萧烟垅转清和。双杨耸峙插天半，想见先生遗韵多……"

晚年，孙奇逢写过一首《睡醒》："椒山之死既云惨，梦吉之年亦未长。世界由来缺陷久，老夫何德享平康。"杨椒山39岁遇难，刘梦吉45岁去世，两人寿命加起来也不及孙奇逢。在这超出常人的生存时间里，孙奇逢对生命、对人生的体验和思索也超过了常人。

1675年5月15日，孙奇逢卒于夏峰。去世前多日，他已不进食，整衣危坐，讲论不辍。去世后，上至官绅、下至农夫，奔走哭吊。

2015年4月10日，孙奇逢纪念馆在容城县北城村开馆，院后有征君文化园，中有写着纪念联语的长廊和亭子。

2017年7月29日，踏访北城村时正值中午，丽日高悬，纪念馆大门紧锁，文化园空无一人。纪念馆旁边的墙上，贴着一张通知：为配合雄安新区建设，当地政府组织多种技能培训班，请村民报名参加。

人生赢家"陈傻子"

白洋淀边上有处大宅门，属河北省文物保护单位，是雄安新区的一处文化遗存，现在正在维修，原主人是民国时现雄安新区一带出的最大的官，叫陈调元，人称"陈傻子"。

他历晚清、北洋军阀和国民政府"三朝"，在多次上司换人甚至团队解体中都成功转身并不断上位，一路攀升，从未赋闲。死后被国民政府追晋为一级上将，到南京政府垮台时，得到这一称号的只有17人。

被称为"傻子"，是因为看起来憨厚、大方，其实陈调元身段灵活、胆识过人，在20世纪前期军阀相争的波谲云诡中，激荡风云，"胜天半子"。他常说"没有走不通的路"，贫寒农家出身始终青云直上。

但一路"成功"的背后，是他曾依附的团体不停垮台，他死后几年，让他游刃有余的体制土崩瓦解，一生功名、事业成了幻影。

一

陈调元是个大个子，爱交朋友，爱说笑话，爱请人吃饭，还爱给人送钱送东西，他不是富二代，也不是官二代，他是白洋淀边飞出的凤凰男。

1886年生于安新县同口镇，号雪暄，父亲早亡，其母靠织苇席维持生计，供他读书。16岁考入北洋参谋学堂，20岁保送保定军官学堂，学校总办是段祺瑞，有俩交情不错的同学李炳之、师景云。

1909年，23岁的陈调元毕业后到湖北武昌陆军中学当老师，教地理。学生中有个从贵州来的19岁小伙子，很爱上地理课，别人都出去玩，他还在地图上找关塞、山川，是何应钦。还有个学生是唐生智，20岁。

后来当过北洋政府农商总长的杨文恺，当时和陈调元住一个宿舍，同事也是老乡，处得挺好。杨文恺有个很铁的同学叫孙传芳。

1911年武昌起义发生时，学校很多学生都积极参加，陈调元却跑了，通过在北京军咨府（相当于参谋总部）任职的李炳之，投到老师段祺瑞名下当参谋。

就此，陈调元挤上清朝这条即将下沉的大船，开始宦海之旅。船行千里，看风使舵，老同学师景云当了冯国璋的参谋长，陈调元就由段祺瑞的皖系改投冯国璋的直系，参谋变成高级参谋。大清改民国，1913年冯国璋出任江苏都督，陈调元当上江苏宪兵司令，杨文恺赶来当了督察。

当时有个和陈调元很投脾气的大个子也在南京任职，叫张宗昌。据杨文恺回忆，他们几个人在公务之暇，常常活动于下关及秦淮河一带，吃喝玩乐、纵情挥霍。张宗昌挥金如土、倜傥不羁，陈调元性情慷慨、举动活泼，但比起张宗昌来还是有节制的。

冯国璋很欣赏陈的才干，常派他为代表联系兄弟省份。由此，陈调元就把长江各码头都闯开了。

① 安新县同口镇陈调元庄园门口。

② 安新县同口镇，工人正在维修陈调元庄园。

③ 安新县同口镇陈调元庄园内景。

④ 安新县同口镇，正在维修的陈调元庄园。

⑤ 安新县同口镇，工人正在维修陈调元庄园。

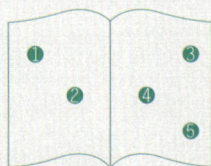

（2017年7月30日摄）

"他凭着三寸不烂之舌和一副憨厚之面，到处结纳达官显贵，下至三教九流。"朋友圈从同学、老乡，拓展到黑白两道的头面人物，包括了虞洽卿、黄金荣和杜月笙等。杨文恺回忆说："为时一久，通都大邑的人们几乎无人不知'南京陈傻子'的。其实，他这样做，自有其缘由用心，正是要积累政治资本，他又何尝是傻子呢？"

十年之中，上司由冯国璋换成李纯又换成齐燮元，陈调元左右逢源，当上了徐海镇守使，坐镇徐州，号令一方。这时，陈调元做了件很传奇、很威风的事，足以让他名留史册的大事。

1923年5月6日凌晨2时30分，津浦路（今京沪线）距山东临城站三公里处，发生了一起有组织、有计划的劫车案。

土匪孙美瑶带千余人打劫列车，将乘客200多人绑架到抱犊崮，包括外国人19名（有《密勒士评论报》主笔鲍威尔等多名外国记者）。

消息一出，中外震惊。英、美、法、意、比五国公使提出最严厉抗议，限3日救出全体外国人质。为保证人质安全，山东督军田中玉亲自和下山的土匪代表谈判。土匪提出的条件是政府军撤退并要求政府收编，官方提出先释放多数外国人质。官方担心接受了条件，土匪不放人；土匪害怕放了人，官方不履行条件。由于互不信任，迟迟不能达成协议。半个月后，内阁想改抚为剿，拟派冯玉祥为剿匪督办，消息传出，外交使团强烈反对。

谈不成、剿不得，时间已到了5月底，北洋政府一筹莫展。直系首领曹锟请齐燮元帮忙，齐派辖区邻近山东的陈调元前去。

陈调元到了临城，看到官匪不能达成协议的根本在于互不信任，主动请缨上山面见匪首，甘愿"下地狱"作保人，促成和解。

陈调元上山后，表现颇有吴宇森电影里周润发的风采。"态度和平，一句话一个哈哈，而且有酒就喝，有饭就吃，毫无拘束。"还让卫兵把枪都交了，让土匪放心。

谈笑间，陈调元取得了土匪的信任。孙美瑶接受招安，并亲自送陈下山，惊天大案挥手解决。

一时间，在世人眼里，这成了当时"热播剧"京剧《连环套》的现实版，剧中黄天霸只身降服盗御马的窦尔敦，陈调元成了黄天霸式的传奇人物。

陈本人也颇自得，之后，"想当年，抱犊崮……"成了他珍藏版句式。

二

陈调元上抱犊崮可不是傻大胆。

他通过自己通畅的消息来源，掌握了孙美瑶确实是想招安的底牌，又带自己的两个旅到山下。如果土匪放人后，田中玉翻脸进攻土匪，就用武力制止；如果孙美瑶不听劝，不放人又扣留陈调元，就全力进攻。

阎锡山曾说，枯如槁木的生龙活虎是真正的生龙活虎。大大咧咧好交朋友的陈调元，不断让遇到他的人明白，什么是真正的精明和绝情。

首先明白的是齐燮元。陈调元的老乡、同学和上司，共事多年，常在一起聚，一个圈子的。齐燮元主政江苏后，陈调元出任镇守使。1924年，奉军南下江苏，镇守前沿的陈调元表面上按齐燮元指示行事，私下里却到敌营谈条件。奉军带队头领不是外人，是十年前一起那个啥的张宗昌。走前陈调元也安排了张宗昌不念旧情的预备方案，好在一起燃烧过的青春不是没有痕迹。

对于这次陈张济南相会，多年后，张宗昌的参谋长李藻麟进行了新闻播报式的表述："一切均在友好的气氛中进行。双方就当前国内局势交换了看法，均趋一致。"老交情加新利益，协议达成，陈调元让徐州，奉军进南京，齐燮元通电下野，陈调元升任江苏军务帮办。

接着明白的是杨宇霆。这位奉军里有名的"小诸葛"名不虚传，任江苏督军后，对外表憨厚的陈调元冷眼旁观，认为他反复无常，毫无信义，想下手铲掉。陈调元也不含糊，一边装傻自保，一边抓紧找下家。杨文恺的密友孙传芳已雄踞闽浙，正谋发展。杨文恺牵线，陈孙一拍即合。孙军北上，陈军配合，奉军大败，杨宇霆狼狈逃跑。陈调元派兵去乌衣车站截住杨宇霆的专车，杨也有防备，提前坐在压道车上跑了，不过他搜刮的家当全被劫夺，陈调元得了不少枪械，还有大洋30多万元。

在这场"小诸葛"和"陈傻子"的对决中，"陈傻子"获胜。陈调元升任安徽总司令，成了封疆大吏。

之后孙传芳也明白了。陈调元到安徽后，落实孙传芳人事安排，安抚安徽地方势力，还用心织起连接国内几大势力的关系网。与广东孙中山驻上海代表何成濬交往密切，并请何的同学兼同乡范熙绩作总参议；加强自己的同学兼同乡段其澍的联系，段正在西北冯玉祥处当参议；又请有奉天张作霖背景的高镜作自己的参议。四方布子，八面玲珑。同时，大肆搜刮，聚敛民财，在皖北强令农民种鸦片，牟取暴利，前后得款五六百万元。

1926年北伐军兴，通过范熙绩和唐生智，陈调元和蒋介石接上关系。孙传芳败归南京，陈调元跑去表示效忠。带着孙给的20万元军饷，回去就打出国民革命军的旗号，以精明著称的孙传芳这才明白，被"陈傻子"骗了。

在这期间，张宗昌带兵南下迎击北伐军，派李炳之和师景云带信来，劝陈调元别上蒋介石的当，要"烂死一窝，臭死一块"。面对帮助自己走上仕途的两位老同学，陈信誓旦旦地表示"绝不会做出对不起北洋同仁的事"。相信"陈傻子"这话的才是傻子。

他真能让人信的是这句："咱们北方的朋友，多抱宁折不弯心理，我则宁弯不折。"他夫人很明白这一点，北伐军将至，她请军官眷属吃饭，众人都对战败的夫君忧心忡忡，陈夫人不以为然，冲口而出："怕什么？我们总司令有的是办法，谁来了他都有办法应付。"

面对"改朝换代"的大变故，陈调元轻松应对。孙传芳主力失败后，陈的军队也一路退却，路经黄梅，和范熙绩一起策马入城，当地商会会长梅某迎入商会。报人喻血轮记录下当时场景："梅见大军过境，颇为惴惴，陈笑谕之曰：'汝侪勿惧，予已严令所部，悉由城外经过，不许一人入城矣。'梅亟具酒馔，并陈烟具，陈见之，笑曰：'此乌足以飨客。'因自出烟具，绝精致，并为梅介范曰：'此予参谋长也，渠生平专门为人打败仗，今次亦然。'"

喻血轮感叹"处此军事倥偬之际，犹具此风趣，殊不多观！"

这轻松不是伪装，依靠多年经营，陈调元在北伐军也有不少"政治资源"。还舍得下本，搭上蒋介石后，立即献上12门克虏伯大炮和16门开山炮。蒋军正缺这种武器，蒋对陈大加赞赏。

1927年5月，陈调元正式就任国民革命军第37军军长，之后又出任安徽省主席。尽显政坛不倒翁的风采。

三

有个旋律，听到会自动脑补上歌词："两只老虎，两只老虎，跑得快，跑得快。"在90年前，响遍大江南北的歌词是这样的："打倒列强，打倒列强，除军阀，除军阀。"

当时它叫《国民革命歌》，还一度被国民政府定为国歌。北伐革命军唱着这首歌击败北洋军阀吴佩孚、孙传芳，将革命旗帜从珠江一带插到长江流域。

但现在很少有人会记起它的歌词，那场国民革命在取得表面胜利的同时，因为对共产党人和左派人士的清洗，以及陈调元这样旧军阀的进入，革命本身很快就褪色了。

除了官职名称的变化，陈调元还是那个把请客送礼、拉关系、找靠山作为仕途要诀的旧官僚，本质是就是歌中要除的军阀。不仅没有被清除，反而官运亨通。

老一套在新政权里也能如鱼得水，带来的不只是旧官僚个人的荣华富贵，还有让新政权失败的因素。

旧官僚弹冠相庆，新政权暮气升起。

有史家指出："蒋介石把共产党人和国民党'左'派分子清洗出国民党运动时，他也越来越依赖旧式官僚和军队。""这些旧官僚带来在他们先前职位中表现出来的同样的人生观，同样的权力贪欲和不顾公益。"

"贪污腐败迅速浸入了行政机关。这样旧军阀政权的价值观、态度和做法，一起注入新政府。甚至18年后，在1946年，一些想革新的国民党的党员调查了他们政府的腐败，并把腐败归因于当时涌进国民党的政治投机分子和旧官僚。"

加入国民革命军后，陈调元对一些新要求还是努力接受的。军队里设立了政治部，吴醒亚被派来当主任。陈对吴礼敬有加，说："部队气质亟须改造，凡宣传主义及训练工作，决不惜费。"只要是政治部的报销单子，陈立即批准，从不核查。

但是国民党自身却已经难以完成这个让旧军队、旧军阀脱胎换骨的任务了。

如有的论者所说："清党反共对国民党自身所产生的负作用之大，对以后国民党政权困扰时间之长，在国民党党史上堪称一个重大的转折点。长期以来，人们主要关注对中共的沉重打击，而当反观清党对国民党自身的影响时，即发现清党带给国民党的自我创伤几乎与对共产党的打击是等量的……可以说，清党对国民党自身也是一场灾难和浩劫。"

"对国民党而言，清党运动实际上是一场党内人才的逆淘汰运动。不少真正有信仰有理想有革命热情的党员受清洗，被淘汰……那些藉党为私的投机腐化分子和土豪劣绅竞相涌入或原封不动地留在党内。经过这样一场逆淘汰，国民党在孙中山时代遗留下来的革命精神被消失殆尽。民众对国民党的信仰一落千丈。"

失去精神和信仰的政党也就失去了组织力和战斗力，党不过成了一个新招牌。

新招牌下，旧事重来。

陈调元主政安徽，距南京不远，他在南京龚家桥有处大宅子，"甚宏敞，其客厅中，凡游戏工具俱备，时京内外要人，公余之暇，辄谮集其中，陈供应豪华，从无吝啬。陈好骑术，如有良骥，必重金致之，友或欣羡，即举以赠。"一如他在北洋时期的做法气派。

龚家桥陈公馆里，每天冠盖云集，车马盈门，张群、顾祝同、张厉生、周佛海等要人常来饮酒作乐，何成濬、贺国光、蒋作宾等显贵总来打牌消遣，熙熙攘攘，如同酒店。

陈调元这般卖力应酬也不全为自己。当时蒋介石虽当上了国民党最高统帅，但国内军阀仍然是各据一方，失去了信仰的力量，蒋主要靠耍手腕来削平各方势力，除了诉诸武力，还要采取分化瓦解的办法。

陈调元关系多、路子野，做了不少联络方方面面，牵线搭桥，招降纳叛的工作。

陈调元率部参加了1928年进行的北伐和1930年中原大战，一度任山东省主席。

四

在新军阀的钩心斗角和武力较量中，陈调元一改在北洋时期随风倒的做派，对蒋介石可称得上忠心耿耿。

1928年，接任安徽省主席的方振武密约陈调元共同反蒋，陈表面上表示赞同，暗地里报告蒋介石，方被扣押，差点遭处决。

在冯玉祥、阎锡山等联合反蒋的中原大战中，蒋介石在柳河车站督战，被冯玉祥部石友三部队猛攻，形势危急，陈调元率军在附近坚守，蒋致电陈说："雪暄，无论如何，你不能退。"陈调元当即坚定地向蒋表示，阵地"就是我的坟地，决不后退，请总司令放心。"他这么说也是这么做的，蒋得以调兵解围。

之前，阎锡山系的傅作义以师景云和杨文恺二人的名义致电陈调元，大意是请他和冯玉祥、阎锡山一起反蒋，陈立即将原电呈送给蒋。

战后，陈再次出任安徽省主席，继续横征暴敛。蚌埠工商各界和船民千余人上街游行，高呼"打倒陈调元"。皖旅沪同乡团在沪召开联合大会，呈请国民党中央，要求撤惩陈调元，并明令皖省政府从速取消盐米附捐，退还非法征收的盐米捐款。陈调元提出辞职，蒋介石慰留。

北洋政府时屡换门庭，南京政府中"从一而终"，陈调元的选择看起来不一样，其实都是在找最有力量的靠山站队，与信仰和精神无关。

这时候，一种新兴的力量在中国不断崛起。他们以信仰为基石，以主义为聚力，请客送礼拉关系在这里没有什么市场。

1932年，陈调元的部队遇到中国工农红军，全军覆没，部队番号被撤销，陈从此失去了他赖以起家的本钱。

1934年11月15日，陈调元之母寿辰，蒋介石亲临拜寿，下野多年的段祺瑞也亲来拜见，风光一时。

杨文恺这时已和陈调元结为儿女亲家，也前往拜寿，陈为其准备了宾馆的高级客房，每天用汽车接他去家里用餐，还向他询问孙传芳的情况，显得很念旧。

12月5日，陈调元任军事参议院院长。军事参议院院长也算高位，但没有多少实权，也没多少实际工作。陈调元得闲，经常做东招待旧日袍泽，还请老同学师景云来做参议。

1935年4月3日，国民政府宣布陈调元任陆军二级上将。

1936年6月6日，陈调元到北平，代表军事委员会向各军授旗。这一年12月，随蒋介石到西安，"西安事变"发生后一同被扣押。据当事人回忆，在被扣押的众多国民党要人中，陈调元的表现相当从容，还经常开玩笑。

抗战爆发，军事委员会下设抚恤委员会负责各战区伤员归队工作，又设了点验委员会负责点验兵员。都由陈调元兼任主任委员。

当时，军事参议院迁到了四川綦江县东溪场，距重庆有300多里。

陈调元虽名为院长，却几年也不到东溪场，住在重庆的公馆里，对参议院的事情不感兴趣。

1943年夏，陈调元赴西北巡视，在兰州突患喉癌，回重庆医治。

12月18日，陈调元因喉癌医治无效，在重庆病逝，终年58岁。

蒋介石特书挽匾"勋绩常昭"，并派考试院院长戴季陶主持葬礼。

蒋介石没有参加陈调元的葬礼，却在这一天出席了另一场葬礼，死者是曾任南京市市长的石瑛。

石瑛是同盟会会员、国民党元老，论官职，石瑛不如陈调元，但石瑛为人正直、清廉自守，被称为南京政府中最廉洁的官员，有"民国第一清官"之称。

五

陈调元发迹后，在家乡同口镇填了个大坑建起一座庄园，填坑花了7年时间，建房1年。1921年建成后，陈调元只住过1次。

除了南京和安新，陈调元在上海、安庆、芜湖、蚌埠等地都有房产。他最大的一处房产是上海极司菲尔路76号，上海沦陷，汪精卫投日，这里成为"国民党中央执行委员会特务工作总指挥部"，简称"特工总部"或"76号"。

"76号"颇有名，但后来很少有人会想起来，那曾是陈调元的房产。

1942春节前，在汪伪政权里任要职的周佛海听人说，陈调元留在上海的家属穷得难以过年，周当年常去陈调元南京的公馆里吃喝，不禁感叹："雪暄盛时，真有钟鸣鼎食之概，曾几何时，一贫至此。盛衰不常，穷通靡定，可慨也。"

周佛海动了恻隐之心，给陈家送了钱过年。3年以后，日本投降，周佛海锒铛入狱，死在狱中。

20世纪前期的中国，如同飞速前进且不断更新换代的列车，很多人都被甩开、落下。在陈调元去世的时候，孙传芳、张宗昌、杨宇霆均已死于非命；齐燮元当了汉奸，后被处决；杨文恺退出政界，在天津当寓公。

陈调元的一个部下曾这样评价他："陈调元的天性是机会主义者，对人圆滑，没有真心，对上表面上是'忠'，骨子里是为了他的地位表现的'做功'……无所谓政治见解，也不管什么主义，随波逐流，反正做官就得。"

这评价有贬义，但也道出一个事实，陈调元一生经营，谋上高位，但其本人对现代政治、民族复兴这样的时代主题没有多少兴趣。虽很有才干和胆识，但主要心思在谋求自己的权力地位上。

在雄安的历史名人中，杨继盛、刘因和孙奇逢被称为三贤，事迹广为宣扬，他们官都不如陈调元大，但气节和学问让人称道。

1936年，孙犁曾在陈调元捐资建的同口小学任教一年。他写道："没有身份去到陈调元大军阀的公馆观光，只在黄昏野外散步的时候，看着那青砖红墙，使我想起了北平的景山前街。那是一座皇宫，至少是一座王爷府。他竟从远远的地方，引来电流，使全宅院通宵火亮。对于那在低暗的小屋子生活的人是一种威胁，一种镇压。"

1947年孙犁重访白洋淀，陈调元庄园住着的已是贫苦农民，"穷人们把自家带来的破布门帘挂在那样华贵的门框上，用柴草堵上窗子。院里堆着苇子，在方砖和洋灰铺成的院子里，晒着太阳织席。"

1949年，南京国民政府垮台，陈的努力和事业消散在历史烟云中。

让陈调元这样的人"有办法"，整个体制就在现代政治的潮流中变得"没办法。"

后来，陈调元庄园里建起学校。再后来，成了文物保护单位。前几年看时，庄园已"淹没"在周围不断加高的建筑中，一路询问，镇里妇孺无人不知陈调元，一位农妇订正说，"调"读tiao不读diao，他们称庄园为"大学校"。

在四周新房中庄园显得很颓败，大门口保留着标语"教育必须为无产阶级政治服务"，"教育必须同生产劳动相结合。"

庄园是个三进院，已破落不堪，孙犁所说挂过"破布门帘"的华贵门框已经很破了，屋里乱七八糟堆放着杂物，满是尘土。

正屋墙上保留着黑板，写着些粉笔字，有"我为中国骄傲"，"春不到，花不开，欢迎你到西陵来"等。

2017年7月底再访，正在整修。一些门窗已换成新的，尚未上漆，原木的色质很是醒目。工人们在脚手架上忙碌着，昔日将军华美的屋子暂时成了凌乱的工人宿舍。

工程介绍上写着：这次维修的是二进院和三进院，投资294万元，开工时间2017年2月15日，计划竣工时间2017年11月14日。

陈调元庄园将恢复"一座皇宫，至少是一座王爷府"的旧貌，不过它不再属于个人，也再不会是"一种威胁，一种镇压"。

"低暗的小屋子"已经远去。

陈调元在高位上病故，就个人而言，如林宥嘉在《傻子》歌中唱的"幸福到故事的最后"，但个人的故事放到历史的叙事中，关于成功、关于幸福的表达就有了另外的含义。

将军为何要哭

1945年10月10日，在北平故宫太和殿前，雄县人孙连仲作为受降主官，接受华北日军的投降，这是中国战区所有16个受降仪式中规模最盛大隆重的一个。

北平是全面抗战打响的地方，在这里投降的日军占日"中国派遣军"兵力的四分之一。这一天成千上万的市民涌到受降地点，分享这血染的荣光。

孙连仲有足够的资格接受侵略者交出的屠刀。

"卢沟桥事变"后，时任26路军总指挥的他率部在良乡、房山一带坚守四十多天，之后在保定、石家庄、娘子关、太原等地持续抗敌，所部损失过半。所余将士，在台儿庄以死坚守，为中国打开了抗战中第一次战役性胜利的大门。

"士兵打完了你就自己上前填进去。你填过了，我就来填进去。有退过运河者，杀无赦！"这是当时孙连仲给师长池峰城下达的命令。80年过去，慷慨悲壮之气仍令人动容。

孙连仲将军后人回忆说，在太和殿主持受降典礼时，全场民众欢呼雀跃，孙连仲却是强忍着眼泪在日军投降书上签字的，"脑子里全

① 孙连仲故里雄县龙湾镇。

② 孙连仲故居所在地雄县龙湾中学。

③ 孙连仲故居所在地雄县龙湾中学内景。

④ 雄县古地道遗址公园内展室介绍孙连仲事迹。

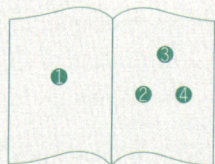

（2017年7月29日摄）

孙连仲保家击倭寇

孙连仲（1893—1990），原名席儒，字仿鲁，雄县龙湾人。1928年任青海省政府主席，1929年调任甘肃省政府主席，1930年任第二十六路军总指挥。"七七事变"后，率部北上抗日，于良乡、涿州与日军激战十余日，后撤至正定，任第二集团军总司令。率部至娘子关，与日军激战月余。1938年率部开赴鲁南，防守台儿庄，经浴血奋战，重创日军，最终将敌击退。台儿庄大捷震动中外，孙连仲战功卓著，被授予青天白日勋章，晋升二级上将。后率部参加武汉保卫战等。1945年8月日军投降，孙连仲被任命为第十一战区司令长官，兼任河北省政府主席，接管平津冀各地。

孙连仲（持电话者）在台儿庄

1945年10月10日，孙连仲为中国受降主官，代表国民政府在北平故宫太和殿前主持华北日军投降仪式

是抗战8年跟随他而牺牲的将士们。"

他从不在家人面前提及他打仗的经历。

———

孙连仲喜爱运动，擅长球类，包括篮球、网球等。他和棋类也有缘，军棋——他当过上里面几乎所有的角色。

用了14年的时间，他从士兵起，历任班长、排长、连长、营长、团长、旅长、师长、军长，34岁当上总司令。

1893年孙连仲生于雄县龙湾镇，字仿鲁。家有田产400余亩，还有钱庄和粮行，家里养着骡马，还雇有长工。幼年丧父，母亲和哥哥打理家务。上过几年私塾，不喜欢读书，爱舞枪弄棒耍拳脚，好摆弄牲口，爱好驾驶（赶大车）。

1913年他自己跑到县城应募参军。俗话说"好铁不打钉，好男不当兵"。但在20世纪初期，民族危难之中，军队成了不少有志青年的选择。蔡锷曾说："今日时局之危殆，祸机之剧烈，殆十倍于咸同之世。吾侪身膺军职，非大发志愿，以救国为目的，以死节为归宿，不足渡同胞于苦海，置国家于坦途。"这也是孙连仲由小康之家从军的时代背景和心理基础。

他参加了北洋军阀部队，遇到了其中最具革命性和戏剧色彩的人物——冯玉祥。冯玉祥有"倒戈将军"之称，由晚清到北洋再到国民党，不断否定原来的自己，最终归向了中国共产党。

"不倒翁"陈调元在不断寻找强大的靠山，"倒戈将军"冯玉祥则在不懈探求进步的道路。陈一直是那个金钱开道、左右逢源的旧官僚，而冯的面目却不停变化，信过基督教，又否认了；信过三民主义，又投向共产主义；甚至一度鼓励部下挣钱，后又坚决反对。

在追求最先进意识形态的路上，他用最传统的恩义纽带组织起一只庞大的军事力量——西北军，在1930年中原大战中联合阎锡山等和蒋介石一决高下。没有信仰支撑，只靠恩义组合的团体，在金钱、利益和恩怨的多重压力下，没多久就土崩瓦解了。

西北军中有"十三太保"、前中后三批"五虎将"、"石韩二孙"等名称，都是冯周围核心人物群体的不同称呼，这些群体中均包括孙连仲。

身材高大、爱好运动的孙连仲很快就引起了冯玉祥的注意。身高1.9米左右的冯玉祥一向爱好运动，把体育作为干部晋升的"必考科目"，必须在铁杠上完成屈身向上、摇动转回和倒立三项才算合格。在一次基层干部器械体操考核中，一个排长完成动作好，而连长没完成，冯当即把连长降为排长，排长升为连长。孙连仲身强力壮，擅长体操，翻单杠能将单杠梁压弯，骑术高明，骑洋马从后面一拍即上。冯玉祥当营长时，孙连仲当班长；冯当上第十六混成旅旅长，孙成了排长。

1915年，护国战争爆发，冯玉祥部进川作战。龙头山之战，孙连仲自己扛起238斤的山炮，带领士兵抄后路袭击护国军，一炮击中对方阵地，取得胜利，被提升为炮兵营第一连连长。

1917年，冯玉祥被段祺瑞政府调离，孙连仲和孙良诚、韩复榘、石友三和佟麟阁等12位连长，联合要求冯玉祥复任。不久，张勋复辟，段祺瑞同意冯返任，第十六混成旅在击败张勋中发挥重要作用，孙连仲被提升为营长。

炮兵在当时的军阀战争中举足轻重，重炮之下，传统的防御工事就显得脆弱。从连长开始，孙连仲就在炮兵序列里成长。随着冯玉祥不断扩军，炮兵相应增强，1922年，冯玉祥出任陆军检阅使，炮兵编成一个团，孙连仲任团长。

1924年秋，冯玉祥在第二次直奉战争中倒戈，率部从长城前线潜回北京，扣押总统曹锟，使正在山海关与张作霖大战的吴佩孚失败。事前孙连仲被提任卫队旅旅长，他亲率手枪团包围总统府控制曹锟。后来苏联赠给冯玉祥一部分野炮，冯部成立炮兵旅，孙连仲调任炮兵旅旅长。

1925年，冯部再扩，孙升任骑兵师师长。1926年冯玉祥受到张作霖和吴佩孚的联合进攻，部队整编，孙连仲任第一军军长。冯军战事不利，退往西北。

1927年，冯玉祥响应北伐，30万大军分五路逐鹿中原，孙连仲出任右路军总司令，完成了自己的军棋"通关"。

二

孙连仲在西北军中一路晋升，外在原因是水涨船高，随冯玉祥军事力量不断壮大而连续提级，内在原因得益于他朴实上进、厚道稳重、既忠且勇，这些正是冯玉祥在西北军中极力树立的品质。

冯玉祥晚清从军，行伍出身，对军队中贪靡浮夸、散漫骄懒等积习深恶痛绝。决心打造一支朝气蓬勃的军队。招募新兵只要农民和小手工业者，不要当过兵的"营混子"。

冯军重视体能训练，除了体操，还经常进行长途负重拉练，也注意提高军事素养。军事训练时，射击靶子做成日本军人的样子，窝头上都印着"勿忘国耻"。饭前唱《吃饭歌》："这些饮食，人民供给，我们应该为民努力。帝国主义，国民之敌，救国救民，吾辈天职。"

规定凡文盲每天饭前必须认识两个新生字，否则不准吃饭。还进行精神教育，一度宣传基督教，每个团都有牧师。也曾以古圣先贤、良臣名将为题材编成书，以封建伦理道德教育官兵。北伐时，又请来中间共产党人上政治课。

"冯玉祥练兵是有口皆碑的，他有自己的一套办法，很实用也很有效。他练出的军队纪律严明、军容整肃、吃苦耐劳，作战勇敢，在当时的中国军队中堪称首屈一指。"

冯玉祥练兵也有不足，从精神教育上说，宣传的理论几次变化，没有形成共同思想，连共产党人后来都被他"礼送出境"。冯以家长作风统驭全军，即使是高级官员，一时不满意也责骂甚至体罚，规模不大时尚可控制，"太保"们各成气候后，就难以驾驭了。

孙连仲练兵非常认真，各项要求都努力完成。冯玉祥规定军官必须定期为官兵讲话，并严格考核。举行过一次全军"讲演大赛"，孙连仲获亚军，张自忠列第五。

后来，冯玉祥让部将到各部巡回演说，讲话有"特色"的都被士兵们取了外号，宋哲元讲话老爱用口头语"哦"被称作"宋老哦"，孙良诚一口天津话被称作"孙嘛嘛"，韩复榘有点口吃被称作"韩结巴"等等。

韩复榘是雄县邻县霸州人，与孙连仲私交甚好，二人性格迥异，韩恃才傲物、锋芒毕露，孙低调沉稳、温和内敛。后来韩复榘因抗战不力被蒋介石处决，亲朋故旧纷纷避嫌，后事极为冷清。只有时任第二集团军总司令的孙连仲全副戎装前来致祭，并勘定、购买墓地，主持了全部殡葬活动。

据孙连仲下属回忆"他的官架子不大，和部下相处随随便便，好和属僚们天南地北地闲聊，因而比较能够了解下面的真实情况，也能听到下面的一些意见。"每次战斗后见友军重伤员被抛弃路边无人过问时，轻则给钱抚恤，奄奄一息的扶在他的车上随部队转移。指挥作战，哪里战事紧迫亲自手提大刀，手枪或冲锋枪带队快速赶去支援，与士兵共同战斗。

北伐中，孙连仲任"北伐军"的京汉前线总司令，率四个军，在漳河沿岸与张学良指挥的奉军激战26天。

1928年，国民政府决定设立青海省，孙连仲出任首届青海省主席。1929年，调任甘肃省主席。

1930年，冯玉祥和蒋介石决战的中原大战展开，孙认为西北军实力不够，西北地方势力未完全削平，孤注一掷，连退路都没有。但冯认为蒋嫡系部队少，自己几十万大军都是一手带出来的，胜券在握。命令孙连仲东出参战。

孙虽有想法，还是全力投入了战斗。韩复榘等则不然，他们多次被冯打压羞辱，虽因勇敢善战身居要职，但已和冯离心离德。在蒋用利益和金钱的策动下，韩复榘、石友三、吉鸿昌等先后宣布脱离冯玉祥。西北军一败涂地。

覆巢之下，孙连仲通电表示服从中央，所部被改编为第26路军。不久，被调往江西，参加对中央苏区的围剿。

蒋介石的日记中曾说："冯部孙仿鲁军能遵命开至江西，则共匪和冯部可以妥帖。"

一石二鸟，26路军伤损不断，又不习惯南方天气饮食，还遇到种种刁难克扣，病饿交加，"每天都有十几个甚至几十个士兵悲惨地离开人世"。

这时，"九一八"事变发生，26路军将士强烈要求抗日，并试图北上，被蒋介石严令拒绝，开枪阻拦，官兵反蒋情绪蔓延。前路茫茫，孙连仲称病去南京活动。

1931年12月，26路军参谋长赵博生和旅长季振同、董振堂在宁都发动起义，率17000人参加中央红军，成为红军第五军团，之前中央红军有3万人。

孙连仲闻讯，赶回收整残部。好在蒋介石认为他"诚实可靠"，让他重新支起26路军的摊子。

三

抗日战场上，孙连仲表现出军人的血性和尊严。

从"七七事变"开始，正面战场可称节节败退。在这败与退之中，隐含着落后和无奈，也流淌着鲜血和忠魂。

事变发生时，孙连仲正参加庐山暑期训练团。受蒋介石亲命立即归队北上。孙连仲对部下说，现国家已至最后关头，吾人必须以全力报效国家，挽救危局以尽军人天职。

旅长黄樵松与妻书中说："挥兵北上赶倭寇，壮士一去不复还。"

此时，北平守将宋哲元却打来电报，要孙连仲暂缓进军，以免刺激日军。

国军要人陈诚认为，当时日军在平津力量有限，如果宋能奋起抗战且请援军迅速北上，"则在开战之始绝无一败涂地之理……我们不愿意指责宋氏当时是否别有用心，但对于凶残变诈的敌人缺乏认识，这是宋氏铸成错误的基本原因。"

一边是为民族献身热血沸腾，一边是想自己利益小心算计，这在正面战场上并不少见。经请示蒋介石获准后，孙连仲坚持北上。这时宋哲元的29军浴血奋战后南退，1937年8月，26路军进抵琉璃河、房山一带和日军展开激战。

孙连仲回忆军队战绩时说，一士兵藏于石桥下，待敌坦克经过时以手榴弹将其炸毁；步兵用排枪击落敌机；夜入敌阵割其机翼之日徽而归等。牺牲之惨烈他印象深刻，31师池峰城部"第一日一团守一山顶，被敌大炮轰击，死伤殆尽，次日派两营又尽，第三日派一营……"

苦战中，第一战区司令长官刘峙不支援一兵一卒，不组织一线二线部队交互抵抗。孙连仲坚守40多天后败退。当时在炮兵一旅任营长的蓝守青回忆说："我营从保定步行退到石家庄，沿途有很多天然屏障，如唐河、大沙河、磁河等，河面宽，水流也急，但没有一点工事；其他平原更谈不到有工事，也看不到设防的部队，一路只看见向南逃的军民。"

周立波写有一篇《娘子关前》，书写了作者1938年初随八路军转战敌后路过娘子关一带的情形。其中写道："国民党第三军和孙连仲的部队，在这里山上，跟敌人打过一阵。自然，结局是不消说的，国民党的豆腐军失败而且逃跑了。遗尸甚多。"

言语中流露着对失败者的不以为然，其实既"遗尸甚多"显然不只是打过一阵。他们的确"失败而且逃跑了"，也确有临阵脱逃不堪一击者，但不都是"豆腐军"。

孙连仲等部在娘子关抵抗敌两个多师团，将敌两个联队消灭殆尽，击毙联队长鲤登少将，国军也付出很大代价，如第38军教导团3000人只剩下100多。

桂系首领黄绍竑是娘子关战役总指挥，他回忆说，当时前线几支部队长官中，冯钦哉回避与总部联系，有意规避作战，曾万钟也失去联络，孙连仲一直随总部奋战。一次他悬赏5万元要孙连仲派一营人夺取某要地，那营长却说："赏么！我们不知用得着用不着，军人以服从为天职，我们总是尽我们最大的努力与最后牺牲，以报效国家。希望战后能在那儿立个碑，来纪念我们这一群为国牺牲的人，就满足了！"要地没能夺回来，营长和一营人大部分牺牲了。

1937年10月23日，黄绍竑密电蒋介石称："26路损失三分之二……请中央迅予统筹补充，否则绝难再战。"

从娘子关撤下来后，因战事紧张，改称第二集团军的孙连仲部补充训练尚未完成就开往台儿庄。

四

台儿庄，中国抗日战争画卷上绚丽的一笔，这绚丽满浸鲜血。

1938年3月20日，日军第10师团矶谷廉介部占领滕县后，以濑谷旅团为主力，直奔台儿庄，企图据此攻取徐州打通津浦路（天津到南京）。

孙连仲回忆道，日寇"计板垣、矶谷两师团，重炮24门，山野炮百余门，战车50余辆，飞机多架，化学兵1队，实力极雄厚，我仅有3师1旅，重炮3门，野炮10门，战事防御炮3门……台儿庄被敌攻入，乃发生巷战，断壁残垣悉成堡垒，一室一屋均成敌我争夺之目标，战事之惨烈，真可以惊天地而泣鬼神"。

当时坚守台儿庄的是31师，副师长屈伸回忆说，七连连长徐运太在重机枪手阵亡后接过枪扫射，胸腹连中数弹仍坚持战斗，旋伤重牺牲；某连特务长曾礼在敌突破我阵地时带炊事兵数人，捡起死去战友的步枪，冲向敌人，全体牺牲；八连长裴克先高喊"弟兄们！跟我来！"，率队和敌人展开肉搏，苦战半日，全部殉国。

在这样的情形下，屈伸说，"28日晨，我去台儿庄城内视察，前线战士及营连以下军官，无不精神振奋，表现出与敌血战到底的英雄气概和坚定不移的必胜信念。他们在加紧修理自己阵地的缺陷及死角，调整部署，毫无连续残酷战斗后的疲倦神情。"

随后的战斗更加惨烈，在赶来增援的27师中任连长的王范堂回忆，28日他们投入城中激战，全连130多人只存57人，29日这57人又组成敢死队冲向敌人，击退日军后只有13人生还。

到4月3日，日军已占据了台儿庄城的四分之三，我军据守南关一隅，整连、整营、整团打光，伤亡殆尽，仍拼死坚守。这时，31师师长池峰城向孙连仲请求撤到运河南岸，以保留部队的一点血脉。孙连仲把电话打给了第五战区司令长官李宗仁，报告部队伤亡大半也重创了日军，请求暂时撤退"好让第二集团军留点种子，也是长官的大恩大德！"

向来稳重的他说得如此哀婉，想见当时处境和心境。

但李宗仁部署的包围反攻即将开始，虽心有不忍，还是严令孙部再坚守一天。孙连仲当即表示："我绝对服从命令，整个集团军打完为止。"随即亲赴台儿庄督战，并给池峰城下达了那道"你填过了，我就来填进去"的命令。

这该是台儿庄战役中最响亮也最应让人铭记的命令吧。

这道命令之后，台儿庄守军用最后的力量向敌人发起冲锋，一举收复了城中大半失地。与此同时外围的国军开始总攻，日军遭受毁灭性打击。

由滕县战斗、临沂战斗、台儿庄战斗等组成的台儿庄战役，持续一个月，歼灭板垣、矶谷两师团2万余人，开创了抗战以来的一次空前胜利。

之后，孙连仲还率部参加武汉会战、枣宜会战、鄂西会战等战役。用他自己的话说："本军转战豫鄂两省，与敌万余人以上之大规模作战在30次以上。殊难一一尽述也。"

一路血战的同时，孙连仲操心着自己的仕途前程。宋聿修1939年到孙部任高参，据他回忆，这年夏天，孙乘部队整训的机会到重庆住了两个月。

"他觉得自己的部队在抗日战场上表现不坏，尤其是台儿庄一战打得很出名，他想谋求到一个战区司令长官或省主席的地位。"但没有后台支持和派系支撑，军事成绩突出，政治资源不足，难以如愿。

1940年春，蒋介石想让孙连仲任冀察战区总司令兼河北省政府主席，去敌后打游击。孙连仲召集幕僚合计，有人主张去，说好差事轮不到咱，河北虽在敌后，也算独当一面；有人主张不去，认为河北不仅有日伪军，还有八路军，如和八路军合作得罪蒋，如果发生磨擦很难站住脚。孙连仲反复掂量，复电蒋介石请辞。庞炳勋去了，后在日军包围中投降。

陈诚当时是蒋介石的红人，孙的幕僚鼓动他和陈诚拉关系。孙说，自己和陈诚在江西"剿共"时关系不错，一直是朋友，进一步联系不难。幕僚对孙说，今非昔比，陈诚需要的已不是朋友，而是部下，必须心甘情愿表明作部下，才会被提拔。

1941年秋，陈诚来视察。孙连仲闻讯即赶去迎接。私下对陈诚表白："我是一个粗人，不懂政治，请部长多多指教，今后唯部长之命令是从。"

1942年春，孔令恂被派到孙连仲部当副手。孔是陈诚的亲信，孙

极力欢迎。孔待了两个月，借口养病返回重庆，再没回来。

1943年1月，孙连仲被任命为代理第六战区司令长官，陈诚兼任司令长官。

不久，孙正式升任第六战区司令长官并晋升二级上将。

五

一直靠本事吃饭的孙连仲终于"上了道"，有了靠山果然不一样。

1945年8月日本投降，陈诚保举孙连仲为第十一战区司令长官兼河北省政府主席，负责平津河北等地的接收，并调其亲信宋肯堂给孙当参谋长。

在民国政府中这种结党营私的"道"大行其是，也注定了这个政府将行之不远。

当时的河北，已形成连片的红色根据地。抗日战争中共产党人在敌后唤醒民众共同抗敌，建立起了民心所向的新政权。孙连仲在河南新乡建起指挥所，想由新乡进京，就要穿过晋冀鲁豫根据地。

孙连仲飞赴北平受降，部署所辖30军、40军和新8军向根据地进攻。三个军都是西北军旧部，新8军军长高树勋多年来饱受排挤、打击，对国民党内部拉帮结伙、排除异己心存不满，这次又被推到内战前沿，不愿再当炮灰。10月30日，率部在邯郸举行起义，宣布退出内战，站到人民一边。随后，晋冀鲁豫部队将30军、40军全部消灭。

李宗仁当时是北平行营主任，负责管理孙连仲的11战区和傅作义的12战区。他说："以北平来说，除市区外，四郊常有共产党游击队出没。有时中央大员来平，想一游郊外的西山，我陪同出游也非带大批扈从卫士不可。"

城外已敲丧钟，城内还在贪腐。李宗仁说："当时在北平的所谓'接收'，确如民间报纸所讥讽的，实在是'劫收'。这批接收人员吃尽了八年抗战之苦，一旦飞入纸醉金迷的平、津地区，直如饿虎扑羊，贪赃枉法的程度简直骇人听闻。他们金钱到手，便穷奢极欲，大肆挥霍，把一个民风原极淳厚的故都，旦夕之间变成罪恶的渊薮。"

"门外韩擒虎，楼头张丽华。"当时在北平行营任职的唐真如回忆说："麻将、花酒、跳舞，真是司空见惯。平时搞钱的方法，利用职权做生意，套购物资，盗卖公物，甚至敲诈勒索，形形色色，应有尽有。由于多数人搞了钱，同时受了环境的影响，大家都奢侈起来，经常宴会，出入舞场。"第四处副处长周仲宣其貌不扬，可有权势，找了个能歌善舞的女士做妾。后来"贪污腐败的风气更盛，正象征着日薄西山，所以就更加肆无忌惮了。各处人员利用职权从各方面想办法搞钱……"

孙连仲本人对贪污之风蔓延的现象十分不满，蒋的嫡系军队、国民党政府的各部、各委员会都在平津都设立了办事处，拿着"封条"到处去"接收"，其中不少落入私人之手。孙连仲无可奈何，认为"一切都乱了"。

1947年3月11战区改为保定绥靖公署，孙连仲任主任。

9月，保密局在北平侦破了一处中共秘密电台，台长叛变，供出了中共在华北、东北、西北、华东等地军事情报系统的许多重要线索。保密局在北平、沈阳、南京、西安、兰州、保定等地逮捕了120多名中共地下工作人员。

其中有好几个是孙连仲身边的人，包括公署作战处少将处长谢士炎、军法处少将副处长兼河北省政府机要秘书丁行等。

保密局头子谷正文后来回忆说，他问谢士炎为何以国军将领身份替共产党做事，谢士炎答："我在国民党部队很多年，经历过很多阶层，所以我有资格批评它没有前途。至于共产党，我至少欣赏它的活力、热情、组织与建设新中国的理想，因此，我选择我欣赏的党。而且，我认为国民党是妨害共产党早日建设新国家的最大阻力，所以，我用国军作战处长的身份，帮助共产党消灭国民党。"

就义前，谢士炎挥笔成诗："人生自古谁无死，况复男儿失意时。多少头颅多少血，续成民主自由诗。"时年36岁。

深感无力回天的孙连仲一再请辞，1947年12月，被调往南京出任首都卫戍司令。卫戍司令部所辖宪兵、警察和卫戍部队，实际上都由蒋介石直接指挥，孙只是在蒋介石出门时跟跟班，闲时打打网球而已。

1949年3月孙连仲飞往台湾。

1990年8月14日，孙连仲病逝，终年97岁。

第四章

红色如何成底色

雄安是红色的雄安。

红色火种在雄安的传播可以追溯到1921年,邓中夏在保定宣讲马克思主义。1925和1927年中共容城特别支部和安新县特别支部先后建立。

红色成为雄安的底色,发生在抗日战争时期。

在日本侵略者大举进攻,国民党军队节节败退之际,中国共产党人投在了民族存亡斗争的最前沿。

在沦陷的国土上,共产党人以自己的牺牲撑起民族不屈的脊梁,以新鲜的理想唤醒民众沉睡的力量,以信仰的光辉照亮时代的天空。

雄安,这一方饱经风霜的土地,进入了红旗引领下的崭新时代。

新华社老社长穆青1939年曾转战冀中,这里艰苦卓绝的斗争,勤劳勇敢的乡亲给他留下难忘的印象。由此,他写作了脍炙人口的名篇《雁翎队》,为雄安人民的抗战历史留下了一份动人的记忆。

1988年,穆青再次来到冀中。

他在《重返冀中》中写道:"50年过去了。一切都变了模样。当年我们一见能过敌人汽车的路面就扒，可那时怎能想到今天这里会有这样宽阔平坦的柏油公路；当年我们一见敌人的电话线就剪，可那时怎会想到今天这里通信线路四通八达、高压输电线路凌空飞架……透过半个世纪的风雨，我看到冀中在不同时期的两幅历史性的画面，一幅是苦难深重的人民在进行血与火的斗争；一幅是万物复苏，大地正欣欣向荣。而无论在哪一幅画面上，站在最前列的都是共产党员！"

又29年过去，在雄安，一幅必将载入史册的壮丽画卷正在展开。

故地走访，当年在烽火狼烟中拼争的那些人已经远去，许多痕迹无处可寻。

然而，静下心来，在回忆录书页上、在黑白的影像中、在遗迹和纪念馆里，分明还能听到那个时代的诉说。

那是一代人满腔热血的喷洒，那是这片土地深藏力量的勃兴，那是民族凤凰涅槃的时刻。

雁翎队、小兵张嘎、米家务烈士陵园、新儿女英雄传，这些名词中隐含着雄安红色气质的密码，我们可以从中读解出，红色是如何成为雄安底色的。

雁翎队记

在游人如织的白洋淀里，有雁翎队纪念馆。

雁翎队，这名字有些诗意，但它的故事里是烽烟烈火、血海深仇，是金戈铁马、以命相争。

"六秩回眸，一塘荷蕊皆含血；八年抗日，满淀芦花尽请缨。"这是纪念馆大门两边的对联。

悬在其上的是"白洋淀雁翎队纪念馆"9个大字，由开国上将吕正操题写，当年他是冀中军区司令员，题字是在2003年，将军99岁。

划过漫漫流逝的岁月之河，抗日战争时期，在白洋淀，是怎样的"荷蕊含血"？又是如何"芦花请缨"？

一

走进雁翎队纪念馆，一幅幅真切的照片让人直接看到了当年情景，雁翎队初建、伏击、泅渡、端岗楼、冰上战斗等等。

这些图片的拍摄者石少华，曾任新华通讯社副社长、中国摄影家协会主席。1942年秋到1945年春，时任冀中军区宣传部摄影科科长和晋察冀军区《晋察冀画报》社副社长的石少华六进白洋淀，拍摄了大量珍贵照片。

10多年前，为筹建这个纪念馆，周润彪多次到北京新华社，从中国照片档案馆中将这200多张影像找出来，翻拍，带回，让这些救亡战争中在白洋淀一闪而过的画面，定格在后来者的眼前。

时下，已从纪念馆馆长位置上退下来的周润彪仍常回馆里，看到络绎不绝的游客，他觉得很欣慰。

据周润彪介绍，白洋淀雁翎队成立于1939年秋，是共产党领导水上猎户组成的游击队，最初只有22人，后来发展到近200人，在极端艰苦的条件下，同日伪军作战70多次，歼灭日伪军800多人。他说："置生死于度外，不怕牺牲，为保卫家园奋起抗争，以雁翎队为代表的红色精神，是我们的宝贵财富。"

当时，日军占领安新，国民党地方官员逃走，共产党人领导抗日武装坚持斗争。为强化统治，驻安新日酋龟本以"献铜、献铁"为名，要求水区猎户交出猎枪（大抬杆）等武器。白洋淀水区当时属安新县三区，按照县委指示，三区区委书记徐建、区长李刚义在大张庄召集郭里口、王家寨一带水村猎户，动员大家组织起来反抗。

会后，20多户猎人携20副鹰排（小船），40支大抬杆（猎枪）加入第三区区小队，组成了水上游击队。他们是打猎世家出身，很熟悉猎枪性能，为了防止枪膛内火药受潮，常在火眼上插上一支雁翎，且按围雁打猎的习惯，装载大抬杆的鹰排在淀面上呈"人"字行驶，如雁群在空中飞翔。

县委书记侯卓夫给他们起名为"雁翎队"。

猎户们之所以不放下猎枪，不只是因为生计，更是为了生命。

2006年，安新县对抗战时期人口伤亡和财产损失进行专题调研，

侯卓夫烈士像
1914—1942

❶ 安新县白洋淀雁翎队纪念馆大门。

❷ 安新县白洋淀雁翎队纪念馆内侯卓夫烈士像。

❸ 安新县白洋淀雁翎队纪念馆内穆青和《雁翎队》的介绍。

❹ 安新县白洋淀雁翎队纪念馆内展示雁翎队用过的船只。

❺ 安新县白洋淀雁翎队纪念馆内参观者。

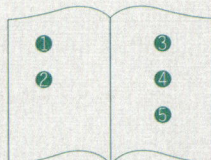

（2017年7月30日摄）

穆青（1921——2003）是我国著名的政治新闻工作者，曾任新华通讯社社长。于1943年、1990年、2001年三次来白洋淀。1943年，穆青曾采访过一位战斗在白洋淀地区的军队干部，了解到白洋淀上活跃着一支水上抗日游击队——雁翎队。加之穆青又在冀中打过游击，十分熟悉白洋淀情况，于是以抒情笔法写出三千多字的报道——《雁翎队》，并于1943年8月22日在《解放日报》发表，引起很大反响。建国后，该文被中学语文课本选用，后又应《人民文学》之约进行了转载。

雁翎队使用的船只

通过乡镇走村入户调查和查阅档案资料，最终认定全县抗战时期伤亡人口总数为10084人。调研组认为，由于年代久远，资料匮乏，统计不够全面。据史料记载，1936年安新县总人口为141978人，1943年减少到79348人。

1938年3月，日军血洗安新县三台镇，在狮子村，将张德兴扔到火里烧死；在山西村，把于福增等三人用刺刀挑死；在店上村，富农杨吉尔端着一筐鸡蛋讨好日军，被刺刀挑出全部肠子……全镇共有210多人被杀，2000多间房屋被烧，财物、牲畜被洗劫一空。

1939年3月，日军在安新县端村进行了两天一夜的烧杀抢掠。把全村人赶到奶奶庙大院后，把庙门钉死，在四周房上架起机枪，之后在全村放火，整个村庄成为火海。村民合力推倒大院西北角的墙头，部分人涌出，日军用机枪扫射。全村被杀80多人。

孙革是最早参加雁翎队的猎人之一，当年17岁，他曾回忆说："为了打赌，日本兵竟把手无寸铁的老百姓当靶子比枪法玩。"他的伙伴"麻六"、"刘大个"、"张迷瞪"都是这样丧了命。

1939年，诗人田间写道："假使我们不去打仗，日本强盗用刺刀杀死了我们，要指着我们骨头说：'看——这是奴隶！'"

雁翎队队员赵波是这样说的："你当雁翎队也得死，你不当雁翎队也得死，拿起枪来跟他干，左右是一个死呗，立着死比躺着死强。"

当时，白洋淀里，唱响了这样一首民歌："提起我的家来泪零零，我的爹娘在冀中。冀中有个白洋淀，九河下梢通天津。是一个好交通，是一个好交通！

"因为这里交通好，文化知识比别高；买卖兴隆工艺巧，男女儿童都入学，自在又逍遥，快乐又逍遥！

"出些虾来出些鱼，出些芦苇编成席。小麦、稻米供给我们吃，产些棉花做成衣。是一个丰富地，是一个丰富地！

"东村枪声乒乒响，西村几处冒黑烟，南村同胞死了数十个，满淀嗡嗡是汽船。我们往哪里钻？我们往哪里钻？

"群众起来吼一声，男女同胞子弟兵。携手并肩上前线，杀退万恶鬼子兵。杀！杀！杀！"

二

"谁不爱这明洁的湖面，／谁不爱这一片蓝天！／哦！／你美丽的白洋淀！／沿岸：／轻轻的麦田和稻田；／水上面：／一丛丛芦苇，／一只只渔船，／一群群的鸭，／一阵阵的雁。……战争来了！／原野里，／卷起风沙！／湖面上，／腾起烟雾！……当剧烈的风暴呼旋于白洋淀的时候／农民们说：庄稼不能种了；／渔夫们说：是拼死活的关头了；／饲鸭者说：跟鬼子们拼吧；／打雁人说：合伙儿干吧；／我有美丽的雁翎，／说拿它做我们的记号吧！／英雄们结聚了，／白洋淀翻滚了，／白色的水鸟叫着，／苍苍的芦花飞着，／年轻人包裹着头巾，／老头子飘动着萧萧的白发。／呼啸的风雨中，／船桨打的浪花发抖，／一支支美丽的雁翎，／插在急驶的船头。"

这是章斐的诗歌《白洋淀》，其中描绘了雁翎队的兴起。

穆青的名作《雁翎队》报道了雁翎队的事迹，其中写道："冀中白洋淀的渔人和猎户，在日寇的小汽船扰乱了湖面的平静，把每年三千万元的勒索，和无止境地的奸淫烧杀加在他们头上的时候，他们饱含着辛酸的眼泪，放下了渔网和雁袋，划着渔船掮着猎枪，一个个投进密密丛丛的芦苇，开始聚集起来了。"

雁翎队第一任队长陈万，副队长邓如意，指导员刘森（任贵森），队里建立了共产党的组织，赵谦任书记。

他们当时的主要武器是大抬杆，一种土造的猎枪，本是打野鸭用的，放在鹰排上，枪身很重，往往需要两个人才能抬起来，所以叫大抬杆。大抬杆枪管一般长近3米，口径在50—100毫米之间，后半截装火药，前半截装铁砂，点着尾部的药捻，就能引燃火药，把铁砂子迅速地推出去，一散就是一片，如同一种前膛的土炮，近距离杀伤面积大。

雁翎队成立不久，日伪军就尝到了大抬杆的厉害。那一天，赵北口的汉奸张德清带着20多个日伪军，坐船到新安据点运输物资。雁翎队得到情报后，埋伏在王家寨和季庄子之间的苇塘中。

穆青用他细腻的笔致，记录下水乡里发出第一声怒吼前那一个瞬间："他们巧妙地隐藏了船只，脱去了衣裤，全部跃进水里去，在芦苇的边缘，派出一个侦察哨。为着不使目标暴露，放哨者在水藻的伪装下，仅仅把两只眼睛露出水面，让湖水不断地从他的鼻孔下静静地流过。

"不久，一只巨大的拖船，用绳索拖拉着那喑哑了的运输艇，近来了。突然在芦苇的边缘，一声凄厉的口哨，惊起了几只潜伏的水鸟，接着两旁芦苇的深处，激荡着一片水声和呐喊……"

雁翎队的大抬杆一起开火，当即将汽船上的敌人打得鬼哭狼嚎，不少人中弹落水。这次战斗，除一名日军逃脱外，其余均被击毙或俘虏，雁翎队无伤亡。

孙革参加了那次战斗，他记得，除物资外，还缴获了20支步枪和1挺昭和11年制造的轻机枪，而在这次战斗前，除了大抬杆，孙革的武器就是一把白洋淀人用来捕鱼的钢叉。这次战斗之后，区里专门在寨南村召开了庆功会。

白洋淀再不是侵略者汽船的"游乐场"，柔韧的芦苇变成捍卫自由与尊严的刀枪剑戟。

日军不甘心，穆青写道："敌人高叫着'平靖湖面'，向雁翎队复仇。他们砍倒了芦苇，刈割了蒲草，用大批的汽船和木船巡逻湖面。同时在每一只船上，高高地竖起了梯凳，设立了了望哨，依仗着他们优越的火力，使二百米以外的大小船只不能靠近一步。这时，我们的雁翎队，便不得不转变他们的战斗方式，采取更分散的行动，采取村庄伏击。就在散布于白洋淀广阔湖岸，像无数岛屿似的村庄边缘，雁翎队的队员们，化装成包着头巾的洗衣妇，或是悠闲的垂钓者，在相隔不远的距离内，默默地工作着。一遇到单独的敌船，或其他可乘的时机，呼啸一声，很快地从岸边隐藏地里，拔出自己的枪支和马刀，一面用猛烈的火力向敌人射击，一面泅水前进，直到完全消灭敌人的抵抗为止。有时候，他们也用衔着空心的苇秆透换空气的方法，带着武器，作数小时以上的水底埋伏，以待机颠翻敌船。虽然他们的血，也常跟敌人的血一同染红白洋淀的湖水，但这样自发的群众自卫战争，更激起了他们对敌人的憎恨，使他们对敌斗争更加坚决。"

三

雁翎队员的血曾染红白洋淀的水。

1940年11月，雁翎队队长陈万、副队长邓如意、队员赵恩祥、车赶嘴四人化装成群众到赵北口赶集，想夺取村北岗楼上的机枪，不幸被敌人包围，因寡不敌众，激战中陈万等四人壮烈牺牲。

在安新，为民族尊严浴血奋战的不只是雁翎队队员。

抗战时安新县分为10个区，中国共产党领导的地方抗日武装主要有县大队和每个区的区小队，雁翎队一开始是第三区区小队的一个班，后来人们把活跃在淀区的第三区区小队都称为雁翎队。除了地方武装，在这一地区转战的还有八路军主力部队和分区的武装力量，从战斗力和战果上，雁翎队都只是中共领导下安新抗日武装的一部分，由于水上作战的独特性，雁翎队闻名遐迩。

其他抗战勇士在安新的奋斗和牺牲也应被我们铭记。

1939年，安新县委在关城村集训抗日干部，因汉奸告密，被日军优势兵力围攻，为掩护县委和受集训干部，县大队队长高振东、政委冯云湘牺牲，县大队和区小队共伤亡106人，群众遇害200多人。

1939年秋，9分区18团在北冯村被来自周围数县的敌人包围，我军以机枪等武器坚守，战斗到天黑大部分突围，12连连长刘春明等20人牺牲，日伪军伤亡惨重，仅死尸就运走了8车。

1941年农历大年初一夜，日伪军突然包围了第五区区小队所在的北边吴村，队长邢书恒被敌机枪打断双腿后仍顽强抵抗，并击伤伪军中队长郭德功，后被日军刺刀刺中牺牲，区小队队员和群众死伤10多人。

雁翎队的命名者是侯卓夫，雄安附近的高阳人，1914年出生，1929年加入中国共产党。1932年参与组织高蠡暴动，暴动失败后被迫出走，1935年在保定组织学生教师游行声援"一二·九"运动。抗战爆发后，侯卓夫受党派遣到安新发动群众开展抗日救亡活动。举办抗日干部培训班，发展党员，建立农村党组织，壮大抗日武装。雁翎队就是在他任安新县委书记时直接指导建立起来的。

时隔几十年之后，说起雁翎队这个名字，孙革还说："是一个有文化的共产党干部给起的，他叫侯卓夫。"侯卓夫是孙革接触到的第一个共产党员，当年他以小学教员身份为掩护，在白洋淀里走家串户宣讲共产党的信仰和主张。孙革说："我没念过书，大字不识，就是通过他了解了为什么要反抗侵略，怎么跟日寇斗争的。"

侯卓夫没有看到雁翎队声名远播的那一天。在穆青那篇名作在《解放日报》发表一年之前，日军发动了"五一大扫荡"，白洋淀抗日形势恶化，在艰难复杂的形势下，已调任地委工作的侯卓夫被重新派回安新。

1942年9月22日，侯卓夫在大北六村开完会，刚转移到向村一个堡垒户家中，就被叛徒告密，迅速赶来的敌人将侯卓夫和一名警卫员包围。他们烧毁有关文件后，趁天黑奋力冲到村外，侯卓夫正患疟疾，体力不支，激战多时仍无法突围，警卫员多次要背他突围都被拒绝。侯卓夫用最后的子弹打中了自己的头部，时年28岁。

鲜血与抗争在这片美丽的土地上交织，谱写着一个民族不屈的战歌。

1942年10月，继任安新县委书记贾特和县大队一起在贾辛庄与日伪军激战，以我方伤4人的代价，毙敌数十人。11月，六区小队队长曹耀宗带队化装成买苇人接近膳马庙岗楼，将岗楼敌人全部俘虏。12月，安新县大队全体80多人在董庄被敌人包围，血战突围中，大队长牛福河牺牲，40多人伤亡，20多人被俘，20多人被村民掩护在地道中脱险。

章斐写道："鱼儿，游开吧，／我们的船要去作战了！／雁啊，飞去吧，／我们的枪要去射杀敌人了！／芦苇，／轻轻的芦苇，密密丛丛的芦苇，／我们的阵地呀！／风雨急骤的白洋淀，／翻卷的波澜，／浮泛出红色的血斑。／激烈的抗争展开了！／噢！／美丽丰饶的白洋淀，／动荡在血肉的搏斗之中了！"

穆青写道："在日寇残酷扫荡的冀中平原，白洋淀始终是最坚强的抗日堡垒之一，它同着千万只神出鬼没的雁翎船，一次又一次给敌人以致命的打击。"

四

"1943年哟，环境大改变，白洋淀的炮楼端了多半边……"在以雁翎队故事为背景的电影《小兵张嘎》中，张嘎和房东大叔唱过这样两句歌。

这首《雁翎队之歌》唱出了白洋淀人1943年的心气。在日军1942年"五一大扫荡"的残酷压迫下，共产党领导的抗日武装坚持斗争，苦熬长夜，开启曙光。

日军在"五一大扫荡"中推行"堡垒主义"，仅安新县水区62个村就建起岗楼和据点38个，使淀区根据地沦为敌占区和游击区，抗日活动受到很大的威胁，侯卓夫就是在这一时期牺牲的。

为扭转局面，安新县委开展以骚扰据点、夺枪、锄奸为中心的斗争。1942年秋，雁翎队在队长郑少臣带领下，夜袭朱家大院，活捉了伪乡长朱蕴奇；冬天，又除掉王家寨据点伪中队长韩恩荣、郭里口据点伪参谋曹茂林和两据点联络副官冯德新。

1943年，我抗日武装开始在白洋淀对日伪进行反攻。十方院位于淀区东侧、河道南岸，在通往天津的水路要道上。日军在这里建了岗楼，驻有20余人，常对来往民船敲诈勒索。雁翎队化装成群众接近十方院岗楼，俘敌20余人，缴获机枪1挺，步枪20支，手枪2支。

大淀头岗楼位于白洋淀南侧，是个大岗楼，建在大地主朱不岐大院里，大院分南北两个院子，南院朱家住，北院伪军住，两院中间是四层岗楼。雁翎队事先做通一名伪军的思想工作，摸清岗楼内部情况。在一个风雨之夜，雁翎队分三个班进入大院，扑向伪军宿舍。敌人猝不及防，全部缴枪投降，此役活捉伪军38人，缴获步枪30支，子弹数箱，还有30多套伪军装。

到了秋天，日伪在淀上的38个据点，有的被拿下，有的被迫撤掉，只剩赵北口、王家寨两个据点，白洋淀抗日形势发生根本性好转。

诗人蔡其矫在《雁翎队》中写道："白洋淀，我所梦想的地方／像十一月的天空，美丽而安详。……啊，那触目的汽船，骄傲地在水上行驶，／那蠢笨的日本人，张着眼在寻找什么呀！／啊！青年们！快把船划出港汊！／我们生在白洋淀，白洋淀不能受欺侮，／在故乡的水面上和敌人决一死战吧！／啊！勇敢的伙伴！快把抬枪扶准，／让波浪作为敌人的坟墓，让我们胜利归来，／迎接我们的将是光明的村庄和欢呼的白洋淀！"

抗战时，从保定到天津通航，白洋淀处在这一水路的要津。1943年秋，在抗日军民的打击下，保定通往北平的铁路线经常中断，津保水路成了驻保定的日军运输军火、粮食和物资补给的"生命线"。

切断敌人"生命线"，伏击日伪运输船，在雁翎队奏响的反侵略交响曲中，这是一个华彩乐章。

1943年10月4日，雁翎队侦察员赵波了解到，日军为了收缩兵力，次日要把从天津运来的和在赵北口据点库存的军用物资以及从白洋淀抢掠的苇席、麻袋、大米、鸭蛋等物品，分装在四只保运船上，运往保定。押运物资的有15名日军，120余名伪军，保运船在前，押运船在后。

三区区委给雁翎队下达了命令：全歼敌人，不准一粒米、一丝物资运出白洋淀。

孙革回忆说："那时，敌人武器占优势，可是我们环境占优势；敌人在明处，我们在暗处；敌人是逃窜，我们是进攻。再加上秋末多刮西北风，敌人向西北逆风行船，必定靠北岸行驶。我们只要指挥得当，埋伏稳妥，攻击时间、地点合适，必获大胜。"

次日凌晨，队长郑少臣带领雁翎队进入了埋伏阵地。

"拂晓前，风平浪静，我们埋伏在靠近河边的苇塘里。"孙革说："我们当时在芦苇荡里站了近3个小时，那时候的水很冷，冻得牙齿直打颤，我们就拔一棵芦苇咬着，这样就不哆嗦了。"

上午8点左右，敌船来了。郑少臣一枪打掉敌船高处的瞭望哨，雁翎队员冲出苇塘……战斗进行了不到半个小时，雁翎队截下全部物资，俘虏日军小队长初十加三郎和伪军河防大队长秦凤祥。雁翎队队员邸志科、李刻木、李学千三人牺牲。日伪的津保航线从此被切断。

9分区军政委员会立即发出贺信嘉奖雁翎队，授予侦查员赵波民兵英雄称号。雁翎队开了个庆祝大会。会后，释放了4个日本俘虏。日本俘虏流着眼泪连连向雁翎队鞠躬、挥帽致谢。当时正在白洋淀的石少华拍下了这个画面。

白洋淀人唱起了这样的歌谣："雁翎队，是神兵，来无影，去无踪。汉奸心里直打颤，鬼子跺脚喊头疼。

"雁翎队，是奇兵，端岗楼，像拔葱。淀头、刘庄、十方院，眨眼端个干干净。

"雁翎队，是天兵，打了伏击打包运。水路切断运输线，旱路击毙杨文凤。

"雁翎队，是子弟兵，白洋淀百姓最欢迎。群众是水他是鱼，鱼水相连骨肉情。"

五

穆青1939年随120师征战冀中，当时多次在白洋淀穿行，对一塘荷蕊、满淀芦花印象很深。1943年时任《解放日报》记者的穆青，在延安采访了一位从白洋淀来的八路军干部，为雁翎队传奇般的故事深深吸引，结合自己对淀区的记忆写下了散文式通讯报道《雁翎队》。

文章语言优美、富有诗意，有一种浪漫主义的英雄气概。一经刊发，引起轰动，不少人把文章从报纸上剪下来，贴在日记本里或窑洞墙壁上。由此，雁翎队的名字传扬开了。

1990年，穆青重访白洋淀，几位在家乡安度晚年的老雁翎队员赶来和他见面。穆青后来说："与这些老战士攀谈，特别使我动情的是，他们至今还清晰地记得当年老百姓支援、掩护雁翎队的一些往事。"

"我们和老百姓，是鱼儿离不开水的深情"。据曾任雁翎队政委的马仲秋回忆，当时，雁翎队在重点村建立了许多堡垒户，吃住开会都在堡垒户家里。他们站岗、送情报，遇有敌情，便迅速把游击队员隐藏在灶台、炕下，或者两堵墙中挖空的"夹坯墙"里。游击队后来转移进芦苇荡的两年多时间里，老百姓宁愿自己少收成，把最外一圈芦苇留下，当天然屏障保护雁翎队。

曾任十分区司令员的刘秉彦回忆说："'五一大扫荡'后，我在白洋淀苇塘里待了两个月。我把苇子弄成营房。当时白洋淀人民为了掩护我们，到冬天也不把苇子割掉，或者留下边苇，这是绿色长城啊，我们怎么能忘记白洋淀的老百姓啊，如果没有他们，我们就没法生存……"

1942年9月16日，刘秉彦在白洋淀写了首七言古诗《夜渡》："水乡正是秋光好，满地黄花间白草。夜赴苏桥谋北渡，宵来苇地湿棉袄。残荷满目知冬近，枯叶深丛惊宿鸟。霸县胜芳苏杭美，依然垒垒竖碉堡。"

1942年，在一次反扫荡中，一名雁翎队员受伤，撤往马家寨村。日军跟踪追来，抓住了一名当地妇救会员，让她说出伤员藏在什么地方。这名妇女坚决不说，日军把她捆在大树上，一面打一面拷问，直到被打死，这名妇救会员都没有出卖雁翎队员。

《小兵张嘎》一开头就是嘎子奶奶为掩护八路军伤员老钟被日军杀死的情节，这样的真实事例在白洋淀边发生过不止一次。

1943年春，日伪军包围中青村，抓住未及下地道转移的干部群众20多人，逼问游击队的去向。大家誓死不说，日伪军先打死长工小合，又将藏仓皂10岁的儿子活劈为两半，还用刺刀刺孕妇的肚子……多位村民被折磨而死，日伪军没能得到任何消息。

穆青感叹道："这些可歌可泣的事实，感人肺腑，说明在白洋淀的抗日斗争中，群众表现得多么英勇，人民付出了多少牺牲。可惜，这些材料在我采写《雁翎队》的时候，不是没有发掘出来，就是还未曾发生。我想，如果现在有人能收集一些现有的资料，再深入访问一些老雁翎队员和当地群众，一定会写出一部震撼人心的英雄史诗，作为伟大的爱国主义教材，哺育我们的子孙后代。"

1945年，雁翎队参加了解放安新县城的战斗，之后加入八路军主力部队，踏上了新征程。

后来，雁翎队使用过的排子船和大抬杆，被陈列在中国人民革命军事博物馆。

如今，雁翎队伏击日伪包运船的战斗以实景演出的形式在白洋淀景区上演，成为很受欢迎的旅游项目。

　　"淀上神兵"雁翎队，在风景如画的百里湖面上留下的抗战传奇，还在久久地流传。

张嘎正传

雄安是小兵张嘎的"家"。

作者徐光耀是雄县人，小说故事发生地和相关电影外景地都在白洋淀。

对张嘎不少人感觉挺熟悉，老电影看过好几遍，只不过大都是以前的事情了。在这个海量影视随意点看，能翻书就值得表扬的时代，那个黑白影像里的男孩，或已在我们的认知中沉默许久了。

在雄安步入全新时代之际，我们也该再说说张嘎，这个与雄安血肉相连的男孩，他的故事里记录了艰难往事，张扬着不屈精神。

一

徐光耀，1925年出生。小说《小兵张嘎》创作于1958年，1961年底发表在《河北文学》上，1962年出版了单行本。1963年拍摄成同名电影，导演崔嵬。2004年拍摄成20集的电视连续剧，2005年改编成动画电影。

故事发生在抗战时期白洋淀边的鬼不灵村，少年张嘎的奶奶为掩护八路军被日军杀害，张嘎主动要求参加八路军，当了一名小侦察员。他在区队长、侦察员罗金保的帮助下，在战斗中不断经受磨练和考验，依靠自己的机智勇敢，出色完成任务，成为一名合格的八路军战士。

作品中，在张嘎身上表现出一个小英雄的成长历史，既有时代的烽火印记，也不失少年的天真活泼。作品一经发表，在社会上产生巨大反响。电影发行后，广受欢迎。

在白洋淀，说到《小兵张嘎》，人们常会提起赵波，说他是张嘎的原型。

66岁的王木头是赵波的女婿，现在是白洋淀抗日纪念馆的讲解员。据他介绍，赵波1922年生于安新县赵北口赵庄子，1939年参加雁翎队，曾任侦察员，和张嘎身份一致。

"我跟岳父一起生活了35年，老人晚年低调、朴素，但他的事迹却不普通。抗战时，他年纪小、点子多、胆量大、战功突出，在战斗中迅速成长。"

抗战中赵波参加战斗70余次，缴获步枪24支，手枪4支，1943年被冀中军区九分区授予"民兵抗日英雄"称号。抗战后他又随军出征，后因负伤回到家乡任职。1960年曾出席全国农民群英会，受到毛泽东主席的接见。

电影《小兵张嘎》来白洋淀拍外景时，赵波曾就服装、武器等方面给摄制组提供过咨询。电影公映后，他在白洋淀被称为张嘎的原型，成为当地的名人，常被请去给后人讲当年的战斗故事。

老人于2007年去世。

生前曾有人建议他搬到城里去，赵波说："我就喜欢咱这白洋淀，隔壁就是学校，我每天早上只要看看学生升国旗，听听孩子们唱

❶ 安新县白洋淀嘎子村。

❷ 安新县白洋淀嘎子村头张嘎和伙伴们的雕像。

❸ 安新县白洋淀嘎子村张嘎缴获日本翻译官手枪塑像。

❹ 安新县白洋淀嘎子村头游人经过张嘎和伙伴们的雕像。

❺ 安新县白洋淀嘎子村头，游人在张嘎和胖墩摔跤塑像前模仿留影。

❻ 安新县白洋淀嘎子村张嘎雕像。

（2017年7月30日摄）

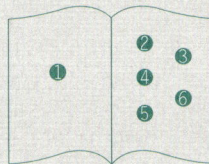

国歌，一天的心情都好。有新生入学，我还去讲讲传统。"

王木头现在的工作就是为游客讲述岳父及其战友的事迹，18年来，听他讲过的游客有200多万人次。

他说："很多人不知道安新，但知道白洋淀，知道小兵张嘎，前辈的事迹永远不会磨灭。"

在天津，人们说小兵张嘎的原型是燕秀峰。

燕秀峰，1924年生于任丘市于村乡后王约村，也在白洋淀边上，父母早亡，小名燕嘎子，和张嘎身世相同。

1937年燕秀峰参加抗日游击队，与战友一起攻克敌人炮楼8座，缴获步枪59支、机枪1挺、掷弹筒两具，1944年，出席晋察冀边区第二届英模大会，被授予"一级战斗英雄"称号，后离开部队。新中国成立后到天津一个作坊学织布，后来又到一家单位做勤务。

20世纪80年代燕秀峰被媒体发现，称他是被埋没的小兵张嘎原型。

之后，燕秀峰成为当地关心下一代工作委员会的成员，常到部队、学校作革命传统报告。2010年去世。

还有人认为一个叫张沉底的雁翎队小队员，最接近张嘎原型，张沉底跟部队走后，再无音信。甚至有人提出徐光耀就是张嘎，他是13岁参加八路军。

徐光耀对《小兵张嘎》的原型问题有过专门的说明，他说："自称'张嘎原型'的人，据我所知，目前至少已有四五个，他们不仅上了大小报纸，登上电视荧屏，拍了专题片，被请上隆重大会主席台，有的甚至提级提职，个别还受到中央首长的接见。"

他从总体上认可原型说，"在白洋淀或敌后抗日根据地与日寇作过英勇奋战并有一定贡献的人，都可以在'张嘎'身上找见自己的影子……凡对抗日有功的人，都不致因出了'原型'，而误以为自己的功劳被遮掩或未被认可，他们仍应理直气壮地从'张嘎'身上找到自己。"

但徐光耀对具体原型进行了否定，"'张嘎'是个艺术创造的产儿，是集众人之特长的典型形象。……'张嘎'其实是没有具体原型的。"

二

创作《小兵张嘎》时，徐光耀一直想着一个人，他不知道这人的名字，只知道他外号叫"瞪眼虎"。

那是1942到1944年，徐光耀在宁晋县大队时，赵县两个小侦察员不仅在赵县有名，在邻近的几个县也声名远扬，是当时带有英雄色彩的人物，一个外号叫"瞪眼虎"、另一个外号叫"希特勒"。

一次他俩被派到村口监视敌情，毕竟只有十三四岁，待久了就玩起来了，没想到敌人突然出现，马上就往回跑送情报，会让敌人怀疑。两人就假装打架，一个被打哭了转身就跑，另一个去追，就这样跑回送了信。还有一次，两人到敌人岗楼去侦察，不仅掌握了敌人兵力、火力情况，还偷回了手榴弹。

这些事迹让徐光耀印象很深，当年他见过"瞪眼虎"一面，虽未交谈，但记住了那倒挎马枪、斜翘帽檐的逼人野气和泼辣风姿。

1950年，徐光耀写作长篇小说《平原烈火》时，里面的小侦察员就用了"瞪眼虎"的名号，事迹却是别人的。

之后，徐光耀一直记挂着那两个小英雄，开始创作《小兵张嘎》时，他专门给赵县武装部写信，询问两个小侦察员的情况，没有得到回音。

形成张嘎的大量材料，是他从生活储存中一点一点挖出来的。

他说，许多读者以为作者是嘎子，"恰恰相反，我是个刻板、老实、不懂变通的人。我很不满意自己这种性格，实在人常做窝囊事，不懂变通更是遇事吃亏。即使日常社交，刻板人也不讨人欢喜。嘎子则活泼洒脱，机灵善变，临机有新招，遇事有闯劲，在人堆中尤惹人喜爱，我自小便恨自己。羡慕嘎子。平时冷眼看人，总对嘎子格外留心。这样天长日久，脑子里便蓄积了不少嘎事。"

"我搜集的这些事，并不一定是小孩干的，也可能是大人干的；不一定全是部队的事，也有老百姓干的事。"

如往老鸹窝里藏枪的，是抗战时深县县大队一个成年侦察员；给老乡堵烟囱的，是新中国成立后雄县一个合作社社长；用圪针扎自行车胎是徐光耀根据剧情需要设计出来的。

"瞪眼虎"虽称不上小兵张嘎的原型，但的确是徐光耀创作灵感的触发点。

在《徐光耀日记》中，这部作品最早的名字就叫《瞪眼虎》，当时他还在收集资料准备写作。

从20世纪90年代起，有人着意在赵县寻访那两个小侦察员。

经过多年努力，前年说是知道"瞪眼虎"是谁了，叫韩志诚，1928年生于赵县大马村，13岁成为赵县县大队侦察员，当时在赵县一带挺有名气，新中国成立后因照顾家庭离开部队回乡，学会了倒锡壶手艺，靠这手艺补贴家用，已于1999年去世。

张嘎是一个艺术形象，赵波、燕秀峰、韩志诚等都是他在现实中的依托。

抗战时当过雁翎队政委的马仲秋曾说，现实中没有小兵张嘎这个人，他是雁翎队队员的化身，像张嘎这样的人和事在抗战时期有很多。

"谁是小嘎子并不重要。"赵波生前曾告诉过王木头："小嘎子反映了一个时代的英雄形象，代表着民族不屈的精神。"

民族危难之际，赵波们以青涩年华以至新鲜生命书写救亡篇章，幸存者胜利后大都归于寻常，生儿育女，辛苦养家，在平淡中慢慢变老，成为你在村边遇见的普通老农。

那个男孩在银幕上的出现，如彗星般划开时空阻隔，让后人们看到了这些普通老农经历过的黑暗与闪亮。

三

这黑暗与闪亮也属于徐光耀。

因不甘当亡国奴，1938年他参加八路军，渡过白洋淀随军征战，转战太行山区和冀中平原，到1944年，他日记本上的统计，已打了72仗。《小兵张嘎》表现的抗战历史是他的亲身经历。

《小兵张嘎》故事背景是1942年"五一大扫荡"，徐光耀说："八年抗战中，这是最最'要命'的一场斗争了。敌人下最大决心拿最强兵力，做最细计划，用最阴狠手段，对冀中军民下了最恶毒的黑手，真是血雨腥风，九死一生啊。我抗日军民在敌人的大网中，左冲右突，'过了筛子过箩'，经受了人世罕见的魔劫，演出了无数悲壮的活剧，也确乎受了很大的损失，当时流传一句话'不死也得蜕层皮'，确实是真实写照。"

他的主要作品"无不脱胎于这场'大扫荡'"。

他在《平原烈火》中写道："一九四二年五月，冀中抗日根据地整个儿翻了一个过儿……五万鬼子兵进行大扫荡……端着刺刀，到处追着，赶着，把抗日群众从东村追到西村，又从西村追到东村。遍地是嘎嘎嘎咕咕咕的枪响，遍地是女人哭孩子叫，多少个英雄倒在血泊里。……冀中——模范的抗日根据地变了质，它的元气大大地受了损失。"

日军华北方面军向大本营报告战果时称：冀中军区受到毁灭性打击，八路军遗弃尸体9098具，俘虏5197人。

这虽有夸大之嫌，但中国抗日军民确实遭受巨大损失。冀中军区司令员吕正操当年9月致军委电中说，"扫荡"后根据地为敌细碎分割而控制，绝大部分地区已建立了敌之公开政权组织，我军只能以小部队隐蔽活动。

电影《小兵张嘎》开头是日军追捕八路军老钟，嘎子奶奶为掩护老钟牺牲的情节，依据的是真实历史，只不过当时冀中大地上实际发生的情形，要比电影上表现的残酷得多、壮烈得多。

《平原烈火》可以说是《小兵张嘎》的母本，两本小说中都有钱队长、石政委和姓罗的侦察员，《平原烈火》里写了小侦察员"瞪眼虎"在侦察、抓俘虏时机智灵活的表现，因不是主角，他的故事没有展开。

《平原烈火》的主角叫周铁汉，电影《小兵张嘎》中高潮戏是张嘎烧炮楼，类似情节在《平原烈火》中就有，当事人是周铁汉。

徐光耀一个朋友看了《平原烈火》后对他说："你那个'瞪眼虎'，开头表现还好，像是挺有戏的，怎么不凉不酸就拉倒了呢？"对此，徐光耀也觉得遗憾，"但这却为以后的'嘎子'，埋下了一株嫩芽。"

《平原烈火》所展示冀中平原上的斗争，比《小兵张嘎》里的有更多血腥与艰难，一开始就是九死一生的突围，其中周铁汉还亲手击毙了想投降的队员。

徐光耀说："《平原烈火》与其说是小说，还不如说是报告文学。除了人名地名是虚构的之外，别的也用不着虚构。战争就那么残酷，那么多人，那么多事，血与火，生与死，全挤在一起。"

纵使如此，真正的战场也难以全部真实地在作品中展现。

在《平原烈火》第43到44节写道，宁晋县大队配合石政委的31区队在孟村打了场伏击战，消灭了20多个鬼子。之后，31区队就到别处执行新任务去了，以后的章节中，石政委再没出现。

有研究者查阅《宁晋县抗日期间大事记》发现，这一时期没有与孟村伏击战类似的战斗，倒是有一场东朱家庄突围战，因汉奸出卖，31区队被优势敌军包围，政委石以铭和宁晋县长白云甫等50多人牺牲。在这之后，为了给烈士报仇，我公安部门抓住了相关特务、汉奸将其正法。

在当时反映冀中抗战的文艺作品中，我方的最高指挥员常是县长、县大队长，甚至更低，而在冀中军区战史上牺牲、被俘的军分区司令员都有，县一级的就更多了，蠡县曾有三任抗日县长连续牺牲。

这样的真实，对当时的文艺作品来说，确实难以全部表现。

对于近些年反映抗战的文艺作品，徐光耀曾说："我看过一些，但不多，看不下去。有些作品是太轻率、太假了，把一场残酷的战争游戏化了，当成了儿戏，很不严肃，误人不浅。若想写好抗战作品，就必须真实地反映那场战争，占有第一手材料，站在人类和人性的高度上，来思考这场战争，升华出让人类觉醒的意义，来告知世人：战争是个可诅咒的怪物，一定要记住这段历史，记住杀戮给人类带来的惨痛，记住为生存而战的民族精魂，从而开启出人的大爱之心，从而耸立民族精神，从而永葆世界和平。"

四

电影《小兵张嘎》中有个场景常被影迷称道。

张嘎跟着罗金宝去找区小队。镜头跟随主人公穿越复杂的院墙、房屋，视角舒适、空间感强、画面稳定、一气呵成，被认为完全超越了当时中国电影的表现手法，让人想起巴赞的长镜头和意大利的新现实主义。

这是电影在艺术上的成绩和突破，从内容上讲，也巧妙地表现出当时八路军在敌高压下坚持隐蔽斗争的实情。大部队被迫转战太行山区，但共产党人领导的抗日武装仍在冀中的长夜里顽强抗争，守望黎明。

徐光耀本人就是其中一员，"跟这儿的人民一起，共同度过了那血与火的残酷岁月。"

他说："我对在敌人眼皮下进行军事斗争的环境和斗争方式都非常熟悉，生活储存非常丰富。我所写的东西，不是靠采访、访问来完成的，而是我亲身经历的时代，我对那种斗争环境和斗争方式太熟悉了。"

"英雄故事，动人业绩，日日年年，层出不穷。昨天还并肩言笑，挽臂高歌，今天一颗子弹飞来，便成永诀。这虽司空见惯，却又痛裂肝肠……正是由于环境的过于紧张，大家把全部生命都集中在跟敌人的血战上，个人要求反而极少极少，即使像死后留名这样的事，人们都来不及顾及。"

徐光耀回忆说，一位战友曾和他在暗夜行军中悄悄私语时相约，不管谁先死，后死的一定要写篇悼文，以寄托哀思并昭告后人。"像这种约定，就算是'消极情绪'和'私心杂念'了。"

《小兵张嘎》的创作，就有对牺牲者的纪念。

徐光耀说："他们奋战一生，洒尽热血，图到了什么？又落下什么呢？简直什么也没有。有些人，甚至连葬在何处都不知道！……但是他们还是留下了，留下的是为民族自由、阶级翻身、人类解放的伟大实践，和那令鬼神感泣的崇高精神。是中华民族生存的支柱，前进的脊梁，是辉耀千古的民族骄傲。作为他们的同辈和战友，我是有责任把他们写出来的。"

徐光耀走上文学道路得到了陈企霞的鼓励和指导，几年后陈企霞成了所谓的"丁陈集团"的主角，徐光耀被牵连，也成了戴罪之身。

作为一个从小投身革命，在党的怀抱中成长起的英雄、作家，一下子成了"反党分子"，巨大的精神压力下，徐光耀几尽崩溃。

为转移注意力，他想到了创作。

这时"瞪眼虎"的形象出现在徐光耀眼前，"在他后面，还跟来往日英豪，少小伙伴，活跳热烈，一队人马，一时间，在我身前身后，军歌嘹亮，战火纷飞，人欢马叫，枪炮轰响，当年的战斗景象，不但占据了我的整个生活，甚至挤进了我的梦境。

为了给这跳跃的一群一个优美轻快的环境，又特地把故事背景选在了风光旖旎的白洋淀。"

在徐光耀刚开始创作这部作品时，名字是《瞪眼虎》或《刘故得儿》。

"故得儿"在雄县话里形容人聪明、善于出招，后来觉得这词有点偏，就改叫"嘎子"，在雄县方言里，"嘎"是调皮捣蛋、还有点儿可爱的意思，叫"张嘎"是因为姓张的普遍些。

那个淀边的嘎小子就这样从历史深处走出来，稚嫩身影背后是苦难而辉煌的记忆。

五

说到《小兵张嘎》，应该提到苏联电影《伊万的童年》。

这部电影拍摄于1962年，当年获威尼斯电影节金狮奖，导演安德烈·塔科夫斯基。

在内容上，两部影片都以二战中一个少年为主角，他因亲人被杀，主动参加抵抗军，成为侦察员，勇敢奋战。在形式上，水都是主要的表达元素。

但之所以要将伊万和张嘎联系起来，倒不是因为这些，而是因为《小兵张嘎》的拍摄和《伊万的童年》有关。

在当时的时代背景下，中国电影人拍摄这部儿童片有相比较展示水平的心愿。影片也得到了评论界的认可，认为和《伊万的童年》"对着干"，是意识形态上的一个胜利。

虽然《小兵张嘎》可以说代表了当时中国儿童电影的最高水平，但从现代电影艺术的角度拿它和《伊万的童年》相比意义不大，如同当时中国围棋手和日本围棋手比赛一样，不处在一个阶段。

后来，中国电影人的确凭一部抗战题材电影，拿下首个三大电影节大奖，是《红高粱》，已是25年以后。也在那一年，聂卫平执黑中盘战胜加藤正夫，中国队第三次取得了中日围棋擂台赛的胜利。

又29年过去，现在人们最关心的棋手已经是阿尔法狗了。

一个阶段有一个阶段的努力，一个阶段有一个阶段的精彩。

从观影体验和传播效果上看，《小兵张嘎》和《伊万的童年》，也可以说各有千秋。

《伊万的童年》是塔科夫斯基初出茅庐的作品，但以诗意逻辑替代情节联系的手法已显出魅力，四段温情梦境与阴郁现实穿插，诉说战争带来的扭曲。亲人遇难象征和平破碎，结局是主人公牺牲，表达对战争的批判。

《小兵张嘎》艺术手法上在当时的中国电影中有突破，有所创新的镜头表达和传统叙述结构配合圆熟。亲人遇难是主人公觉醒的起点，结局是成长和复仇，大团圆模式体现对正义的信心。

伊万虽是少年面孔，成熟冷峻一如成人，像是创作者否定战争的载体。

张嘎也经历苦难，但仍是个有血有肉，有稚气又淘气还在不断长大的男孩，电影脱胎于残酷现实，却具有了孩子带来的欢快。

两部电影都把大量的镜头给了水。

《伊万的童年》梦境中出现的水让人感觉平静、明亮，现实中沼泽的水，充满紧张压抑，特别是用船送伊万到敌后时的水景，有种莫名的恐怖。

《小兵张嘎》中水景具有较强的画面感和纪实色彩，不少人是通过这部电影第一次直观感受到白洋淀水乡风情。

在威尼斯，一座金狮，标志着《伊万的童年》得到了国际电影界认可。

而在中国，无数个影院、球场、打麦场、村边空地，亿万人的感动和欢笑，为《小兵张嘎》颁了奖。

在白洋淀，不乏张嘎的印迹。

在20世纪90年代，白洋淀刚开始进行旅游开发的时候，就有一个景区建了个嘎子宫。在一个现代建筑里建些塑像，弄上声光电的辅助，现在想来是有些粗糙简陋，但毕竟是将张嘎请到了现代人的眼前。

进入21世纪后，又有一个景区建起了嘎子村，是以嘎子命名的民俗旅游村，重现了抗战时冀中村落面貌，至今仍是人们到白洋淀旅游的主要去处之一。

村头用白色石雕定格着电影《小兵张嘎》中一个经典画面：嘎子站在碾台上，包着头巾，身穿短袖汗衫，左手叉腰，右手高高举起，双眼看向远方，正给伙伴们讲国际反法西斯斗争的大好形势。

村子里，农家土灰色的平房立在道路两边，屋外放着石磨、石碾，摆着编篓、蓑衣，满是淀里农家风情。家门边有嘎子家、胖墩家的招牌，撩开门帘走进一家，炕上一把蒲扇放在枕边，仿佛才刚被纳凉的人放下。

树荫下有几组塑像，演绎了电影里一些有名的场景：张嘎和罗金宝摆西瓜摊，引来日本翻译官；西瓜摊上，张嘎缴了日本翻译官的枪；张嘎在屋顶堵胖墩家的烟囱；张嘎和胖墩摔跤等。

来来往往的游人，不少选择在这些塑像前留影。或模仿塑像的动作，或加入自己的设计，引起阵阵欢笑。

如今，这些场景又成了近年推出情景剧《嘎子印象》中的桥段。这个情景剧是来白洋淀旅游者的一个新选择，也是附近村民一个新营生。村民们穿上当年的服装，重现着小说、电影里表现过的情节。

从简陋的塑像，到认真的石雕，再到真人扮演，在白洋淀，那个叫张嘎的男孩形象似乎越来越清晰，与此同时他承载的那份记忆也不该渐渐模糊。

我们不应忘记，张嘎身影中，有那已经远去的村边老农，有暗夜行走着的徐光耀和战友。

在那个烽火连天的时代，还是少年的他们和父兄一起承接并终结了命运给予他们的苦难，为后人开创并留下一片辉煌。

十分区

雄县和容城，抗战时期属于冀中军区十分区。

当年十分区的政委和司令员，旷伏兆、刘秉彦都安葬在雄县东北部的米家务烈士陵园。

这两位开国将军，1996年和1998年，先后归葬于此，履行战争年代的约定，在这片土地上，永远为人民"站岗"。

静穆的青松之下，他们陪伴着当年牺牲的战友。为了后人能够在这片土地自由地呼吸，这些烈士拼尽了自己的最后一滴血。

那段历史如歌如泣、荡气回肠。

一

《烈火金刚》《平原游击队》《敌后武工队》《地道战》《小兵张嘎》《平原枪声》等，人们熟悉的许多抗战文艺作品都出自冀中军区。

在我党领导的敌后抗日根据地中，冀中军区位于日军重兵包围之中，无险可守，曲折动人的文艺作品背后是用热血与生命书写的不屈与抗争。

十分区艰苦、复杂、残酷的程度，在冀中军区里是有名的。

十分区西到平汉路（今京广线）、东北到北宁路平津段（今京津线）、南临大清河、西南到白洋淀，还包括大兴、武清、固安、永清、安次、霸州等地。

"如果说冀中根据地是插入日寇指挥中心的一把利剑，而十分区则是这把利剑的尖端。"这里距被日军重兵据守的北平、天津、保定都太近了。

1937年"七七事变"前后，这一带属中共保东中心县委和保东特委领导，当时任县委和特委书记的张君回忆说："国民党大溃退，地方政府垮台，有钱的地主、士绅携财南逃，日寇步步深入，一时处于无政府状态，广大人民陷入水深火热之中。"

此时，中共中央派红军团长孟庆山从延安到冀中，在安新找到张君，传达了中央指示。根据中央精神，省委决定：党的领导同志和党员一律不能撤退，就地发动和武装群众开展游击战争。

由此，红旗引领下的抗争在冀中大地展开。

黄埔四期毕业的马载是十分区第一任地委书记，1984年，时任全国政协委员的他回忆说，1938年日军攻占武汉后回师华北，11月占领了十分区最后一个县城霸州，开始对十分区惨无人道的扫荡和围剿。

"从1939年起，地委机关集中在一起就很困难了，我们采取开会集中不开会分散活动，各自有各自的工作地区，都有自己的堡垒户，以后发展到各自有各自的地洞、掩体和夹壁墙，以此做掩护，开展各项抗战工作。敌人无法抓住我抗日工作人员，有时即使抓到，也有老百姓出面认儿子、女儿等方式脱险。"

1940年，十分区境内日军增加到6400多人、伪军7800人，建有碉堡

❶ 人们到雄县米家务烈士陵园拜谒。

❷ 雄县米家务烈士陵园旷伏兆墓。

❸ 雄县米家务烈士陵园刘秉彦墓。

❹ 雄县米家务烈士陵园内纪念碑。

❺ 雄县米家务烈士陵园内关于杨沫的介绍。

（2015年摄）

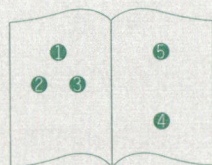

冀中十分区无名烈士家园陵园烈士纪念碑

马建民（曾任十分区抗联主任）、杨沫
（曾任十分区妇救会宣传部长、十地委
《黎明报》编辑）夫妇1950年合影。
他们曾在米家务一带长期坚持抗战斗争。
杨沫以1945年5月雄县小芦昝地道战
为素材，写成小说《七天》。

200多个，占当时冀中碉堡总数的38%。日军修建公路网，进行分割、蚕食，敌人白天修路，我方晚上去挖，反复进行斗争。

刘秉彦时任分区主力32团团长，他回忆说："夜晚行军的时候，不管大小队伍不会惹起狗叫。打狗形成了运动，所有的狗都打死了，免得它们给敌人报告我军转移的方向和宿营地点。……这不仅是狗的厄运，而是人民要牺牲一切，只要对消灭敌寇有利。"

1941年4月，日军对十分区发动全面进攻。马载说，我方"到处转移，到处都碰上敌人，分区工作到哪里，敌人就追击到哪里，斗争更加残酷更加激烈。固安县委书记杨杰在战斗中牺牲，新城县委书记马子玉被捕。""新城县县长王星、县委组织部长郑图光和雄县组织部长路光等同志牺牲。"

6月，日军华北派遣军最高指挥官多田骏指挥两万日伪军，对十分区进行连续扫荡。先用重兵从外线将十分区全部封锁，然后采取拉大网战术，从高碑店到徐水一线，手拉手向东拉，到大清河西岸再返回来，像梳子梳头一样，反复进行清剿。

6月18日，马载带领分区机关和部队700多人，在容城与安新交界被优势敌军包围，奋死拼战，终因力量悬殊，当场牺牲300多人，马载率一部突出重围进入白洋淀苇塘中。

11月，十分区司令员朱占魁率部在清苑被日军包围，朱占魁被俘，同时被俘的还有冀中军区后勤部长王文波。

这次扫荡可以说是一年后在冀中进行了"五一大扫荡"的预演，日军首先对位于平津保三角地带的十分区进行突破，实行点、堡、路、沟、墙五位一体的"囚笼政策"，把每个村庄都置于火力网控制下，并建立起伪保甲制度和情报员制度，组成伪自卫团，昼夜巡逻，发现我军立即鸣锣打鼓，宣称"窝藏与掩护八路者杀无赦"。敌人高压之下，根据地变成了敌占区，但我党领导的抗日力量仍在顽强坚守。

当时在十分区坚守的曹曲水，曾以诗纪录那些难忘岁月："清剿扫荡无宁日，烧杀状惨绝人寰。碉堡如林人抑郁，沟壕似网路艰难。夜搜昼捕情何急，百死千生志更坚。暮宿寒林秋霜重，行军雪地晓星残。三餐难觅常枵腹，九月秋风衣尚单。"

二

这一时期，后来以小说《青春之歌》闻名的作家杨沫，任十分区妇救会宣传部长。

老鬼作品《母亲杨沫》中，在《战火中锤炼》一章较详细介绍了杨沫当时的经历和心路。

"她曾亲眼目睹叛变投敌的霸县县大队副大队长将丈夫抓走；她为躲避鬼子搜捕钻进狭小的炕洞里，几乎闷死；重病中，她曾被地主房东的儿子调戏过；还曾冒险藏在一卷苇席里，从鬼子眼皮底下溜了过去……"

"所谓战火的锤炼其实就是死亡的锤炼。死神的影子总在母亲身边飞舞。"

在十分区，牺牲是经常发生的。仅以《容城县志.大事记》1941年记载为例：1月20日，沟市村抗日自卫队花名册落入敌手，90多人被抓，青救会主任赵仲科、小队长杨大明等12人被杀；4月4日，区小队在古贤村被围，敌人杀害群众两人；同月，29团一个连在郭村被围，伤亡11人；5月1日，日军在平王村杀8人，在李小庄杀4人，在昝村杀1人；同月，回民支队在黑龙口和日军作战，伤亡5人，日军又杀害群众31人；6月，十分区机关和部队700多人被敌合围，300多人牺牲；11

月，县委召开会议时被围，县委副书记许民等25人牺牲……

对于亲历者来说，那些熟悉的人一个个猝然而去，是怎样的打击和磨练。

杨沫在《一块小怀表》里记录了一段往事：一次，雄县某区区长王泰见到她，拿出块精致的小怀表，笑着说："老杨呀，你看这玩意儿稀罕吧，送给你掌握时间吧，别起晚了，叫敌人逮住。"那是他缴获敌人的战利品。

杨沫当时非常感谢。没想到几天之后，这怀表就成了王泰留给她的遗物。1942年4月5日，王泰被包围在雄县马浒村村边的一个磨棚里，他坚持抵抗，最后敌人放火，王泰在烈火中永生。

老鬼写道："虽然战争环境经常有人牺牲，可听到王泰牺牲的消息后，母亲还是感到晴天霹雳，像被电击中一样，愣了好一会儿。因王泰原来当过教师，有文化，看了很多书，很能跟母亲说到一块。他死得又那么英勇壮烈，让母亲万分悲痛，久久不能平静。她把这块小怀表一直保存，到最后根本不能走了，还舍不得扔（现存中国现代文学馆）。"

固安县抗联主任谭杰，被捕后宁死不屈，用吃饭的筷子穿到自己的耳朵里，撞墙牺牲。永清县县长胡春航受伤被俘，敌人用担架抬着他回去，路上他自己撕碎衣服，将布片堵塞喉咙，窒息而死。

这些都是杨沫熟悉的战友，平时普普通通，死得鬼神震惊。老鬼说："母亲听说了之后，数日食之无味，夜不能寐。……这种种发生在身边的事情让母亲震撼，让母亲刻骨铭心。烈士的鲜血洗礼了母亲的灵魂。她曾反复质问自己，如果换了自己，能否像牺牲的同志那样视死如归？她在日记中坦率承认自己有点怕死，特别是怕腐烂的尸体，臭烘烘的。但身边那些勇敢献身的人又激励着她，正视自己的软弱，克服自己的软弱。"

杨沫曾写道："我的战友，我的同志，他们牺牲的时候都不过20多岁，他们一直活在我的心头——在我的心头矗立着一座丰碑。现在，我要把我身上的丰碑搬出来，搬到广大人民群众的面前，叫后世人民永远记住这些英勇献身的同志们。"

她写下了好几个战友的事迹：新城县县长杨铁被敌人堵在地道里，打死一名敌人后，开枪自尽，头颅被敌人割下挂在城头示众。分区敌工部副部长李守正，喜欢文学，被敌人包围在一所房内，战斗到最后一颗子弹，饮弹自尽。曲阳县妇救会宣传部长任霄，南方人，喜欢写诗，被俘后，用衣服拧成绳子，结束了自己年轻的生命。

胡春航自尽后，十分区为他开追悼会，会上他的父亲讲话，慷慨激昂，表示要"父承子业"，和日寇拼到底。

杨沫在《苇塘纪事》中写道："冀中在敌我斗争最残酷的那些年月，我们十分区曾有许多同志两年没见过太阳……我们不是单纯的坚壁、隐藏。白天，是敌伪血腥统治的世界。一到夜晚，世界就翻过来了……我们隐蔽了一天的同志们，开始走到街上，走到各村，给老百姓解决问题……同志们都是一干一个通宵。"

马载回忆说："拉大网后，十分区大部队武装斗争不能进行了，小部队活动也困难了，可是三、两人的武装活动还是能坚持的。……十分区干部以三、两人的武装神出鬼没活动，打击极坏者具有丰富的经验。"

三

刘秉彦是与雄安相邻的蠡县人，1915年出生，抗战前参加过"左翼作家联盟"，是北京大学英文系学生， 1937年投笔从戎，同年加入中国共产党。在十分区历任主力团团长、分区参谋长，1942年7月起任十分区司令员。

旷伏兆来自江西永新，1914年出生，10岁时到邻村裁缝店当学徒。1933年3月参加中国工农红军，同年入党。经历长征后，到冀中抗日，曾任一分区和警备旅政委。1943年2月任十分区政委兼地委书记。

一个北大出身的文艺青年，一个井冈山走出的红军战士，两个不到三十岁的共产党员，并肩担起了在平津保腹地星火燎原的重任。

那正是十分区黎明前最黑暗的时刻。

旷伏兆回忆说："在腥风血雨的日子里，主力团每团人数最多只剩下几百人，被迫转移到其他邻近地区，县乡武装大部垮掉了。县以下党政群众组织大部分被摧毁，留下一些党员和干部，只能在田野沟渠里依靠群众的掩护和帮助暂时隐蔽起来。有个干部带着仅有的一只手枪，用伤残的身体在青纱帐里辗转爬行两个月，不能进入村庄。他们历尽千难万险，仍然披肝沥胆，坚忍不拔，以无比坚定的信念，顽强坚持着斗争，争取胜利的明天。"

1943年6月，十分区在白洋淀大苇塘召开地委扩大会议，旷伏兆、刘秉彦提出开展以武装斗争为主、各种形式相结合的总体战。

旷伏兆说，如果没有积极的武装斗争，过于强调隐蔽，就会成为单纯的躲藏，只能被动挨打，不仅不能打击敌人，甚至不能有效保存自己，更谈不上恢复根据地。而且没有武装斗争和武装力量的支持，就难以争取中间力量向我靠拢。

日军在平、津、保驻有重兵，到十分区中心不过三小时，且四处碉堡林立。这就要求我军在战术上有更大的机动性、灵活性和突然性。结合大扫荡后的实践，以挑帘战、单打一、伏击、奔袭等灵活战术为代表的武装斗争，在敌人重兵占领的十分区展开了。

挑帘战，是在敌人掀开门帘时，藏在屋里的我军冷不防向敌开枪。现在看起来似乎没有多么高妙，在当时很有效。

敌实行强化治安，强迫抗属昼夜不准关门，并在门口悬挂红灯，以随时搜查，给我军民造成很大压力。一次，永清县青救会主任郝佩藏在里屋，放下门帘，日军小队长挑帘要进，他当即开枪将敌击毙，乘机跳窗脱身。挑帘战在十分区推开，使向来大大咧咧走村串户的敌人有了顾忌，一些为我掌握的伪乡保长也借题发挥，吓唬日伪军"你们到处乱闯，碰上八路我可保不了你的险。"

单打一，选民愤大的日军和汉奸，派孤胆英雄在集日、红白事时寻机杀敌，既"首恶必办"而又不过多暴露自己。

抗战红色文艺中有不少传奇的英雄故事，这在十分区有不少真实事例。新城八羊庄日军班长田中武夫无恶不作，旷伏兆派警卫员王惠，利用他集日下楼买熟肉之际，将其击毙。雄县瞀岗据点伪情报主任李三作恶多端，分区手枪队司纪康在集市上把他打死。处死敌人后，有条件就散发传单布告，既提振了群众的信心，也震慑了敌伪。

伏击战，是摸清敌人行动规律，设伏打击。我军得悉日军组织了一支快速部队，全部配备了自行车，想机动打击我军。刘秉彦亲自指挥在瑚琏店设伏，消灭了这支日军。胜芳伪军柳小五部很猖狂，附近电话线一被破坏就出动报复。刘秉彦率部以破坏电话线诱敌，打伤俘虏伪军80多人。

奔袭，是了解敌情，有可靠向导情况下，乘敌不备，远距离奔袭敌人。1943年8月，为配合我即将进行的夏季攻势，声东击西转移敌人注意力，刘秉彦、旷伏兆率分区武装3个连，利用青纱帐，经一夜急行军，长途奔袭了津西重镇杨柳青，袭击了伪警察署，生俘伪军200多人，缴获长短枪200余支，对俘虏全部教育释放，震动天津。

十分区随后开展了两个多月的"夏季攻势"，作战78次，毙、伤、俘日伪军648名，攻克据点17个。

到1944年上半年，十分区大片村庄已转变为我游击根据地，各项工作大体恢复到大扫荡前的局面。

刘秉彦说："'游击战'是以武装斗争，结合其他各种斗争的总概念。只有懂得了它，才能积蓄力量，休养生息，才能持久地消耗敌人，积小胜为大胜，也才能逐步地转变敌我优劣，为反攻创造条件。"

四

刘秉彦回忆文章《在点线间》中有一节，名为"红、黄、兰、白、黑"。

这五种颜色代表抗战时在十分区长期存在的五种势力。"红"是共产党领导的八路军；"黄"指日军；"兰"是汪精卫政府的国民党伪军；"白"是带白领章的本地伪军，俗称"白脖"；"黑"是指绿林武装。

在各色武装错综复杂的情况下，我方以打击"黄色"日军为目的，改造和利用"黑色"绿林武装，争取和中立"白色"伪军、瓦解"兰色"伪军。

分区选派得力干部进入绿林武装，将之改造成接受我党领导的武装，但它成员复杂、纪律松弛，不同于我们自己的部队，当时被称为"外围军"。

刘秉彦说："虽然'外围军'成分复杂，对我根据地有一定的破坏性，但它是抗日的……在争取教育和改造土匪武装、争取瓦解伪军中，曾起到了当时我正规军无法起到的作用，并成为十分区整个武装斗争不可缺少的一个组织部分。"

分区对"外围军"约法三章：一是掩护我工作人员，不准在自己活动地区绑票作案；二是到敌占区去惩办汉奸和敌特；三是听从命令，服从指挥，开展对伪军工作。同时通过培训其干部，发展共产党员，建立党组织和政治工作制度等办法，提高"外围军"的政治素质。这些努力被称为"豁达大度，有容人之量，有用人之能，有除恶之道"。1944年到1945年，经过彻底改造和历练，外围军顺利编入主力部队。

大扫荡以后，日军以重兵求得面上的占领，大量增建据点，不得不借助伪军。再加上太平洋战争爆发后，日军为解决战线长兵力不足问题，逐渐从平津保三角地区抽调日军，这使得伪军在敌人兵力中所占比例由"大扫荡"之前的55%上升到80%。

在敌强我弱的情况下，争取和瓦解"白"、"兰"两色伪军，成为十分区的重要工作之一。各级地方党委都设立了敌工部，区委设敌工委员。针对伪军们的不同特点，采取了不同的斗争手段，一般采用的方法是：打拉结合，对那些坚决与我为敌者，就坚决打；对动摇者则侧重于拉；或拉中有打、打中有拉；或先争取，争取无效再打；或先打一下，给他一个下马威，叫他们知道八路军的厉害，镇服了再拉；有的则拉上促下，或拉下促上，上下配合一起拉；有的是采取对上打，对下拉；或对这一部分打，对那一部分拉。

"白色"当地伪军都是当地人，和社会各阶层有千丝万缕的联系，我方就通过这些社会关系给他们做工作。如李保伦、黄锡标等原是土匪出身，没有政治头脑，只图吃喝玩乐，哪边风大随哪边，分区民运科长刘广钰利用社会关系打开门路，和他们部队里上上下下都建立了联系，后来，在他们的防区内，我们的部队和抗日工作人员可以随意出入。

"兰色"汪记伪军都是外乡人，当地没有什么社会关系可以利用，且集中驻扎，管理正规，难以接近。我方开始时主要是通过写标语、撒传单、火线喊话等方式，设法瓦解。1944年秋，争取到一名姓郭的机枪手携机枪投诚，就在距敌据点较近的村庄开大会，通知周围各村联络员和伪属参加，当场发给投诚伪军奖金，并公布凡伪军携枪械弹药投诚者的奖励标准，扩大影响。

为争取地方各种力量的支持，旷伏兆到十分区不久，派专署秘书主任程业（马健民，杨沫丈夫）同白洋淀东48村一带最有影响的高氏兄弟高万亭、高万秋、高万峰取得联系。利用高家影响开展统战工作，与48村的许多伪大乡长、联保主任、保长等建立联系，逐步地把伪大乡长、保甲组织等争取过来，把伪政权改造为"白皮红心"两面政权，将48村开辟出来，成为十分区恢复根据地的站脚之地。

旷伏兆回忆说："争取千百万群众进入抗日民族统一战线，是我党在抗日时期的基本方针，我十分区靠近敌人统治中心，敌强我弱的局面长期存在……如果不尽可能把一切可以争取的抗日力量吸引并团结在我们周围共同对敌，我们就站不住脚。"

五

米家务在1943年8月成为十分区党政机关所在地，1985年这里建了烈士陵园，曾任河北省省长的刘秉彦和曾任铁道兵第二政委的旷伏兆一起来这里为陵园揭幕。

十多年后，他们归葬这个陵园，完成夙愿。当年他们有个战友叫任子木，在米家务时任作战参谋。在一次战斗中任子木负伤，当时伤口疼痛并不剧烈，大家准备次日送他去做手术。晚上刘秉彦和旷伏兆守着任子木。多年以后，刘秉彦回忆道："夜蒙蒙亮，我叫任子木起床，连叫了几声，不见他答应，便伸手去摸他的手。一摸，我吓了一跳，任子木同志的手和全身已经冰凉了。"

二人把任子木安葬后约定：死后要埋在平津保三角地带，和牺牲的战友一起，为人民"站岗"。1996年旷伏兆逝世，如约将骨灰安葬在米家务，两年后刘秉彦的骨灰也在离旷伏兆墓几米远的地方安葬。

在这个陵园里安息的还有米家务地道战中遇难的军民，那是十分区抗战中最后一次惨烈的战斗。

十分区是抗日地道战的发源地之一。旷伏兆到十分区第二天就突然遇敌，被当地人藏到鸡窝下面的小地洞里。这种洞俗称"蛤蟆蹲"，只能容纳一个人，旷伏兆握着手枪，提心吊胆地躲了三个小时才脱险。他深感这样躲藏太被动，应让"蛤蟆蹲"变成多口出入、能走能打的地道。

刘秉彦很赞同他的想法，他们制作"战斗地道设计图"，派任子木在米家务进行试点挖掘，建成了能打、能走、能攻、能守的战斗地道，被称为"天（房上）、地（地面）、阴（地下）"三通的战斗堡垒。之后，这种地道在全分区推开。

在这前后，冀中军区也全面推广地道战，不完全统计，1944年整个冀中抗战地道总计长达6000多公里。

十分区战斗地道建成后，很快发挥作用。一次，日军一个大队和伪治安军一个团到雄县宫井营一带扫荡，我军民利用地道开展村落战，击毙日军大队长等30多人。

多次小规模扫荡失败后，1945年5月，日伪军纠集了6000多人，发动了针对十分区中心米家务一带的扫荡。刘秉彦、旷伏兆得报后，立即布置各单位在本地打地道战。

距米家务两三公里的小芦咎村当时是十分区武委会和城工部所在地，成了日伪军的第一个目标，武委会主任朱泽民指挥了这里的地道战。

李贺臣当时是朱泽民的警卫员，他回忆说，23日起，日军围攻小芦咎村，先用迫击炮轰炸，进村后用机枪扫射，再用门板、柴火秸或砖堵住我军射击孔，然后在汉奸引导下把地道分段挖掘，挖开大口子用门板插上放毒气，一段一段抓人。我军在地道里开机枪，土落在枪栓上，就拉不开栓了。

我军坚持战斗4昼夜，敌人伤亡100多人，但地道被日军破坏。据村民杨德修回忆，日军把自己成堆的死尸在村南架起来烧了，我700多名军民因中毒昏迷被捕。分区城工部长穆占祺等22人牺牲。城工部干部佟嘉力在地道里藏了7天侥幸脱险，杨沫根据他的讲述写了《七天》，记述了他在地道里无水无粮，不得不喝尿、吃开始腐烂的死猪肉等经历。

朱泽民率李贺臣等突围到米家务，参加了刘秉彦、旷伏兆指挥的米家务地道战，从5月27日到5月31日，击毙日伪军60多人，俘虏伪军94人，我方71名军民遇害。

李贺臣记得，刘秉彦对这次地道战进行总结后说："日伪军现在已经龟缩到了几个县城和大的据点里去了。我们十分区所有的部队，从现在起要对日伪军进行主动进攻。"

从那以后，就主要是我军的出击战了。两个多月后，日本投降。十分区部队沿津霸公路，一路昂首高歌，挺进天津。

作家秦兆阳当年在十分区战斗生活过，他也参加了米家务烈士陵园揭幕式，当场作画《傲雪梅花图》并题诗"若非一条寒彻骨，怎得梅花遍地开。"

米家务烈士陵园纪念碑碑文中写道：我们叫不出烈士的全部名字，但是我们知道他们为了千千万万的母亲和子孙后代作出了巨大贡献。战争的胜利，标志着中国历史上一段暗无天日的旧时代的终结。先烈的光辉事迹，激励我们走向富饶。江山自有烈士业，应领风骚百万年。

烈士的鲜血化入泥土，期待后人在这片土地上绽放出更美丽的花朵。

"高粱"红了

"高粱举起了红缨枪，豆角把了弹推上膛，玉米秆抡起了手榴弹，山药蛋布下地雷网。鬼子胆敢来进犯，叫他乖乖见阎王……"

这是抗战时期在河北敌后抗日根据地流传的一首歌谣。

在广袤的华北平原上，世代在黄土地上耕作的农民，如高粱、如玉米，根植于这片土地，只要有阳光和雨水，便默默地生存、繁衍。侵略者的铁蹄蹂躏了他们的土地，也践踏着他们的生命。

政府军队败退，地方官员逃走，为了家园和生存，他们被迫举起了红缨枪，在共产党人的帮助和指导下，与强敌拼争。这些农民的觉醒和成长，改变了他们自己的命运，也影响着现代中国的走向。

长篇小说《新儿女英雄传》作者袁静说："小说以河北省安新县为背景，采访的干部都是在安新县成长起来的，如县委书记张复生、武装部长张智、区长张健、妇会主任马淑芳……这些人原来都是普普通通的农民，在共产党的教育培养下，成了抗日英雄。"

这部作品画出了一组农民英雄群像，真实地记录了他们从草莽到新政权柱石的成长经过，也留下了雄安这片热土走向红色世界的一个侧影。

一

《新儿女英雄传》曾风行一时，现在已不大被提及，但它是一部值得关注的作品，不仅在文学史上有自己的地位和价值，从解读雄安新区红色底蕴的角度来说，也堪称一个经典范本。

这部小说最初连载于《人民日报》1949年5月25日至7月12日的文艺版上，1949年9月由海燕书店正式出版，从发表时间上说，可称新中国红色文学的开山之作。

1952年由沙博理翻译成英文在美国出版，成为第一部向世界介绍"红色中国"的小说。

1956年由人民文学出版社再版，是20世纪50年代发行量最大的小说之一，还被拍成电影、电视剧，编成评书、连环画广为流传。

小说的作者袁静和孔厥抗战后从延安来到冀中，着手以文艺大众化为目标，写一部反映冀中抗战的长篇小说。1948年他们到白洋淀实地采访，通过对大量当事人的访问，掌握了安新县抗战时期大量的第一手材料。运用传统章回体小说的形式，表现了白洋淀抗日斗争整个过程，从一个局部反映出抗战中冀中地区的军事政治斗争和社会发展变迁的面貌。被称为传奇色彩浓厚，故事紧张生动，有深郁乡土气息，是运用旧小说形式反映革命斗争的典范。

小说的男一号叫牛大水。开篇第一句是："牛大水二十一了，还没娶媳妇。"（据海燕版，几年后的人民版改为二十三岁）最后结尾的一句是："天明了，城头飘扬着鲜艳的红旗。"

从诉说个人生活开始，到介绍时代变迁结束，这部16万字的小说，细致地刻画出主人公从量变到质变的过程，也全景式地展现了白

孔厥，江苏吴县人，原名郑云鹏，又名 ，后改名为
静，原籍江苏省武进县，生于北京。原名袁行庄。1948 年，孔厥、袁
静来到安新县，二人共同列出写作提纲，由袁静执笔写成初稿，孔厥
加以修改，写出了反映白洋淀人民在中国共产党领导下坚持长期抗日
斗争的长篇小说《新儿女英雄传》，于 1949 年 5 月 25 至 7 月 22
日在《人民日报》首次连载，后又出版单行本。1950 年改编为同名
电影，在全国产生很大影响。

❶ 安新县白洋淀雁翎队纪念馆内关于《新儿女英雄传》的介绍。

（2017年7月30日摄）

❷ 安新县白洋淀雁翎队纪念馆内介绍安新抗战中成长起的人物。

（2017年7月30日摄）

❸ 安新县白洋淀雁翎队纪念馆内介绍安新抗战中成长起的人物。

（2017年7月30日摄）

❹ 雄县米家务烈士陵园内纪念碑亭。　　　　　　　（2015年摄）

❺ 容城县北河照村抗日烈士纪念碑。　　　（2017年7月29日摄）

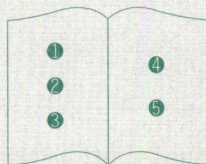

洋淀地区在那场民族战争中经历社会动荡和嬗变。

牛大水是白洋淀边一个普通农民，壮实、能干活，可是穷，娶不上媳妇。"七七事变"的烽火改变了白洋淀，也改变了他的人生。

小说里具体描绘出他入党、受训、当干部……逐渐成为地方政府和武装力量骨干的过程。

牛大水被组织看中被发展为党员时，他只是个觉得"当亡国奴不好受"的农民，对政党、武装一窍不通，让他去运武器时还惦记着地里的活，不愿去。被问起共产主义好不好，首先担心自己的五亩地会不会被共产（海燕版，后来人民版删改了）。

身边党员黑老蔡、双喜等的榜样作用，让他相信共产党是干好事的，表示："星星跟着月亮走，我就跟着你们学，你们怎么着，我也怎么着。"

入党后被安排受训，牛大水一开始也犯嘀咕，怕训完了被派到远处工作，抛家舍业的，不大想去。

刚受训时，听不懂长征老干部的南方口音，不识字也不能作记录，讨论时总不发言。后来硬着头皮听，又努力识字，小组讨论时"下决心发言，憋出一身汗，前言不搭后语，结结巴巴说了一泼滩。"又因为私自出去买烟，被党小组开会批评。也有抵触情绪，在组织教育帮助下，慢慢想通，接受了批评，认识到"在了党，可就有了主心骨。"

受完训，认识了200多个字，回村当了农会主任，开始领导几个村的武装。第一次率队去包围几个汉奸，因为过分紧张和分头包抄的自己人先开了火，让敌人跑了。第二次困住几个伪军，敌人向外跑时手忙脚乱枪栓都没拉开，开了枪的队友打伤自己人。感到自己"带不了兵，打不了仗，怎么干呀？"

经过上级组织有效的帮助指导，牛大水成长起来了，知道怎样从制定纪律入手带队伍了。

到小说最后一回，牛大水已经是连指导员，在战斗前作了一次讲话："同志们！今晚上出发，谁也不许抽烟咳嗽，随便讲话。前面尖兵听到什么动静，要随时注意征候，判断情况，应该好好儿锻炼侦察搜索。另一方面，有事儿不准大惊小怪。不论发生什么情况，都得镇静沉着，不要张三喊李四叫的。外围瞅见什么，不准随便打枪，免得暴露目标。同志们，最后胜利就在眼前，朱总司令发布了命令，叫咱们勇敢，勇敢，再勇敢！我们每一个人都要响应他的号召，不怕牺牲，坚决完成任务！"

从那个小组讨论都不敢发言的大老粗，到从细节到大局都讲得头头是道的指挥员，牛大水的成长经历，记录了那个时代冀中农民在历史表演场上从局促到从容的蝶变。

和牛大水形象呼应的是女一号杨小梅，她的成长经历大同小异，也是经组织培养、斗争磨炼的从一个目不识丁、婚姻不幸的村姑成长为一名妇女干部。

与他俩相对照的是反一号，杨小梅的第一个丈夫张金龙，也曾参加革命，胆大枪法准，有过战功，但本身贪财好色，有较浓厚的地痞流氓色彩，最终走向了革命的对立面，成为汉奸，拒不投降，被击毙。

牛大水和杨小梅的蝶变与张金龙的沉沦，折射着抗战时期红色力量在雄安一带逐步壮大的历程，有真实的历史背景和充足的史实依据。

二

《新儿女英雄传》情节从1937年"七七事变"展开。

"保定失守。日本飞机天天来头上转，城里掉了几个蛋，大官们携金带银，小官们拔锅卷席的，都跑了。"

"秋后，土匪闹大了。这一带好些村子都有了土匪，各自安了番号。"

"天天向各村要东西，要面八百斤，要肉八百斤，要油要醋……要什么都是八百斤。老百姓说：'八百斤，八百斤，剥了皮，抽了筋！'"

日寇入侵，国军败退，土匪横行乡野，百姓苦不堪言。此时，共产党人留了下来。

从延安来的孟庆山带人到安新县北冯、关城、东留果庄等村开办培训班，讲授游击战术，培养武装骨干。

在共产党领导下，吕正操部从败退的东北军中脱离出来，在冀中打出抗日旗号，派连长于权伸带队到安新和地方党一起发展抗日力量。

小说中，牛大水的表哥黑老蔡是共产党员，抗战后回到家乡发动牛大水等人抗日。

"十月，吕正操将军的队伍来了，在南边，离这有一站路。大水邻舍有个李二叔，赶高阳集卖布回来，说：'红军来了！'……穿的粗布，吃的小米，打日本，爱百姓，把那一带的土匪收的收，剿的剿了。"

"只几天工夫，黑老蔡就暗地里联络了十来个小伙子，天天晚上在学堂开会，把'抗日自卫队'的牌子也亮出去了。"

在吕正操部的支持下，当地的土匪武装也接受了领导。

这是对白洋淀地区抗战过程的艺术化表现。牛大水被动员起来参加抗日活动、接受组织培训、建立民兵武装、逐渐成长进步等都有当时的具体史实基础。如为帮助牛大水训练民兵上级派来了冯国标，是原东北军的排长，当时吕正操派人来支持安新地方武装。

老雁翎队员的回忆也可印证牛大水们的成长经历。如孙革是白洋淀猎户出身，17岁参加雁翎队，18岁入党，当时他还不会写字，在别人帮助下填写了入党申请表。

在艰苦的战争环境中，中共安新县三区区委先后派小学教员刘玉飞、张琦、张杰等到雁翎队任文化教员，教队员识字，课本是抗日根据地政府编写的《识字课本》。还组织他们进行政治课学习，学习《论持久战》《红军二万五千里长征》《三大纪律，八项注意》和国际形势等。

孙革记得，他们常在船上学，几十年后，他仍对那些油印的文字记忆犹新。

小说中，牛大水带领民兵战斗，一开始仗也打得很难看，在黑老蔡的指导帮助下，逐渐成熟起来。

这也是白洋淀抗日武装真实的发展过程。雁翎队成立初期，缺乏战斗经验，几场战斗中都出现不少失误，造成不必要伤亡。

据老雁翎队员回忆，上级组织他们进行严格的军事操练，把浮水、踩水、潜泳、划船、射击等训练，列为必修课。针对敌情制作了敌人靶子船，进行实弹射击，并将距离、船速随时变更，要求不断提高射击命中率。

在实战经验中，演习主攻、侧攻、追击、包抄等各种战术，用旗语指挥，提高集体作战水平。还针对作战需要，将白洋淀的泊、河、流、沟、汊（包括暗河、暗沟）绘成图，请有经验的老同志给队员讲授地理课。

新中国成立后曾任新华社副社长的石少华，当时曾在白洋淀和雁翎队员一起生活战斗，他的照相机不仅拍摄下了雁翎队战斗的场面，也将他们训练、学习的场景留存下来，给后人纪录了那个年代里，一群目不识丁农民在战火中历练成长的现场信息。

"高粱举起红缨枪"，张扬着一种不屈的精神，但只靠这精神还不足以打败强敌。

一方面是在战火中历练成长，另一方面是从识字开始，政治、军事、文化多方面的教育和培养，这使得举起了红缨枪的"高粱"们，逐渐成为民族战争和复兴的支柱。

三

牛大水和杨小梅都有原型人物。

袁静曾说，小说里的事"都有事实的根据，不过是加以综合发展才成了现在这个样子。特别因为我们的生活经验不够，更不敢随便加以想象。素材不够的时候，我们就到群众里面去补充。"

对于牛大水，她说："他在'生死关头'里的英勇斗争和不屈不挠的牺牲精神，就是一位优秀干部的亲身经历。他从那以后改名为张复生……当然牛大水的故事不只是张复生一个人的经历，还概括了一些旁的同志的经历。"

对于杨小梅，她说："也是根据几个性格相仿的女同志集中起来写的。她的模特儿，有的还在当地工作，有的已经南下，有的已经牺牲了。"

抗战胜利后，历经磨难的牛大水、杨小梅已经成长为新政权的支柱力量，如袁静所说，他们有的在当地组织乡亲们开始新的征程，有的作为南下干部到新开辟的红色土地上去耕耘。

几十年后，作为小说的原型人物，他们又被媒体寻访发现。

从河南省南阳市妇联主任位置上离休的张惠忠被称为杨小梅的原型之一。

据报道，抗战时，13岁的张惠忠就在冀中平原上参加了血与火的战斗，从一个农村女孩成长为妇联干部，练就了双手打枪的本领，被四邻八村称为"双枪女妇联"，亲手击毙过日本兵。抗战后，曾到中央党校学习，后来奉命南下，先后到许昌、南阳等地工作。

对于在几十年后拍摄的电视剧《新儿女英雄传》，老人说："大部分都像，也有不像的。"比如电视上的人伸着胳膊把枪对着敌人喊：不许动！那不像。人家上前一步、一脚踢到你手腕上，枪就握不住了，应该把枪贴在身边再喊，这才真实。

与真实比起来文艺作品总是有局限的。

袁静说："当时冀中的对敌斗争实际上还伟大得多，我们因为能力限制，所反映的不过是现实的千分之一、万分之一罢了。有些事情看起来或许像'奇迹'，实际上人世的英雄们的确创造了无数奇迹。在共产党、毛主席领导下，奇迹是太多了。"

她和孔厥是想从全景上反映这些奇迹的，她在作品后记中写道："1937年，日本帝国主义全部现代化武装倾巢来犯，我们却只有少量'小米加步枪'，敌我力量如此悬殊，是不可否认的。但几年一过，共产党和他领导的军队、人民群众越战越勇，越战力量越大。……中国共产党领导的抗日战争，怎么这么快就取得了胜利呢？长篇小说《新儿女英雄传》的主题思想是回答这个问题的。……我们深入农村，唤醒农民，教育农民，用拿锄把子的手拿枪杆子，从战争中学会打仗，从工作中提高觉悟……"

他们在广泛采访，掌握整体情况基础上，把主题思想和故事结构酝酿、商量好了。"还把白洋淀一带八年抗战的大事列了个年表。"

正是这样的努力，让作品尽可能记录下了在雄安，红色奇迹产生的那些历史性时刻。

四

有国外的历史学者提出："抗战期间，一些根本性的变化使得历史的潮流远离了蒋介石和他的国民党，靠近了毛泽东领导的中国共产党。在抗战的某个时刻，中国政局到达了历史进程的一个'转折点'。"

他们认为："尽管游击战对于日军在军事上造成的损失并非致命的，但是中共却赢得了华北农民的极大支持。减租减息和统一累进税制的推行使得很多最穷苦的农民免于纳税，基层选举（即便处于严密的控制下）也在农村广受欢迎。此外，中共的干部大多生活简朴，军队的纪律较国民党部队和伪军也严明很多。出于这些原因，与老对手国民党相比，中共的军队以游击队的形式在敌后得以生存并壮大。"

在《新儿女英雄传》中，这些事件都有体现。

比如税制改革，第三回写道：牛大水受训回村后，"村里实行合理负担，村长申耀宗瞒地，被农会查出来了，申耀宗丢了脸，就辞职不干。村里另选牛大水当了村长。"合理负担就是统一累进税制，拥有的土地越多交的税就越多，所以申耀宗想瞒地。但这一措施受农民欢迎，因为他们地少，可少交甚至不交。

还有选举，第六回写道："这一年的五级大选举，搞得挺热闹。各阶层的男女都参加了，连申耀宗这些人也投了票，大家爱选谁就选谁。老百姓都挑选好样儿的，来给他们办事。从村到区到县，一直选到边区最高行政机关，可选了个齐整。政权实行了三三制，共产党员只占三分之一。"黑老蔡被选到县里，牛大水和杨小梅都是选出的区代表，牛大水当了区队长，杨小梅当了区妇会主任。

至于生活简朴和军队纪律严明，书中交代就更多了。如第七回，张金龙在游击队中私吞战利品，勒索老百姓，被组织处理。

有国外评论者认为国共力量消长在抗战中的"转折点"在1943年。其中一个因素就是1942年双方对河南旱灾的不同应对。

对于那场旱灾，冯小刚电影《1942》中有很具体的展现，那部电影令人尊敬，那场旱灾触目惊心。

河南大旱，包括国民党控制的河南大部和共产党领导的冀鲁豫和太行根据地一部。有史家认为，两党采取的措施相近，都是高级官员视察灾情、减租、分类安置等，但国民党赈灾措施落实不力，主要是对灾民不关心；而中共的措施更为有力，如规定地方干部为灾民负责，饿死人要受处分，还重视思想教育，开展纺织运动、生产自救等。

这之后，国民党在河南失去了民心，民众宁帮日军也不帮自己的政府军。而共产党在根据地取得了民众的信任和依赖，还吸引来国统区灾民。

《新儿女英雄传》中也介绍了一场灾难和救灾情况。是一个历史事件。1939年7月，日军在几次扫荡失败后以水代兵，利用阴雨时节，扒开大堤，使白洋淀周围的抗日根据地大面积被淹。

书中写道："上级党和政府，急忙发动没受灾的老百姓募捐救济；干部们节衣缩食，拨出大批公粮，开水赈。一船一船的粮食运来了，每人按六两米发，还有柴禾，还有款。水退了，政府又调剂来麦种，发动种麦子。还组织妇女织席编篓，领导男男女女搞各种副业生产，遭难的老乡亲才度过了灾荒。"

白洋淀的这次水灾，在规模上虽然与河南旱灾不能同日而语，但都传递出那个时代民心向背的缘由。

在两地的救灾中，共产党人都深入到民众之中。干部自带干粮进村救灾，"使中共的干部和战士与边区百姓建立起牢固的联系。"

"中共干部同当地群众建立起持久的关系，最终奠定了中共在此成功的基础。""国民党失去了对农村的控制，把中国的命运拱手让给中共。"

五

新中国成立后曾任林业部部长的罗玉川，抗战时是白洋淀所属的冀中军区九分区区委书记，他说："冀中地区，我党的建设较早，虽然也遭受过损失和挫折，但领导人民的斗争从未间断，在广大群众中影响很大。这是冀中抗日根据地能够建立、坚持、胜利和重要保证。"

北大教授傅斯年在1932年曾撰文倡导抵抗日本侵略，说："中国人之力量在三四万万农民的潜力，而不在大城市的统治者和领袖。"

傅斯年倾向的国民党没有能够承担起这一历史使命。"七七事变"后，在国民党军政力量全面败退之际，共产党人挺身而出、迎难而上，在抗日斗争的最前沿，唤醒民众，形成民族救亡的洪流。

如有的研究者所说："中国共产党认为抗战也是一个革命运动，应当变旧中国为新中国，因此，在河北各抗日根据地里，正确地解决了迫切的民主民生的社会改革问题，形成了一个与之前所有朝代、政府完全不同的政治形态和社会关系，与中国大多数人民特别是农民建立了最密切的联系，开掘了中国抗战最深厚的力量源泉。"

《新儿女英雄传》用艺术化的手段，对这一伟大历程的进行近距离的寻访纪录。

小说中，多次引用当时的民歌民谣并穿插人们唱歌的情景。那是一个艰难困苦的时代，那是一个玉汝于成的时刻。那时烽烟遍地，那时歌声飞扬。

"无论什么地方，什么场合，什么时间，都有歌咏活动。老大爷、老大娘，大嫂，儿童，差不多人人会唱歌。村村有歌手，处处有歌声。"

时至今日，在雄安、在冀中走访，仍有耄耋之年的老者能唱出当年的歌曲，虽然他们的发音许多已经模糊不清，但那飞扬的神采仍依稀可见。

"冀中的音乐歌咏活动，是抗战中最广泛、最深入、最有群众性、战斗性和教育作用的艺术品种。"

"太阳出来呀，慢慢高；除去野草呀，好长苗呵。几千年的苛捐杂税压得人民抬不起头，伸不了腰。好心肠的共产党呀，有了好主张，北方局颁布了施政纲领二十条，实行统一累进税呀，改善了人民生活真正好。"

这首名为《实行统一累进税》的歌，就是雄安附近一位老者唱出来的。

还有一位唱了另一首同名歌："统一累进税，大家要实行。巩固新生活，大家得安宁。它是合理的税收，废除杂税苛捐，人民的生活改善，努力支援前线。"

也有具有情节性的《王老三减租小调》："俺村有个王老三，养种着嘎咕地二亩半，浇三遍，锄三遍，打下粮食一石五嗷，租子掏了一石。辛辛苦苦整一年，剩下点子北瓜豆角萝卜山药蛋，糠菜窝窝糊糊饭，他一家大小半饥半饱，格浅格浅一个冬天。……政府法令道得好，多不过三七五，超过可不沾那，种地的团结成一股劲儿，减租运动大开展。叫声东家听我言，减租为生产为了抗战，我来把这个租子交，你来把那个租子减，你的地我的汗，交租减租两情愿，有了饭大家吃，有了事大家干，抗战胜利共享太平年。"

1940年3月，中共中央发出《抗日根据地的政权问题》的指示，指出，共产党在华北、华中等地建立的抗日民主政权，是统一战线性质的政权，是几个革命阶级联合起来共同对付汉奸反动派的民主专政。指示明确规定，在政权工作人员中，共产党员、非党左派和中间派应各占三分之一，实行"三三制"。

晋察冀边区决定，1940年6月到8月为边区新民主主义运动时期，在此期间，自下而上地选举区代表、县议员、边区参议员，并由民意机关选举政府工作人员，成立"三三制"民主政府。

冀中各县根据这一要求，广泛开展了选举活动，建立"三三制"政权。

这是《新儿女英雄传》第六回所写选举内容的背景。

当时选举的热烈场面和崭新气象，我们可以从小说和人们的回忆中去感受，还可以从在冀中流传的那些宣传选举歌谣中去领略。

"秋风起，树叶黄，男的女的上会场。手拉着手儿去选举，今年的选举不平常，大家选个好代表，争取那模范的好村庄。"这首歌叫《选代表》。

还有更具体的，这首歌就叫《选举要选办公死心眼的》："你看那刘二嫂呀，办事呱呱叫呀，咱们选她当个妇女代表呀。你看那王鹤香呀，办事真直刚呀，咱们选她当个女村长呀。你看那张小三呀，为国家不傍边呀，这样的人不能把他选呀。选举要仔细呀，别选那坏的呀，选举办公死心眼的呀。"

　　在这样的歌声里，雄安，进入了改天换地的红色时代。

第五章

绿意盎然看水城

雄安新区将建设绿色生态之城。

古来有"逐水草而居"的说法，北京周围，最大的一片"水草"就在雄安。

这里有华北平原上最大的淡水湖白洋淀，淀区总面积366平方公里（水位在10．5米时），淀内有沟壕3700多条，纵横交错，将淀区水域分成143个淀泊。淀泊里苇田星罗棋布，芦苇苍苍、渔歌飘荡、烟波浩渺、绿意盎然。

孙奇逢曾在白洋淀边居住4年，有诗云："芦月凄凄轻艇横，瞑烟初破晚钟声。菱荷香遍白洋水，烂醉渔歌天海宏。"白洋淀作为"华北之肾"，以开阔的湖泊和湿地，为雄安新区提供了良好的生态环境基础。国家权威部门表示，新区建设将充分体现生态文明的要求，坚持生态优先、绿色发展，不会建成高楼林立的城市，而要建设绿色、森林、智慧、水城一体的新区，成为生态标杆。

在这个荆轲与燕昭王壮别、公孙瓒和袁绍征战的地方，在这个上演过宋辽风云、孕育出容城三贤的地方，在这个红旗引领起新征程的地方，将构建蓝绿交织、清新明亮、水城共融、多组团集约紧凑发展的生态城市，形成天蓝地绿、山清水秀的美丽家园，实现人与自然的和谐共处。

国家发展和改革委员会负责人说："规划上要达到国际一流

城市水平，同时在建筑上要充分体现中华文化的元素，在建设过程
当中要精雕细琢，以工匠精神打造百年建筑，留下千年传承。"

　　新区将在多年来借鉴国际建设经验的基础上，打造蓬勃内
生、发扬传统、自信开放的现代化城市，开创国家新区和城市发展
的全新模式，实现城市建设上"从跟跑到并跑再到领跑世界"。

　　2017年4月13日，新华社播发长篇通讯《千年大计、国家大
事——以习近平同志为核心的党中央决策河北雄安新区规划建设纪
实》，其中写道："水城共融犹如江南水乡，大量管廊地下藏，地
底通道汽车穿梭忙，行人休闲走在马路上，街道两边传统特色建筑
分外亮堂，河水穿城流淌，森林公园空气清新舒畅，被绿树隔离带
包围的白洋淀碧波荡漾……徐匡迪院士这样描述未来雄安新区美丽如
画的模样，崭新的生产、生活、生态三大发展空间让人无限向往。"

　　"世界眼光、国际标准、中国特色、高点定位"，雄安新区
这一高屋建瓴的建设理念，预示着它在中国以至世界城市建设史上
的地位。

　　近代鸦片战争以来，经历了西方文明的冲击、裹胁和带动，
经历了民族意志的觉醒、凝聚和勃发，在民族复兴的伟大征程
中，雄安，将闪耀出中华文明独有的光彩。

　　雄安有丰厚的文化底蕴，白洋淀有充足的历史积淀。

你是我最沧桑的浪漫

　　白洋淀是雄安最有浪漫气息的地方，因为水。白洋淀又是雄安经历最多无奈和沧桑的地方，也因为水。

　　白洋淀有广义和狭义之分，习惯上都是用广义，指整个水区。狭义是指其中一个淀泊。这个淀泊得名于宋，初名白羊，因淀水泛起如奔跑的羊群而得名。明代曾被泥沙淤平，后又因水灾恢复，改称白洋，目前是水区最大一个淀泊。

　　在广阔的华北平原上行走，那一条条曾经浩浩荡荡的大河，滹沱、潴龙、滏阳……多数只在大城市附近有小段水景。这些近年来"复活"的河段，只不过是给一小节原河道引来点水，算是河流的"缩微模型"吧。那"过了长江与大河，横流数仞绝滹沱"的壮阔只留在诗书中了，漫长的、干涸见底的河道里不少已种上庄稼。破釜沉舟、背水一战这些与华北河流有关的故事，只能在想象中复现了，实地察看，眼前的漳河和绵河已不足以阻挡人们的步伐。

　　"蓦然回首，天涯望断。"在地下水严重超采形成巨大漏斗区的华北平原上，白洋淀，这古来就诗情画意的所在，走过千百年沧海桑田，仍然烟波浩荡，风采浪漫依旧。不过这风采已不能靠自身水源支撑，还时时面临污染侵袭。

诗意存在的背后，白洋淀，经历了太多的无可奈何和得过且过。

一

"要问白洋淀有多少苇地？不知道。每年出多少苇子？不知道。只晓得，每年芦花飘飞苇叶黄的时候，全淀的芦苇收割，垛起垛来，在白洋淀周围的广场上，就成了一条苇子的长城。"

知道白洋淀是从孙犁《荷花淀》开始的，芦苇承载着白洋淀的浪漫。但1987年夏天初次到白洋淀时，看到了却是干裂淀底上一丛丛低矮发黄甚至枯萎干透的芦苇，听到的是村庄为争抢苇源打斗的事儿。

当时，白洋淀已彻底干涸5年，走船的河道成了行车的土路，干硬龟裂、坑洼不平，马车、驴车、拖拉机争道而行，飞扬的尘土遮蔽了对往昔静美水景的憧憬。

白洋淀的芦苇素以皮白质佳著称，相关资料可以说出孙犁当年"不知道"的情况。1937年以前，白洋淀有苇田7万多亩。1949年达8.5万亩，年产7055万斤。到1982年，苇田已发展到11.6万亩，年产量达8895万斤，产值1697万元。

苇秆可以造纸、织席、编篓等等，有"铁杆庄稼、寸苇寸金"之说，长期以来是当地农民赖以维持生计的主要经济作物。有水时村子以水为界，芦苇到处是，谁割多少无所谓。没水，苇子少了又没有明确村界，浪漫的芦苇就成了被抢夺的生存资源。

那是白洋淀千百年来最彻底的一次干涸。1985年，人们在淀中心的王家寨和赵庄子发现了汉代遗址和汉墓，说明汉代时淀中心不是汪洋。

❶ 安新县白洋淀景色。

❷ 安新县白洋淀景色。

❸ 安新县白洋淀景色。

❹ 安新县白洋淀景色。

❺ 安新县白洋淀景色。

❻ 游人走过安新县白洋淀码头。

（2017年7月30日摄）

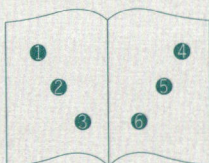

白洋淀的沧桑，很大程度上是人为造成的，要改变自然环境，人们总有各自理由。

在白洋淀边建设城市，可上推到2200多年以前的战国时期，当时这里是燕国南部与赵国北部的交界，燕国修建的燕南长城，一部分已成为白洋淀北大堤，称长城堤。燕国在这一带修建了浑埿城（今安新县城）和三台城（今安新县三台镇），赵国在这里筑起了葛城（今安新县安州镇）。

秦始皇躲过荆轲的刺杀，燕赵大地归入秦土，他在三台和葛城建起了驿站，是通往边界长城的中转站。陈胜、吴广当年被征戍渔阳（今北京密云），顺利的话就可能经过这里，不过碰上下雨，他们路过一个叫大泽乡的地方时就造反了，还在安徽境内。

陈胜的义军没有打到燕赵，但秦的一统江山开始分崩离析，燕赵又成战场，项羽破釜沉舟、韩信背水一战都发生在这一时期。那时，今白洋淀中心区域并没有多少水。

造就白洋淀水域基础的是曹操。

"东汉末年分三国，烽火连天不休。"199年袁绍在雄安击败公孙瓒，200年曹操在官渡打败袁绍……

"白骨露于野，千里无鸡鸣。"战火纷飞，田园荒芜，长途征战，粮草是大事，《三国演义》中，曹操在前线为解决缺粮问题，曾借粮官王垕的人头。

为征讨乌桓、统一北方，曹操开凿水路运送军粮。204年开凿白沟水渠，阻止淇水流入黄河，使之北上入海河水系。之后又开凿平虏渠、利漕渠、泉州渠、白马渠和鲁口渠等，使清、漳、洹、淇、易、涞、濡、沽、滹沱等河流同归于海，形成了今天包括白洋淀在内的海河水系。

曹操通过这些河道运输，率兵北上，曾在雄安境内（时称易州）驻扎，并在那采纳了郭嘉轻兵速进的建议。北征乌桓途中曾路过燕昭王、秦始皇海滨故迹，东临碣石以观沧海。归程中，郭嘉病重，死在易州，当时是207年。

220年，曹操去世，其时，白洋淀已成水域。西晋左思在《魏都赋》中写道："掘鲤之淀，盖节之渊"。唐李善作注：掘鲤之淀"在河间莫县（今河北任丘境内）之西"。即今白洋淀的位置，这是史籍中最早出现白洋淀的"身影"。

北魏郦道元在《水经注》中明确记录了白洋淀的淀泊和淀边城镇情况。"易水又东，东渥水注之，水上承二坡于容城县东南，谓之大塸淀、小塸淀，其水南流注易水，谓之渥洞口，水侧有浑塸城。"渥洞口即今同口镇。

《水经·鲍丘水注》中记载："其泽野有九十九淀，支流条分，往往经通。"《新唐书·地理志》中记载："莫西有九十九淀。"

二

"纷纷扰扰，千百年以后，一切又从头。"

曹操之后800年左右，白洋淀又经历了一次"大调整"，北宋初年，宋太宗赵匡义在位，这次不是为了进攻运送粮草，而是为了防守阻挡兵马。

赵匡义北伐失败，无奈之下只好在雄安一带与辽对峙，要在大平原上对付契丹铁骑，宋人想了不少办法，其中一条就是利用水。宰相宋琪提出了一个大胆的计划，引黄河水漫灌河北，在河北形成一片汪洋，以保卫都城。这是一个可能改变华北地理和历史的主意，不过太

"宏大"了，宋太宗不以为然，认为是示弱于敌，将为后人讥笑。

雄州著名的守将何承矩经过实地考察，提出了一个较实际的建议。当时白洋淀水域的淀泊多不相通，他建议修堤引水，将水泊贯通，形成防线，并广为屯兵，设立寨、营、垒、堡、口，习武屯田，既能借水为防，也不伤筋动骨，工程量不大，得到宋太宗的认可。993年，出动周围各州镇兵1.8万人，建堰引水。

历经几十年的努力，在雄安及周边地区，建阡陌、浚沟洫、河通淀、淀连河，最终建成西起沈苑泊（今保定徐水东北），东至泥沽海口（今天津军粮城泥沽村），绵亘七州军，屈伸九百里，深不可行船、浅不能徒涉的"塘泺防线"，也称"水长城"。沿线汇集河流19条，淀泊30个。

从那以后，白洋淀形成目前水域格局。苏辙曾来雄州，感叹："燕南赵北古战场，何年千里作方塘。"

《宋史·河渠志》中具体记载了各淀泊的情况，其中出现了"白羊淀"的名字，还有黑羊淀、边吴淀等。

在以水为防线的同时，宋人也开辟水田种植水稻，改变了北方以前以种粟谷为主的历史。西湖有苏堤，这里有苏桥，苏轼之父苏洵在此任职，相传曾传授当地人种稻技术，为纪念他命名了一座桥，至今文安县有苏桥镇。

契丹骑兵终究未能越过"塘泺防线"，越过来的是女真骑兵，时间是1126年。之后，因交通和军事工程改造出的白洋淀，就只作为生衍繁息的水乡了。

随后到来的岁月里，燕京成了中都、大都、北京，作为距京师最近的一片水域，白洋淀得到金章宗、清康熙等帝王的青睐，受到过皇家园林般的"宠遇"。也成为人文兴盛之地，刘因、孙奇逢等先后在此开馆讲学，出过以陈氏三进士为代表的一批文人名士，文化内涵丰富。

人文受惠的同时，是生态受伤。北京及周边的大兴土木，使白洋淀上游太行山、燕山植被遭到相当程度的破坏。森林被砍伐，水土流失加剧，河流泥沙增加，造成淀泊淤积，长达数百里的水长城逐渐萎缩，甚至一些大的淀泊也被淤平，如宋时最大的淀泊边吴淀（在今安新、清苑交界）就成为平地。1488年，官府在淤积严重的白洋淀开了牧马场。

上游生态的破坏还带来洪涝灾害，一直到新中国成立以后，水患都是白洋淀的心腹大患。1362年，白洋淀大水，任丘城被淹，冲坏农田3000多顷。明正德年间，杨村河（潴龙河）决口后，形成了徐、漕、萍、唐、滋、沙等九河入淀之势，白羊淀重成汪洋。为防水，白洋淀边不断筑堤。

水波浩荡、堤堰蜿蜒，风光别具。1607年，明兵部尚书田乐在《创建修阜碑记》是说："见诸水环绕，杨柳夹植，莲香舷韵，藻绿荇青，薄幕复见水月一色，玻璃万顷，幽胜累累。"明邢云路《白洋游》诗云："风雨晚初歇，悠然景更清。亭台迟落日，渔火傍孤城。"

清代涛声依旧，康熙九年（1670年），直隶省出重金在安州筑堤120多里，使白洋淀上游十多年无水患。康熙三十五年（1696年）下游新安大水没城，康熙亲自巡视，组织筑堤。康熙四十五年（1706年），大水坏堤，康熙遣内阁学士观保出银15000两修复加固。

雍正皇帝吸取只筑不疏的教训，既堵亦疏，实施疏泉、引流、建闸、筑堤综合治理。多开引河，沟通水域，在水多处挖深，在淤积处造田。水道的改变和造田的增加，"水长城"的水面积进一步缩小，一些淀泊成为耕地。

乾隆年间，淀区缩小，淤积严重，洪灾增多，乾隆皇帝严禁围淀造田，违者治罪。道光皇帝着力清淤扩淀，已淤平的马棚淀、五官淀、留通淀水面恢复。

三

"孤艇苍茫去，平湖自在流。人家烟际树，县郭水边楼。寒苇澹将夕，疏林飒已秋。飞飞双白鹭，故向远村投。"

民国时期，白洋淀水流顺畅，行船可到天津。津保水运航线1914年正式开通，白洋淀是其枢纽，新安设码头。2015年津保高铁开通，设白洋淀站，是雄安第一个高铁站。

相隔百年，津保高铁一天旅客人数能上万，民国时津保航线年客运量5到7万人。从保定东到天津坐高铁一小时出头，民国时坐船要走4—6天，返程时间更长，因为要上行。

但在津保水路和铁路的同场竞争中，水路占上风。以棉花为例，1921年统计，河北是全国第一产棉区，大量棉花在保定集散，通过府河进入白洋淀出大清河到天津。航程190公里，比铁路（需绕北京）少60公里，运输时间相当，运费大大低于铁路，水量充足，载重50吨到100吨的民船在白洋淀上下游通行无阻，据调查，保定集散的棉花，通过铁路运天津的约占三成，其余七成均走白洋淀水路。

民国军阀间战事不断，铁路经常中断，"民船运货物与日俱增"，津保间大宗物资、日用杂货以至旅客大部分通过水运出入白洋淀。1925年10月8日，在白洋淀以东"河清号"客船遇强风，数十名乘客落水罹难。

抗日战争时期，日军强占了津保航线，白洋淀雁翎队的主要战绩就是伏击日伪在津保航线的运输船。

水运方便，但水灾频发。1913年，堤岸多处决口，雄县、安新等淹死3000人。1914年，安新全境被淹，县城被水围困。1917年，安新南堤覆没，洪水冲毁安州城墙……

新中国成立时，白洋淀水域面积561.6平方公里。

1949年7月，一度因战争受阻的津保航线全线恢复通航，政府设立航运处进行管理，1954年，新安镇设立航运管理站。1958年，津保航线全部实现轮船拖带化，结束了自古以来靠人力拉拽的历史。白洋淀水面宽阔，水运兴旺，淀内从安新到枣林庄为29公里主航道，可通行百吨级对槽船，淀内主要码头有新安、端村、雄县、七间房等。

水运昌盛的同时，水患依旧危害地方。1950年，安新全县被淹土地69.94万亩，只有4100亩未受害。1955年，安新县178个村被淹，只有6个村幸免。1956年，白洋淀30多处堤防决口，被淹土地52万多亩，政府组织395户移民到内蒙古安北县（现已并入乌拉特前旗）。

特别是1963年8月初，海河流域特大洪水，河北大部受灾，白洋淀各堤漫决。安新一片汪洋，全县死34人。保定市区及多个县城进水，全地区死亡1929人。河北省104个县受灾，水淹村庄13142个。京广、石太、石德铁路被冲断，北京、天津告急。总计受灾人口2200万人，死亡5600人。政府全力组织抗洪抢险，留下许多可歌可泣的事迹。

1963年11月17日，毛泽东主席题词："一定要根治海河"。之后，在太行山区、在华北平原，数以百万计的治河大军行动起来，从上游到下游，从支流到干流，兴建了大大小小一系列整治工程，上游建设水库，下游强排减蓄，对海河水系进行彻底治理。

世世代代期盼的海河安澜，终于成为现实。上游水库大量蓄水，下游河道裁弯取直，加之社会经济发展用水量不断增大。洪灾在华北不再是常事，河流在华北也渐成记忆。

白洋淀属于平原半封闭式浅水型湖泊，水大了涝，水少了干。水位低于6.5米属干淀，资料显示1517年到1948年发生过四、五次干淀。

由于上游水库拦蓄，白洋淀来水减少，20世纪60年代后干淀频发。而下游枣林庄大闸和赵北口溢流堰的修建，使白洋淀水处于半封闭状态，淀区面积减小，与白洋淀并存的东淀变成荒漠。繁闹已久的津保航线中断、消失。与此同时，为增加粮食生产，人们还在白洋淀围堤造田，向淀底要粮。

1983年到1987年，白洋淀彻底干涸。

干涸后的白洋淀，芦苇枯萎、鱼虾灭绝，随处可见被抛弃的渔船，听任残破干朽。当时，作家乔迈在《中国：水危机》中感叹，我们的白洋淀，昔日水域辽阔、芦苇丛生、水鸟群集，如今只留在孙犁优美的小说里边了。

好在到了1988年8月，连续几天的大雨浇醒白洋淀。雨水和上游来水同时注淀，白洋淀重生，芦苇又成风景。

四

"一望湖天接杳茫，蒹葭杨柳郁苍苍"。也称蒹葭的芦苇在白洋淀生长已久，彻底干淀时人们还在淀底出土过栩栩如生的芦苇化石，但当时的芦苇正在旱地大量枯死。

1988年至今，芦苇一直摇曳在水天相间的白洋淀中，这来之不易。

报载，2017年4月5日开始，上游的王快水库和西大洋水库提闸放水，对白洋淀进行生态补水。当地水利部门称，这将有效改善白洋淀生态环境，并可为雄安新区建设提供水资源支撑和保障。从1996年到2016年，白洋淀已先后实施23次应急调水。

在铺天盖地的雄安新闻中，这一条并不引人注意。20年23次，已成寻常，但这例行的调水关系着白洋淀的存亡。

从20世纪60年代末起，白洋淀水源不足的问题开始出现，这颗"华北明珠"就需要人们用心呵护了。1972年11月，周恩来总理专门召开座谈会研究白洋淀水源问题，他亲自确定了"缓洪滞沥、蓄水灌溉、鱼苇生产、综合利用"的治淀方针，"营救"行动，那时就开始了。

调水，上次彻底干淀前也尝试过，从1981年11月到1984年6月，从王快水库和西大洋等进行了四次调水，累计放水2.32亿立方米，经沿途抽提、渗漏，实际入淀7675万立方米，但未能"救活"白洋淀。

1988年以后，白洋淀的危亡与"解救"发生不止一次。

从1992年到2002年，河北省先后10次从上游的西大洋、王快等水库向白洋淀补水，共补水约9亿立方米，保证了白洋淀的水源。2002年，河北省还将白洋淀列为省级自然保护区，加强了淀区统一协调管理。

但到了2003年，连年大旱，河北省主汛期的7、8月份，全省平均降雨202毫米，比常年偏少32%。白洋淀上游各水库基本没有蓄上水，原有的补水途径难以保证"华北明珠"的光泽。8月起淀区水位降到6.5米以下，原本水域辽阔的淀泊只有一些沟汊还有少许水量。到12月更降到5.1米以下，如不补水，将再次彻底干涸。

为避免白洋淀干涸带来严重生态危机，水利部和河北省紧急组织了白洋淀首次跨水系调水，从属于南运河水系的岳城水库，经子牙河水系向白洋淀调水。2003年12月28日开工建设，次年2月16日完成工程，总投资3278万元。跨3个水系，从岳城水库引水4.17亿立方米，实际入淀1.6亿立方米，这流经415公里的远水解了白洋淀之渴。

到2004年7月引水结束，白洋淀水域面积由4个月前的31平方公里扩大到120平方公里，水位从原来的5.8米多上升到7.19米，超过了生态水位，动植物资源得以恢复。

白洋淀1984年前有鸟类192种，由于干淀白洋淀野生动植物资源遭到破坏，1992年统计仅剩52种。

引岳济淀之后，有关部门调查发现白洋淀鸟类品种恢复到180种，数量也明显增加。2004年白洋淀内同口等三个监测点近期的监测数据表明，2003年同期观测到的灰鹤有63只，这年观测到216只；豆雁上年是105只，这年有312只。

好景不长。2006年白洋淀再次处于干淀水位，水面又减少到不足百平方公里，这次"救兵"已跨流域了，是从山东聊城引来的黄河水。从黄河取水4.79亿立方米，流经399公里，为白洋淀补水1亿立方米。

半年之后，白洋淀水位又降到了6.5米以下，"救兵"还是来自黄河。到2011年，已连续4次引黄济淀。

很久很久以前，造就白洋淀自然面目的就是黄河。自新石器时代以来，古黄河取道河北平原流入渤海，有几千年的历史，黄河带来的泥沙淤出了白洋淀周围的冀中平原，古白洋淀处于古黄河入海口冲积低洼地带，保存了低洼的形态，这一带古称"祖泽"。公元前602年黄河改道南去后，黄河一些支脉河流如滹沱、浣、博、卢诸水沿黄河故道入海，形成了白洋淀"九河下梢"的基本格局。

两千多年以后，黄河水几次回来"拯救"白洋淀。因为那些支脉河流及其"后辈"大都已长期或季节断流了。

仍能常年流入的府河等，带来的是缺水之外的另一个沉重话题。

五

"我停住脚／我睁大眼／不！这不是我故乡的河流／一沟黑油般的水面／肮脏／腐臭／绝望／生命已然与你无缘。"这是诗歌《啊！一亩泉河——一位老者的歌吟》中的一节，一亩泉河是府河的主流。

府河因流经保定府而得名，昔日清清的府河曾为保定城提供日常用水，清早的河水最清洌，一桶河水在城里买三枚铜钱，而一桶井水才一枚铜钱。明代石玠《一亩泉河》诗云："鸡距泉流绕郡城，萦回合抱又东顷。涌珠泣学鲛人泪，彻鉴魂消牛渚精。鹭影翩跹云里泛，橹声欸乃镜中行。渔歌互答多幽兴，且对沧浪濯我缨。"

原先是"沧浪之水清兮，可以濯吾缨"，后来"一沟黑油般的水面"，超出了古人对"浊"的想象，"沧浪之水浊兮，可以濯吾足"都难。

20世纪50年代末到60年代初，府河上游建起了纺织、印染、化工、造纸、机械等行业在内的大型工业企业。1962年保定市排放污水有1570万立方米，排污大户是造纸厂、化工厂、印染厂、胶片厂、化纤厂等。

有老保定回忆："1967年以后河中经常'翻河'，水里的大鱼纷纷浮到水面，河边漂着许多翻着白肚皮的小鱼。慢慢地鱼虾绝迹了，河两岸竟连草都不长了，发黑的河水泛着水沫，吞噬了河中所有生命……府河终于死在了工业越来越发达的20世纪60年代末。"

据《安新县志》记载，1974年保定市日排污水16万吨，直接排放到府河进白洋淀，流程20公里，多种有害物质使白洋淀污染三分之二，淀区鱼虾产量由5500吨下降到645吨，蟹年产量从750吨至绝产。与此同时，白洋淀周边地下水也受到污染，酚含量超高3倍，砷含量超高2倍。

这一年，在当时国家建委一份《白洋淀污染严重急需治理》的材料上，时任副总理李先念批示："这个问题必须迅速解决，否则工厂应停。"他要求国家建委派工作组协助地方限期解决水污染，"因为这关系到人民生活的大事，决不能小看"。随后，地方政府提出"工厂根治、淀污分离、截蓄灌溉、化害为利"的治理方案。

从那时起，共和国较早的治理水污染行动就在白洋淀展开了。直到现在。

1975年，白洋淀治污工程列入国家大中型基建项目，国家拨款1000万元，保定出动15个县市的4.4人施工，建设引污渠、污水库等。但治污进展没有赶上污染速度。《安新县志》记载，1975年保定市排放污水5840万立方米，1980年为9198万立方米，1984年1亿吨以上。白洋淀鱼虾大量死亡，鱼类品种减少，优质鱼呈小型化、低龄化趋势。

1988年白洋淀重生后，李鹏总理在一份《白洋淀污染问题急需治理》的材料上批示："请宋健同志注意此事。白洋淀好不容易来了水，又被污染了，实不应该。"国务委员、国家科委主任宋健亲到白洋淀调查……

关停污染企业、建污水处理厂、投巨资上治污设备……白洋淀治污力度不断加大。但2000年、2001年发生大面积死鱼事件。2006年再次发生，当时国家有关部门调查认为，水体污染较重、水中溶解氧过低造成鱼类窒息。之后死鱼事件仍多次发生，2012年、2013年、2016年。

在新华社2017年7月9日播发的《叩响未来城市之门——河北雄安

新区设立百日纪实》中说："加强生态环境的保护与修复，是新区规划建设的关键环节，也需要有久久为功的韧劲。当前，白洋淀生态环境治理和保护规划编制工作正在加快进行，实施淀区水生态环境全面普查，并提出白洋淀流域八条河的综合治理方案和淀区生态环境修复工作方案，开展重点工程的前期调研、钻探、采样工作……在雄安新区及周边地区、白洋淀及其外延联通水系等重点区域也强化环保整治，大力削减入河入淀污染负荷。"

2017年7月10日，环保部将白洋淀与洱海、丹江口一起定义为"新三湖"（"老三湖"为太湖、巢湖和滇池），环保部表示，将着力推进包括"新三湖"在内的流域、湖泊的生态保护以及污染防治。

破釜沉舟、背水一战，古人在华北河流旁表现出的勇气和决心，今天我们应该用于保护和恢复河流湖泊自身上了。

隔岸呼唤

"最好／在一个荒芜的地方安顿／我的生活。／那时／我将欢迎所有的庄稼来到／我的田野。"

这是芒克1974年在白洋淀写的诗。现在看像个预言，雄安的"荒芜"成了优势，正欢迎着"所有的庄稼"。

白洋淀因武而兴，缘文以传。这片因曹操、赵匡义战事需要而改变的水域，"暗淡了刀光剑影，远去了鼓角铮鸣"后，碧波万顷、苇绿荷红，成了人们静心求思、纵意怡情之地。湖光天色间滋养学术艺术，沧桑变幻中传衍悠长文脉。

骆宾王、苏轼、苏辙、刘因、元好问、孙奇逢、查慎行、刘墉、纪晓岚、孙犁、徐光耀、孔厥、袁静、北岛、芒克、林莽……都留下了与白洋淀相关的故事及作品，也让许多人从中知道了白洋淀。

1969年，20岁的林莽（张建中）来到白洋淀，他说："那是一些在孤岛上的日子，既有正午的阳光，也有深夜的冷雨……在寂静的寒夜里，我找到了诗：这种与心灵默默对话的方式。谁曾幻想过、渴望过，谁曾希望过、绝望过，谁曾经历过、痛苦过，谁就会懂得。"

他写道："如果你还记得我／那些被收割的芦苇在一片片倒下／

淀子已进入了深秋后的开阔／脚下落叶很软／隔岸，我听到了你的呼
唤。"

一

1969年3月的一个凌晨，一辆马车，从京广线徐水火车站驶出，车
上拉着几位少年，他们要去白洋淀。

宋海泉是少年中的一个，多年后他回忆说，当时大规模的上山下
乡运动已经开始，"知识分子到农村去，接受贫下中农的再教育"成
为了那一代城市少年强加于身又无可逃避的命运。他们"感到一种被
抛弃的痛苦和惆怅，一种强烈的幻灭感和对前途的渺茫，对于家园的
眷恋，固执地守卫着已经破碎的理想。"

送行的车站，成为这种情感集中迸发的场所。

"这是四点零八分的北京／一片手的海洋翻动／这是四点零八分
的北京／一声尖厉的汽笛长鸣／北京车站高大的建筑／突然一阵剧烈
地抖动／我吃惊地望着窗外／不知发生了什么事情／我的心骤然一阵
疼痛，一定是／妈妈缀扣子的针线穿透了我的心胸／这时，我的心变
成了一只风筝／风筝的线绳就在妈妈的手中／线绳绷得太紧了，就要
扯断了／我不得不把头探出车厢的窗棂／直到这时，直到这个时候／
我才明白发生了什么事情／——一阵阵告别的声浪／就要卷走车站／
北京在我的脚下／已经缓缓地移动／我再次向北京挥动手臂／想一把
抓住她的衣领／然后对她大声地叫喊：／永远记着我，妈妈啊北京／
终于抓住了什么东西／管他是谁的手，不能松／因为这是我的北京／
是我的最后的北京。"食指（郭路生）用诗将那场景留给了历史，也
描画出成千上万少年的心绪。

❶ 安新县白洋淀景色。

❷ 安新县白洋淀景色。

❸ 安新县白洋淀景色。

❹ 安新县白洋淀景色。

❺ 安新县白洋淀景色。

（2017年7月30日摄）

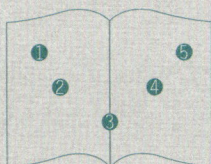

宋海泉他们在夜晚告别"最后的北京"，黎明时分，马车驶向白洋淀。"曙色在前方渐渐显现，前途却是茫然未卜，但有一点是清楚的，我们已然彻底地告别了昨天，告别了我们的精神家园，今天我们所踏上的，是一条自我放逐的路，一条漫长的、充满荆棘的路。物质的贫困是意料之中的事，重要的是，我们将开始一种精神的流浪生活。"

流浪，成了宋海泉到白洋淀最早要倾诉的主题，也是他作为诗人的主要标记。他到水乡写的第一首诗叫《水乡的流浪》，他的主要作品有《流浪者之歌》，其中写道："抖索飘摇的枯叶被带上长空／哀鸣失群的孤雁被留在沙滩上／同是一个凄风苦雨的夜晚／流浪汉蜷曲在冰冷的栈房。"

特殊的时代背景注定了这代少年漂泊的青春，他们有个共同的名字——知识青年。相对于北大荒、内蒙古草原、云南热带森林、贵州高原和陕北黄土高原等那些知青集中的区域来说，白洋淀仿佛"乐土"，这里距北京近，从永定门火车站上车，到保定转汽车或到徐水坐马车到白洋淀全程不过六到八个小时，也有知青直接骑自行车往返，单程10多个小时。淀里丰富的动植物为他们提供了食物，生存压力不大，水乡管理也不像边疆建设兵团那样严格。

白洋淀本不是集中安置知青的地方，但当时政策要求各地农民必须欢迎知青去插队，有些城里少年回原籍，同学相互介绍，引来更多的人，他们大都来自知识分子或干部家庭，家长被打倒了，在城里待不下去，串通着来到白洋淀。

北岛（赵振开）曾写道："白洋淀的广阔空间，似乎就是为展示时间的流动——四季更替，铺陈特有的颜色。不少北京知青到这儿落户，寻找自由与安宁。"

比起其他知青点来说，白洋淀确实是自由和安宁，知青可以经常回北京，通过"地下文化沙龙"，接触到西方现代主义文学作品，如凯鲁亚克的《在路上》、塞林格的《麦田的守望者》等，其他地方能看到这些作品是在十年以后。

芒克（姜世伟）回忆说："我们那管得不严，爱干不干，等于躲风头，没受太多苦。比老百姓好一点，有吃有喝，鱼虾都能弄到。"生存无忧，环境优美，又接受了最新文学潮流的影响，使这些年轻人能充分进行自我的艺术表达。

据白青（朱继和）回忆"美丽的白洋淀，友善的人群，淳朴的村风，使无以为诉的小知青们自然跌入酒神状态。寻找到称之为诗的独特载体，诗也过重地承载了那些苦辣酸甜，又漂浮升到精神对白的高度"。

在白洋淀这片浪漫的土地上，芒克他们用意象、隐喻的诗句书写迷乱、挣扎的心绪。"诗——／那冷酷而伟大的想象／是你在改造着我们生活的荒凉。"后来人们把他们称为白洋淀诗群，是几年后风靡一时的"朦胧诗"之先导。

二

1973年春，24岁的北岛卖掉了他的手表，筹措路费，去白洋淀，看同学。

没了手表，北岛感觉"好像我们去时间以外旅行"。

不是"时间之外"，也如另一空间。他和朋友们在白洋淀上游荡，"记得我和彭刚、芒克划船去县城打酒，是那种最便宜的白薯酒。回来起风，越刮越大，高高的芦苇起伏呼啸。我们一边喝酒，一边奋力划船。第二天，在邸庄插队的朋友那里过夜……做成丰盛晚宴。酒酣耳热，从短波收音机里调出摇滚乐，彭刚和陈加明欣然起舞。两个精瘦的小伙子像蛇一样盘缠摆动，令人叫绝。入夜，余兴未尽，荡舟于淀上。水波不兴，皓月当空。"

如此音乐和舞姿在被允许是几年以后的事，在那个万马齐喑的时代，这般纵情放任如同童话。

齐简（史保嘉）作为女友与北岛同行，她回忆说："当年在白洋淀插队的知青无一例外，全是自行联系去的，这表明了在限制个性的大环境中追求小自由的一种自我意识……在当时思想交流媒介相对落后的情况下，白洋淀与北京的距离便成为不可多得的一个优势……成为人杰地灵的诗歌的风水宝地。"

齐简对食指的诗印象极深，她说："他对个人真实心态的表达唤醒了我，使我第一次了解到可以用诗的语言将自己的思想感情表达出来。记得那晚停电，屋里没有蜡烛，情急中把煤油灯的罩子取下来，点着油捻权当火把。第二天天亮一照镜子，满脸的油烟和泪痕。"

她那晚读的诗有《相信未来》。

《相信未来》："当蜘蛛网无情地查封了我的炉台／当灰烬的余烟叹息着贫困的悲哀／我依然固执地铺平失望的灰烬／用美丽的雪花写下：相信未来／当我的紫葡萄化为深秋的露水／当我的鲜花依偎在别人的情怀／我依然固执地用凝霜的枯藤／在凄凉的大地上写下：相信未来／我要用手指——那涌向天边的排浪／我要用手掌——那托起太阳的大海／摇曳着曙光——那支温暖漂亮的笔杆／用孩子的笔体写下：相信未来／我之所以坚定地相信未来／是我相信未来人们的眼睛／她有拨开历史风尘的睫毛／她有看透岁月篇章的瞳孔／不管人们对于我们腐烂的皮肉／那些迷途的惆怅，失败的苦痛／是寄予感动的热泪，深切的同情／还是给以轻蔑的微笑，辛辣的嘲讽／我坚信人们对于我们的脊骨／那无数次地探索、迷途、失败和成功／一定会给予热情、客观、公正的评定／是的，我焦急地等待着他们的评定／朋友，坚定地相信未来吧／相信不屈不挠的努力／相信战胜死亡的年轻／相信未来，热爱生命。"

宋海泉1969年夏天读后说："《相信未来》让我看到一个新世界……朴素的词语编织了一种与心灵相共鸣的律动，鲜明的诗歌形象表达了一种对现实的反叛与抗争……使我们感到如此回肠荡气的，不是他诗歌的形式，而是他诗歌的内容。就其内容而言，他主要表现的是青春、幻灭、抗争和固执和希望。这正是当时知青们共同的思想情感。"

食指被称为"文革"诗歌第一人，他的诗在上千万的知青中用不同的字体和纸张传抄着，除他之外"世界上不会有第二个诗人数不清自己诗集的版本"，白洋淀诗群大都受其影响。1969年秋天，食指也来到了白洋淀，他试图将自己的插队地点从山西杏花村转到白洋淀，没能实现。

在白洋淀插队的知青不过500多人，但由于宽松和便利引来不少外地知青，如食指、北岛、江河、严力、甘铁生、郑义、陈凯歌等。白洋淀诗群"是一个同北京及全国有着广泛联系的开放体系。"白青写道："葡萄架下，迎来一群群超逸的朋友／大家都像云彩在那飘过／只有故事流传着。"

白洋淀，以其独特的自然、人文环境和地理位置，在20世纪六七十年代之交特殊的时代环境中，为中国文学滋育出一片幽香的花朵。她不是扑鼻而来，而是意味悠悠。

1994年5月，《诗探索》杂志社在白洋淀召开讨论会，白洋淀诗群正式得名，相关史料得以挖掘公布，引起人们的广泛注意。

之后，"白洋淀诗群受到前所未有的倚重……成为当代新诗史写作和研究中一个热门话题和绕不过去的经典。"

三

1976年1月，芒克离开白洋淀，这里留下他从19岁到26岁的青春岁月。

芒克也是坐马车到白洋淀，同车有多多（粟世征），同村还有根子（岳重）、白青，后来都是白洋淀诗群代表人物。

2008年，芒克接受访谈时说，在1972年和1973年写了很多东西，"当时我们都比较痴迷于诗歌，就是不可能得到什么，还在那儿坚持写……留下来的也都是很偶然，要不是有人留下来都不记得，就没这段历史了"。

诗只是这些少年抒发情怀的捎带，仿佛在水边高歌，任其随风飘散。能留下来要靠保存自己的笔记，或遇到喜欢诗的人抄录，留下的只是一小部分。

白青说："我的一本写诗的小本子曾经被传看。后来北京另一位知青跟我说……'文革'中因日记翻腾出旧事倒霉的人……我忐忑不安就烧了那个小本子。里面的诗是不需要读者的，更无功利可言。"

芒克说："我觉得一个人的诗能够代表一个人的头脑，有多大的智慧、多深的想法，都能够展示出来。作为我个人来讲，其实也不是写给别人看的"。

芒克的诗交织着现实与梦想的纠葛，具象了意识与感觉的翕动。"雪地上的夜／是一只长着黑白毛色的狗／月亮是它时而伸出的舌头／星星是它时而露出的牙齿／就是这只狗／这只被冬天放出来的狗／这只警惕地围着我们房屋转悠的狗／正用北风的／那常常使人从安睡中惊醒的声音／冲着我们嚎叫／这使我不得不推开门／愤怒地朝它走去／这使我不得不对着黑暗怒斥／你快点儿从这里滚开吧／可是黑夜并没有因此而离去／这只雪地上的狗／照样在外面转悠／当然，它的叫声也一直持续了很久／直到我由于疲惫不知不觉地睡去／并梦见眼前已是春暖花开的时候。"

1973年，北岛曾来找他，回忆说：他"把我们带到他的住处。小屋低矮昏暗，但干净利索，炕边小桌上放着硬皮笔记本，那是他的诗稿。芒克解缆摇橹，身轻如燕，背后是摇荡的天空。刚解冻不久，风中略带寒意。是芒克把白洋淀，把田野和天空带进诗歌……1973年是芒克诗歌的高峰期。他为自己二十三岁生日写下献辞：'年轻、漂亮、会思想。'"

年轻的芒克在诗中思索着现实，《阳光中的向日葵》："你看到了吗／你看到阳光中的那棵向日葵了吗／你看它，它没有低下头／而是把头转向身后／就好像是为了一口咬断／那套在它脖子上的／那牵在太阳手中的绳索／你看到它了吗／你看到那棵昂着头／怒视着太阳的向日葵了吗／它的头几乎已把太阳遮住／它的头即使是在没有太阳的时候／也依然在闪耀着光芒／你看到那棵向日葵了吗／你应该走近它／你走近它便会发现／它脚下的那片泥土／每抓起一把／都一定会攥出血来。"

太阳那时有特殊寓意，向日葵也就有具体指向，咬断脖子上的绳索，脚下出血的泥土，在宁静的白洋淀，青年心中汹涌着这样的思绪，不难理解随后发生的一些历史事件。

齐简记着分别时芒克将他们送到端村，"在那道长长的河堤上茫茫的夜雾中，他活泼如顽童般的身影给我留下深刻的印象，我无法把这个印象与他诗中的深沉忧郁统一起来。"芒克是个英文词的音译，猴子，他在白洋淀时的绰号。

"一度我们是真诚的／就因为我无知的样子很纯真／就因为我们／还未学会扮演别人／还不了解价格／还不了解善良／是一种最不经久的商品。"这是多多的诗，1973年，在大淀头村，他和芒克为诗较劲，说到年底一人写一本，看谁写得好。宋海泉说，在一个"群"里，难免竞争，按北京方言叫"碴诗"，在这过程中可有小小的满足。

当时有名的"文化沙龙"主人徐浩渊说，每个人20岁左右都想写诗，发泄情感，过后就不写了的不叫诗人，"真正的诗人是过了那段他还想写"。芒克、多多、林莽等后来诗作不断。

2010年，多多获得美国纽斯塔特国际文学奖，这是一个仿诺贝尔文学奖设立的奖项，每两年颁发一次，限一人，表彰其终身成就。获奖后，多多说："中国新诗有广大的未来，只是需要几代人的铺路，才有望达到高峰。目前除了踏实去创作，其他一切免谈。"

四

2001年8月，林莽写了首《夏末十四行·村庄》，抒写他重返白洋淀的感觉。

"从南关大桥向西眺望／成片的芦苇和洼地／雾霭与夕阳，隐约可见的／是我久别的村庄／时间阻隔，于瞬间让我迷茫／那些在天地之间／在水雾和夕光中飞翔的／可是隐匿者的灵魂／是什么让他们聚集在岁月之上／汽车驶过县城南关的大桥／向西，我看见了夕阳下的村庄／还有以往时光里的人们／淀水的波纹悠然闪动／仿佛我熟知的那些善意的眼神。"这诗有几分诡异,旧时影像在现实景象中浮现,有时空交错之感。

当年那些少年避难般来到白洋淀,他们带着大量的书籍,又不断地到北京补充"营养",看起来在精神和艺术上与白洋淀本土没有太多牵涉,是"乡村中的城市文学"。

宋海泉曾说:"白洋淀诗歌群落的产生,同它本身的文化传统没有必然的血缘关系,诗歌作者群产生在这里,也许正是由于它的这种非文化的环境,由于它对文化的疏远和漠不关心,因而造成一个相对封闭的小生态龛。借助这个生态龛,诗群得以产生和发展。"

这话有一定道理,诗群不是如芦苇一般在白洋淀世代生长出来的,更像一群因意外飞来的鸟,栖息到淀里,演绎出一段传奇。但这传奇属于白洋淀,诗群传续着水乡文脉,还以独特精神气质为这文脉舒展出奇妙瑰丽的一段。

到白洋淀去,是少年们的主动选择,吸引他们就是白洋淀产生的艺术。宋海泉说:"在这之前,我对白洋淀的印象,全部来自文艺作品。孔厥、袁静《新儿女英雄传》,孙犁的《白洋淀纪事》,根据徐光耀小说改编的《小兵张嘎》,梁斌的《播火记》等,我几乎全部读过。尤其喜欢孙犁的作品,我喜欢他朴实洗练的文笔,喜欢他淡雅隽永的韵味,喜欢他深厚的文字功力所表现出的诗情画意。凭着这些印象,我把白洋淀想象成一个可以暂时栖身避乱的世外桃源。"

史无前例的运动中,白洋淀当然不可能遗世独立,但她以自然风光、人文环境、民风物产、地理位置"孕育抚养"了白洋淀诗群。这也是仅有数百知青的白洋淀,成为那个时代诗歌乐园的原因。

林莽写道:"深夜,阔叶树发出哗哗的声响,我住的村边小屋是一片开阔的水面,没有星光和渔火,我在孤单中思念,既凄楚又担忧。在夕阳西下的堤岸上，一边是一片紫色的土地，一边是无声无息的湖泊，我默默地走着，世界无依无靠。冬日的树木枯干凋零，几丛芦苇在岸边摇曳，孤雁的鸣叫声声远去。冬日的白洋淀一片冰川，灰褐色的云层笼罩着天空。有时船在黄昏的水面上滑行，平静而幽静，当你把手伸入清爽的水中，心头唤起的依旧是一阵凄冷。"

在淀区的寂寥旷远中，他进入了诗的世界。

林莽说："我插队的水乡小村以南8公里，有'古秋风台'碑，（安州城北）记载着燕太子在此送别荆轲。或因此，该地古风苍凉，遂使青春亦怀悲壮。"

林莽诗中常出现的意象是深秋、孤雁、夕阳、天涯、枯苇。"随风摇曳的枯苇，低奏着凄凉的乐章。大雁孤独的叫声，像挽歌一样凄楚而哀痛。""夕阳殷红，把原野渲染。秋末的彩云，连接着冬日的彤云。美丽的晚霞，迎来了黑夜的深沉。"飘荡着悲凉之气。

荆轲壮别之地，慷慨悲歌遗风在白洋淀诗群中不无体现。芒克《天空》"太阳升起来／天空血淋淋的／犹如一块盾牌。"根子《白洋淀》"船完全被撞破之后，也就不会沉没了，它的／每块散落的木板／将永远漂浮在海上。"多多《当人民从干酪中站起》"歌声，省略了革命的血腥。"

孙犁的荷花淀派作品对少年们奔向白洋淀有直接的影响，水乡清新柔美的风情也同样在白洋淀诗群中有所体现。林莽"明静的湖水／闪烁着一片光芒／如玉带桥上，她／洒给湖水的／目光一样。"芒克"我要举起浪花／向着陆地奔／我要亲切的呼唤／扑进她温暖的怀抱。"

当年过半百的林莽重新经过南关大桥之时，那批在苇边水畔踯躅蹉跎的诗人早就四散在世界各地，那些纵酒磋诗的场景已经成为水乡过往，但它们似乎在水雾和夕光中依稀浮现，仿佛融入湖光天色之中，成为白洋淀的一部分。

五

2014年，在芒克、多多、根子、白青等插队的安新县大淀头村建成一所村级文化馆，也称白洋淀诗群纪念馆。

馆内摆放着芒克们当年使用过的网包、梭子等捕鱼织网的工具，展示着昔日生活劳动的老照片。

因为白洋淀诗群这一资源，大淀头村成为安新县白洋淀景区首批旅游文化村。当地提出要挖掘整理保护历史文化资源，打造水乡的文化品牌。

白洋淀文脉源远流长。

"风萧萧兮易水寒，壮士一去兮不复还。"这或应是白洋淀边传下的首个名句吧。由此，引发了一代代人的追怀感慨，易水秋风，成为白洋淀一景，被诗人反复吟咏。

"此地别燕丹，壮士发冲冠。昔时人已没，今日水犹寒。"（唐、骆宾王《易水送别》）"易水北风寒，荆卿去不还。千秋宝剑气，犹在碧云间。"（明、邵锡《秋风台》）。"安城原是葛乡城，易水从来有大名。落日悲歌去壮士，千年宝剑负荆卿。还看缺岸浮云渡，故见芳洲白鹭明。几遍乘船闻夜泊，兴来真见古人情。"（明、田一井《易水河》）

思古幽情中也留下白洋淀的天光云影。

白洋淀水乡景象一直也是文人墨客书写的一个主题。

宋代苏辙《赠知雄州王崇拯》云："赵北燕南古战场，何年千里作方塘。烟波坐觉胡尘远，皮币遥知国计长。胜处旧闻荷覆水，此行犹及蟹经霜。使君约我南来饮，人日河桥柳正黄。"苏轼写过《唐兴寨》一诗，唐兴寨在今安新县。

明代孙敬宗《白洋大湖歌》中写道："白洋大湖浪拍天，苍茫万顷无高田。鼋鼍隐见蛟龙走，菡萏参差菱荇连……适来适去一苇间，四时风浪舒心颜。须知人世无多事，撑得虚舟心自闲。"

清代查慎行是金庸祖辈，曾来白洋淀写下《赵北口》："燕南赵北际，地是古易州。两淀亘一堤，堤长若桥浮。……晨餐具鲜鲫，门有晒网舟。飞沙隔岸来，风削堕浪头。"对白洋淀景致描画颇为细腻生动。

纪晓岚也有首同题长诗，其中云："一棹溯空明，琉琉净无垢。水气闻芰荷，风影亚蒲柳。"

清幽浩渺中也不只产生了诗歌。安新素有"气清而性灵，人文萃出敏慧甲于它城"之说，元明清三代中进士77人，举人秀才遍布各乡。

清雍正二年安州陈德华中状元，官至礼部尚书，其兄弟陈德荣、陈德正均为进士。

刘因在安新三台镇授徒讲学，元廷赠匾"静修书院"，明代多次重修。刘因弟子有姓名可考的20多人，孙奇逢称，其中三台籍8人：梁师恭、王刚、李蒙、刘英等。

孙奇逢也曾在安新居住讲学，安新人魏一鳌是其得意弟子之一。

元好问为白洋淀记下篇别致的故事，《续夷坚志·蛙化鼠》："燕南安州白羊淀，南北四十里，东西七十里，旧为水所占。近甲午岁，忽干涸，淀中所有蛙黾，悉化黑鼠，啮荄草根尽。土脉虚松，不待耕垦，投麦种即成就。其居民不胜举，听客户收获，但取课而已。

此地山草根胶固，不受耕，其因鼠化得麦，亦异事也。淀有石刻云：'天荒地乱，莫离此淀；有水食鱼，无水食面。'"

这个玄幻故事很符合白洋淀沧桑的特点，干淀后蛙鼋变成黑鼠，将淀底"耕"为良田，当地人收都收不过来，让外来人收获只收取费用。

无论水多水少，淀区都有食物，想法很好。

除了静修书院，从元到清，安新还建有渥城书院、葛乡别墅、安新书院等。

清末，渥城书院和安新书院都改为高等小学堂。1929年，陈调元出银圆10万元建同口中学和同口小学，同口中学是安新最早的中学。

1936年秋，孙犁坐大车来到白洋淀，在同口小学任教一年，后到太行山参加革命。《荷花淀》是他在延安时，听冀中来人讲白洋淀抗日故事，结合对水乡的记忆写出。

2010年，林莽又一次来到白洋淀，写道："三十六年白驹过隙……新建的庙宇好像占据了古秋风台的遗址……驱车走过以往八里的水道。我回来了，故乡。"

到白洋淀去

2017年4月1日雄安新区设立消息一出，白洋淀旅游随之盛况空前。

公布次日即是清明小长假，官方统计，白洋淀接待游客1.83万人次，同比增长256.5%。

"到白洋淀去"由来已久，自金在北京建都，这片距离最近的大湖就成为达官贵人们的浏览胜地。

金代章宗在浑埝城遗址（即今安新县城）筑城，每年来此行春水之典。元代"每逢三四月间，士大夫公暇，常到淀区，游目骋怀，吟咏唱和。"明代"高贤逸士或泛长波，或瞻灵宇。"清康熙在位61年，40次来白洋淀。

白洋淀现代旅游业的兴起，是在1988年8月重新蓄水以后。当年9月，安新县成立旅游事业管理局，这片存在已久的水域第一次出现行使旅游管理权的机构。

以前淀区以苇为粮，此后旅游成了白洋淀的新"庄稼"。

1989年夏去白洋淀，在水边讨价还价，花10元钱租条木船在淀里转了半天。船家聊了不少来水后的麻烦：玉米被淹，马车没用了，干淀时养的旱鸭下水不会找食等，但让他高兴的是租船进淀的越来越多了。

2017年7月30日，白洋淀售票大厅如从前火车站售票处一般热闹，排了几十分钟队，租上条木船进淀，100元船费，40元进淀费，可在淀里转6小时，去景点需另外买票。船家说，前一天所有的船都租完了，不少游客未能进淀。

一

金章宗到白洋淀源于一个爱情故事。

女主角叫李师儿，安新人。这是一个情浓堪比《长恨歌》，励志不亚《甄嬛传》的故事。其内容之丰富恐怕还不是这两部作品所能涵盖，除了爱情、宫斗和政局，还涉及民族、建筑和宗教等等。

在中国历史上所有的后妃中，李师儿的起点算是低的。她是监户出身，就是因犯罪没入官府中为奴的民户，父亲李湘，也是微贱之人。

李师儿脱颖而出不是靠脸，是靠才华。

当时宫女们跟老师学习隔着青纱，师生问答看不见脸，李师儿最聪慧，老师张建不知她是谁、长啥样，"只识其音声清亮"。金章宗问张老师有没有好学生，张老师说："就中声音清亮者最可教。"通过类似中国好声音盲选的方式，男女主角见面了。

"五云金碧拱朝霞，楼阁峥嵘帝子家。三十六宫帘尽卷，东风无处不扬花。"这是男主的诗，他是个文学青年，女主聪明好学。据说，两人在中都太宁宫（今北京北海公园）琼岛上赏月，男主随口说："二人土上坐"，女主即答："一月日边明"。既是字谜，也是

❶ 安新县白洋淀景区游人留影。

❷ 安新县白洋淀景区售票厅内人头涌动。

❸ 安新县白洋淀景区复建的康熙行宫。

❹ 安新县白洋淀景区游船如织。

❺ 安新县白洋淀景区游船经过元妃荷园路标。

❻ 安新县白洋淀景区前车满人涌。

（2017年7月30日摄）

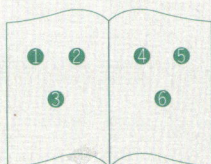

情景描述，珠联璧合的两人就在一起、在一起了，史书上的说法是"遂大爱幸"。史料记载，女主"姿色不甚丽"，真是靠气质。

1193年李师儿被封为昭容、次年进封淑妃。李湘也追赠金紫光禄大夫、上柱国、陇西郡公。章宗要立李氏为皇后，遭到大臣们激烈反对。这涉及民族问题，金朝规矩皇后只能从女真贵族家庭选择。李氏条件差距太大了，章宗使用撤职、入狱、杖责等手段都没能让大臣们屈服，宰相张万公甚至称李氏出身"细微之极"。章宗只好妥协，1199年封李氏为元妃，为后宫之主，且不再立后。

一天，章宗在宫中设宴，有艺人借表演之机说："凤凰飞的方向不同，意义不一样，向上飞则风雨顺时，向下飞则五谷丰登，向外飞则四国来朝，向里飞则加官进禄。"这个"里"是指"李"，当时李元妃宠冠后宫，趋附者众，都能得到好处，朝里朝外议论纷纷。章宗闻听，笑了笑没理会。

"终于作了这个决定，别人怎么说我不理。"

在白洋淀，金章宗为爱情修了一座城，当时城墙周长九里十三步，高三丈，三面临水，楼台映照。并建梳妆楼供元妃使用，建静聪寺供她进香拜佛，建望鹅楼、莲花池以便于游赏。后人有诗云："新安城上有高楼，金粉香销几百秋，传是章宗游览地，奇花瑶草满春洲。"

但元妃的目标不止于此，她极力培植自己的势力。其兄李喜儿当过盗匪，也被迅速提拔重用，累官宣徽使、安国军节度使。弟铁哥，累官近侍局使、少府监。一时间，李氏家族权倾朝廷，逐利之徒竞相投靠。

1202年元妃生下她第一个（章宗的第六个）儿子葛王忒邻，《射雕英雄传》中，完颜洪烈被称是章宗第六子，忒邻算是原型，不过他两岁夭亡，迷恋汉族女子的是他爹。

没儿子是后妃的噩梦，元妃想到了宗教。《射雕》中有全真七子，金章宗执政后禁罢全真道，元妃为求子说动章宗，礼遇邱处机、王处一等，请全真道士为自己斋醮祈嗣，这对全真道的发展起了推动作用。金庸书中邱处机是杨康老师，从完颜洪烈论元妃算杨康的祖母，和邱处机倒有些渊源。

元妃终究还是没能避免无子的噩梦，章宗去世时也没有活着的儿子，但另外两妃子有孕，章宗将皇位传给其叔卫王，要求他以后将皇位传给那两个妃子生的儿子。卫王即位后，将其中一个妃子削发为尼，又把另外一个妃子赐死。

1209年，卫王以元妃作法使章宗无嗣为由逼其自尽。这年，她37岁。据说她曾像《甄嬛传》中皇后一样，多次害死其他嫔妃的孩子，还试图用李家婴儿冒充皇子。

爱情如花，不过经常到凋谢时我们才能知道，它会结出怎样的果实。这淀上有史以来最炫目的爱情剧，以滴血的宫斗剧收场。元妃后来归葬水乡，墓地在今安新县端村。

2001年，白洋淀建起了元妃荷园，占地约1800亩，说是在章宗和元妃当年赏荷之地，园内除了荷花，还有元妃的雕像。现在是距白洋淀码头最近的水上景点，票价20元。

二

康熙在白洋淀度过了一些休闲时光。

他写过篇《鄚州水淀记》记下白洋淀的快乐体验："康熙十八年，己未暮春之初，朕万几有暇，行幸鄚州。于是惠风拂地，淑景浮空，节应佳辰，时登令月。与群臣春搜于南浦，泛舟于河淀，庶凭欢心，以召和气。万物畅茂，顺阳和而布政；三光烛耀，赈贫乏以劝农。虽无山林台阁之趣，水村林薮有淳厚之俗，沙鸥锦鳞，互相游泳，春花野草，参差万状，观之不足。因同侍从诸臣题诗赋，鼓瑶琴，俯仰古今，飞觞饮宴。昔人横汾昆明之游，皆所以洽上下之情，同君臣之乐，岂独流连光景已哉？故记之。"

用轻松的笔触道出白洋淀风情和君臣的开心，他还写过不少吟咏白洋淀的诗。《白洋湖》："遥看白洋水，帆开远树丛。流平波不动，翠色满湖中。"《水村》："孤村绿塘水，旷野起春云。槐柳胜南苑，青莎有鹭群。"《水淀杂诗》："轻舟十里五里，垂柳千丝万丝。忽听农歌起处，满村红杏开时。"

不过康熙不是光来玩的，他的出行中包含政治、军事、经济、社会等内容。

关于康熙和他儿子们那些事，在《步步惊心》、《雍正王朝》、《李卫当官》等中我们已反复观摩。"九子夺嫡"是件大事，曲折复杂、惊心动魄。康熙有那么多孩子，优秀的也多，不仅马尔泰·若曦看花眼，康熙本人培养、考察起来也颇费心思，这在他出巡白洋淀等地时可以显示。

《清圣祖实录》中记载他出巡畿辅27次，每次都带着儿子，主要不是带孩子玩。

康熙二十三年到二十六年三次出巡，只带太子胤礽，一方面借机对太子言传身教，另一方面昭示对太子的器重。康熙二十四年出巡记载："上乘辇，皇太子在侧。上沿途观书，每至齐家治国、裨益身心之处，及经史诸子中疑难者，上必将意义本末善为诱掖，旁引曲喻，一一启发，教之通晓……至若皇太子随上所历，上必指示闾阎风俗，民生疾病，令知稼穑之艰难。"不只是辅导读书，还帮助认识社会。

立太子后，胤礽身边逐渐形成自己的势力，而康熙也观察到太子的一些不足，之后的出巡就不只带胤礽一人了。皇长子胤禔、三子胤祉、四子胤禛，以及老八、老九、老十、十三、十四等都出场了，《步步惊心》的男角差不多全了，说明康熙扩大了培养和观察的范围。

每次带谁不带谁，都有政治含义。比如十三子胤祥，在康熙38到48年间8次出巡每次跟随，但此后就只有一次了，因为他介入储位之争失宠了。

康熙心思并不都在儿子身上，出巡关注更多的是国事。其中重要的是治水，白洋淀水患直到20世纪60年代都是让执政者很头痛的事。康熙来白洋淀好多次都是进行实地勘察，布置指导治水，还把这里治水的经验用于治理黄淮。

他调查得很认真，康熙三十八年10月沿永定河考察，在郭家务村南大堤上，亲自用仪器在冰上测验，发现问题告诉有关官员："此处河内淤垫，较堤外略高，是以冰冻直至堤边。以此观之，下流出口之处，其淤高必甚于此。"要求春水发前进行疏通加固，并提醒加固河堤时不能从近处取土，"若取土成沟，水流沟内，有伤堤根。"

康熙四十七年和四十八年，他两次从霸州苑家口登舟，沿河道进入白洋淀，沿途逐段查看堤防情况，根据实际了解的状况，拨给资金，布置完成。两次都是在农历二月，是提前为汛期作准备，这个季节华北一片萧瑟，不是游玩赏景的时间。

在白洋淀的出巡中，康熙还多次进行水围，张扬游牧民族的战斗传统，有练兵和显示武力的军事目的。在水上，康熙也显示出他的军事技能。直隶巡抚赵弘燮康熙五十年随行水围，写道："随侍水围，见飞禽难弋之物，皇上枪发应手即得。"康熙自己写过《船猎》诗云："万人齐指处，一鸟落晴空。携琴鼓棹返，乐与大臣同。"直到暮年，他仍在舟中观猎，诗云"衰年虽乏挽弓力，黾勉春蒐以德先。"

为方便驻留，康熙在白洋淀建了4处行宫，包括：郭里口行宫、端村行宫、圈头行宫和赵北口行宫，现均已无存。前些年，当地重建了个康熙行宫，规模不算大，御书房、御膳坊倒一应齐全。是在个景区里面，其实也是新建个旅游点。

你当年来这里看风景，看风景的人现在来这里看你。

三

电视机里雍正"很忙"，《甄嬛传》《宫》《步步惊心》……一个接一个地演。历史上他的确很忙，治理白洋淀他费了不少劲，但没顾上来他爸留下的行宫打水围。

他儿子就不一样，乾隆维修了祖父的水乡行宫，在白洋淀举行过4次水围。留下不少有关诗作。《赵北口即景》："红桥长短接溪川，溪上人家不治田。半笠沧波三月雨，一堤杨柳两湖烟。挈将鹅鸭无官税，捕得鱼虾足酒钱。今日饱餐渔者乐，鸣榔春水绿浮船。"《鄚州道中》："我爱燕南赵北间，溪村是处碧波环。若教图入横披画，更合移来西塞山。"

虽然乾隆处处仿效康熙，但经常仿其表未能效其实，来白洋淀玩主要就是玩。闲能生事，也难怪各地数他的传说多，白洋淀也不例外，虽然康熙来得多，故事却是乾隆的。

捞王淀相传是乾隆落水被渔民搭救而得名，金龙淀得名也与他有关。还有关于他和刘墉、纪晓岚对句等的故事，甚至有和渔女对诗的传说。故事都没什么出奇，所对诗句也没啥趣味，算民间对乾隆的一种"消费"吧。"故事里的事说是就是不是也是，故事里的事说不是就不是是也不是。"

乾隆之后，行宫逐渐荒弃。当时的景象只能从典籍中追寻了，《南巡盛典》中有赵北口行宫的记录："（行宫）在任丘县北五十里，即赵堡口。《后汉书·公孙瓒传》所称'燕南陲，赵北际'也。亘以万柳堤桥，十有一虹跨其上，为南北通衢。西淀诸水，由此东注。圣祖仁皇帝举水围之典，葺治行殿……湖光烟霭，帆影云飞，水槛风廊，环映于莲泊莎塘之际。晴空一碧，写咏鸢鱼，仿佛江南图画也。"

西淀即白洋淀，"十有一虹跨其上"说的是赵北口行宫旁的十二连桥。当年，在南北长约七里的长堤上，每隔不远，就有一座样式不同的桥，共十二座各有特色的石桥或木桥，在碧波之间将长堤连接，亭台楼阁点缀期间，成为淀上有名的风景。

清代陈启佑《十二连桥》诗云："十二长虹碧汉通，鞭丝帽影惜匆匆。好风为扫尘沙去，收拾湖光到眼中。"这十二连桥现仅存一座广惠桥，1968年改建为钢筋混凝土结构。

白洋淀向是风景佳处，古来安州（今安州镇）有濡阳八景和新安（今安新镇）有新安八景。濡阳八景包括：云锦春游、齐云晚眺、石臼停舟、白洋垂钓、柳滩飞絮、蒲口落花、板桥晓月和易水秋风。新安八景包括：静修书院、台城晚照、妃子妆台、聪寺晓钟、明昌鹅楼、西淀风情、东堤烟柳、鸭圈印月。这些景致除了淀上自然景象，就是荆轲、刘因、李师儿等带来的人文景观。岁月变迁，原有的景观慢慢消减，新起的景点不断兴起。

安新曾提出新的八种风光，包括：水村观浪、长堤烟柳、清水芙蓉、月夜泛舟、白洋垂钓、溜冰踏雪、码头夕照、破冰冶鱼。

1993年夏到白洋淀，参加当地举办的荷花节，是政府为发展旅游兴办的节庆，那已经是第三届了。到一些旅游设施参观，记得有个水泊梁山宫。是个在岛上的建筑，里面有些108将的泥塑，还有一些场景再现，智取生辰纲、倒拔垂杨柳、景阳冈打虎、风雪山神庙啥的，加上了声光电的效应，据说投资900万元。

2004年夏去时，已拆除水泊梁山宫，梁山好汉中虽不乏河北人氏，但和白洋淀没多少关系。送走"梁山好汉"，请回"小兵张嘎"。新建了嘎子村、雁翎队纪念馆。嘎子村是展示淀上风情的民俗村，雁翎队纪念馆里再现雁翎队打击日军的历史。

这些年，元妃荷园、康熙行宫、白洋淀抗战纪念馆、孙犁纪念馆等一些与白洋淀人文历史相关的景点也相继建设起来。

孙犁纪念馆是一个青砖仿古建筑，进了院子，可看到孙犁的汉白玉坐像，高3.3米，他手持书卷，目视远处的荷塘和苇丛。雕像后是纪念馆的主展厅，正厅挂有"孙犁纪念馆"的匾额，东厢房匾额为"耕书"，西厢房匾额是"读经"。

厢房陈列着孙犁生前用过的书桌、沙发、衣柜和衣物、鞋子等。展厅中展示了孙犁的生平与创作，介绍了他1936年、1947年和1972年三次来白洋淀的经历，着重突出了他的作品《荷花淀》。

四

"月亮升起来，院子里凉爽得很，干净得很，白天破好的苇眉子潮润润的，正好编席。女人坐在小院当中，手指上缠绞着柔滑修长的苇眉子。苇眉子又薄又细，在她怀里跳跃着。"这是孙犁《荷花淀》开场一段，也是表现白洋淀人与芦苇"亲密接触"的经典场景。

进入白洋淀，芦苇是标志性的景物。

"我到了白洋淀，第一个印象，是水养活了苇草，人们靠苇生活，人和苇结合的那么紧。人像寄生在苇里的鸟，整天不停地在苇里穿来穿去。"

这出自孙犁《采蒲台的苇》，其中还说："我渐渐知道，苇也因为性质的软硬，坚固和脆弱，各有各的用途。其中，大白皮和大头栽因为色白、高大，多用来织小花边的炕席；正草因为有骨性，则多用来铺房、填房碱；白毛子只有漂亮的外形，却只能当柴烧；假皮织篮捉鱼用。"

白洋淀诗群的少年们也对芦苇印象深刻。宋海泉在《白洋淀琐忆》中写道："白洋淀真正的收割，是指芦苇的收割……霜冻过后，苇叶落了，只剩下秃秃的苇秆在西风中抖瑟，像一支支手臂伸向太阳。古哲人说：'人是会思想的芦苇。'每当透过薄雾，影影绰绰地看见人们用大镰砍在瘦弱纤细、毫不设防的芦苇身上时，总忍不住一阵悲凉袭上心头，古代哲人的话像一首无穷动一样往复萦绕，挥之不去：人是会思想的芦苇，会思想的芦苇，会思想的芦苇……"

林莽在《水乡札记》中说："白洋淀的苇地分为三种。那些靠近村边的，在多年的培育中，形成一块整齐的台田，每年收割过的苇地覆盖了一层厚厚的叶子，与芦苇多年生长的根须纠结在一起，像是块松软的大海绵……那些生长年代较少的芦苇，根部低于水面……那种深水中的苇地，有些是自然繁衍起来的，有的是刚刚栽种一两年的苇子，渐渐连成了片。白洋淀的苇子真是无边无际，它们像这水乡的人们一样，充满了盎然生机。"

现代社会诸多方面的迅速演变，使白洋淀芦苇也面临了新问题，水还养活着苇草，人们却不再靠苇生活，再也不像"寄生在苇里的鸟"，而是离开苇丛，飞了。

20世纪80年代干淀时，人们还为争抢芦苇发生纠纷，这几年大片大片的芦苇已面临无人愿收割的窘境。

"六月里，淀水涨满，有无数的船只，运输银白雪亮的席子出口，不久，各地的城市村庄，就全有了花纹又密、又精致的席子用了。大家争着买：'好席子，白洋淀席！'"而今这场景只存在于《荷花淀》里了。

家居用品的不断升级，使苇席等苇编用品早已退出了城乡家庭日用品的行列。建筑材料的迅速更新，也使芦苇在建筑领域没有了用武之地，就是淀区农家盖砖土房也用不着芦苇。环境保护力度的加大，原先白洋淀附近的造纸厂都已关闭，造纸也不用芦苇了。

请人收割芦苇花的工钱，比卖芦苇能挣的钱还多。

"打苇是壮劳力的专利，汉子们也因此而自豪。每当打苇的大六仓出发，就像出征一样庄严，归来时一人多高的苇垛把船头压得低低的……摇船的汉子站在高高的船尾上……脸上洋溢着收获的喜悦和劳动的尊严。"这喜悦与尊严已成记忆。

那长约两尺、宽约寸半、七尺长的竹竿为把的割苇专用大镰，在水乡农家渐渐生锈。

芦苇，在白洋淀现在更多是旅游价值了。

水光天色下起伏的苇海是白洋淀招牌景观，芦苇加工主要是为了提供旅游产品。

2009年6月，白洋淀苇编品入选第三批河北省非物质文化遗产项目名录。

白洋淀苇编工艺画是从苇席衍生出来的，在明清就已出现，但以前在芦苇加工中占的分量微乎其微。近年来，成了芦苇加工的重点。是将芦苇剖开后碾成条编织图案，经分类、剖割、压平、雕刻、剪贴、编织等十多种工序制成。

苇编工艺画以芦苇特有的颜色、光泽、纹理来展现诸如撒网捕鱼、撑舟放鸭等水乡风情，本色材质、色泽淡雅。目前，白洋淀已开发出数十种苇编工艺画。

挂一幅苇编工艺画，算是种白洋淀的记忆吧。

五

一千个过客的记忆中，有一千个白洋淀。

1981年，孙犁在《同口旧事》中写道："听说，我教书的那所小学校，楼房拆去了上层，下层现在是公社的仓库。当年同事，有死亡的，也有健在的。在天津，近几年，发现两个当年的学生，一个是六年级的刘学海，现任水利局局长，前几天给我送来一条很大的鱼……刘学海还说，我那时教国文，不根据课本，是讲一些革命的文艺作品。对于这些，我听起来很新鲜，但都忘记了。查《善暗室纪年》，关于同口，还有这样的记载：'五四纪念，作讲演。学生演出之话剧，系我所作，深夜突击，吃冷馒头、熬小鱼，甚香。'"

白洋淀的熬小鱼，看似简单，其实从食材到制作上都有讲究。小鱼要选鲜活乱跳的，品种以"小麦穗"、"小山根儿"、"爬石猴儿"等刺软肉厚者为佳。制作中油盐酱醋要配比合适，比如醋要斤鱼两醋。铁锅慢熬，直到刺都能下肚。孙犁对白洋淀的记忆留在"熬小鱼，甚香"上，并非偶然。

淀里的美食当然不只熬小鱼，最有名的是全鱼宴，有全是鱼的，也有包含各种水产品的。另外的特色小吃还有熏鱼、铁锅炖鱼、鱼鳞冻、红心老腌蛋、龙凤鸭、茶纹松花蛋、炸藕夹、炸莲花等等。铁锅炖鱼是现场制作各种生鲜杂鱼，放到调好的汤汁中，加入豆腐、茄子等。总归食材以水产为主。关于美食的传说也不少，主角也大都是乾隆。

白洋淀诗群的诗人也有一些关于吃的记忆。芒克回忆说："甲鱼泛滥都爬到村里，我们没少吃这个。那时村里人不怎么吃都送给我们，都吃腻了。有一年螃蟹泛滥，河里的东西都吃伤了。村里小孩帮我们掏鸟蛋，一脸盆，给点钱就给我们。"

但诗人们更多的记忆是关于场景和感觉的，比如北岛记得他在邸村酒后的歌舞和月下荡舟。宋海泉记得，一次他们几个到关城访友，要找的人都回京了，只有一个女孩因做河蚌养珠实验留在村里，见到他们很高兴，做了顿丰盛的晚餐，尽兴而还。

"我们在村口分手，沿大堤回家。月亮已升到中天，洒下朗朗清辉，四周的景物被罩上一层朦胧的色彩。我们默默地走着，一片静谧。只有水中的月亮在跳跃，随着粼粼水波化作片片金光。忽然，身后传来歌声，那是她在为我们送行。我们回头望去，月色里已看不见她的身影。"

林莽在2004年发表《关于"白洋淀诗歌群落"》一文，开头就引述宋海泉这段回忆，说："这情景一直感动着我，这是我们都曾经历过的，在华北水乡，在70年代初始的日子里，对于我们，那是孤独、寻求、忧伤和向往并存的青春时代。"

潘婧在《心路历程》中，回忆她初到白洋淀时的情形："是冬天，站在安新县城的堤岸上，远望一片冰原，穿着一身黑棉衣的农民划起雪橇，迅忽如弦上的箭，直射向湖心的村庄，冰面升腾的雾气凝结在柳树上，形成罕有的雾凇现象；十里长堤如同雕琢着玉树琼花。似乎没有什么苦难能够泯灭青年人浪漫的情怀。"

潘婧形容白洋淀为"有着如诗一般的凄清的湖水"和"久远而浪漫的湖水"。

这湖水，如今举世瞩目。

《千年大计、国家大事——以习近平同志为核心的党中央决策河北雄安新区规划建设纪实》中写道："设立雄安新区是以习近平同志为核心的党中央作出的一项重大的历史性战略选择。这是继深圳经济特区和上海浦东新区之后又一具有全国意义的新区，是千年大计、国家大事。""总书记在考察中强调，建设雄安新区，一定要把白洋淀修复好、保护好。将来城市距离白洋淀这么近，应该留有保护地带。要有严格的管理办法，绝对不允许往里面排污水，绝对不允许人为破坏。""'水会九流，堪拟碧波浮范艇。荷开十里，无劳魂梦到苏堤。'在未来规划建设中，白洋淀的景色只会变得更美、淀水更加清澈，湖面更加开阔。"

白洋淀素有北地西湖之称，多年来，和西湖相比，虽也有美景与传说，但更多是沉重和无奈。

雄安蓝图一出，这片饱经沧桑的浪漫水域，将告别"苟且"，成为长久的诗和远方。

主要参考书目及文章

书目：

1. 陈平，《燕文化》，文物出版社，2006年版。

2. 王彩梅，《燕国简史》，紫禁城出版社，2001年版。

3. 冯立鳌，《列国政局的五百年云谲波诡》，中国言实出版社，2015年版。

4. 陈平，《燕国风云八百年》，北京出版社，2000年版。

5. 石毓智，《荆轲刺秦王的历史真相》，江西教育出版社，2014年版。

6. 黎东方，《细说三国》，上海人民出版社，2013年版。

7. 方诗铭，《论三国人物》，北京出版社，2015年版。

8. 赵剑敏，《析说三国英雄——从演义到历史》，上海书店出版社，2015年版。

9. 邓广铭，《辽金宋夏史讲义》，中华书局，2013年版。

10. 王晓波，《宋辽战争论考》，四川大学出版社，2011年版。

11. 曾瑞龙，《经略幽燕：宋辽战争军事灾难的战略分析》，北京大学出版社，2013年版。

12. 刘云军等，《保定宋辽历史文化遗产及其开发研究》，河北大学
    出版社，2015年版。

13. 周振成，《瓦桥关》，中国文史出版社，2014年版。

14. 沈起炜，《杨家将的历史和传说》，中国国际广播出版社，2010
    年版。

15. 商聚德，《刘因评传》，南京大学出版社，2011年版。

16. 王素美，《刘因的理学思想与文学》，人民出版社，2004年版。

17. 孙奇逢，《夏峰先生集》，中华书局，2004年版。

18. 李之鉴，《孙奇逢哲学思想新探》，河南大学出版社，1993年
    版。

19. 齐锡生，《中国军阀政治》，中国人民大学出版社，2010年版。

20. 丁中江，《北洋军阀史话》，商务印书馆，2012年版。

21. 陈志让，《军绅政权》，广西师大出版社，2008年版。

22. 喻血轮，《倚情楼杂记》，中国长安出版社，2011年版。

23. 《民国名人与保定》，团结出版社，2012年版

24. 王奇生，《党员、党权和党争》，上海书店出版社，2003年版。

25. 韩宗喆，《韩复榘与西北军》，团结出版社，2012年版。

26. 《黄绍竑回忆录》，东方出版社，2011年版。

27. 《李宗仁回忆录》，华东师范大学出版社，1995年版。

28. 《正面战场——原国民党将领抗战亲历记》之《七七事变》《晋
    绥抗战》《徐州会战》，中国文史出版社，2013年版。

29. 《华北治安强化运动》，中华书局，1997年版。

30. 《中国共产党保定地方史》，中央文献出版社，2000年版。

31. 《历史的铁证》，长征出版社，2008年版。

32. 杨沫，《苇塘纪事》，北京十月文艺出版社，1993年版。

33. 老鬼，《母亲杨沫》，长江文艺出版社，2005年版。

34. 中共廊坊地委党史资料征编办公室，《回忆冀中十分区抗日斗争》，1985年12月。

35. 《冀中平原抗日烽火》，河北人民出版社，1987年版。

36. 《徐光耀日记》，河北教育出版社，2015年版。

37. 《烽火作家群》，河北人民出版社，2010年版。

38. 林重杉，《平原烈火之魂》，人民日报出版社，2013年版。

39. 任彦芳，《从一介书生到开国将军——我与百岁前辈刘秉彦将军对话》，新华出版社，2015年版。

40. 《孙犁代表作·荷花淀》，华夏出版社，2011年第3次印刷。

41. 李贺臣，《难忘冀中岁月》，大众文艺出版社，2013年版。

42. 袁静、孔厥，《新儿女英雄传》，人民文学出版社，2005年1月第1次印刷。

43. 周锡瑞等，《1943中国在十字路口》，社会科学文献出版社，2016年版。

44. 中共保定市老干部局、保定延安精神研究会编，《抗日歌曲选》，2005年9月。

45. 林莽，《林莽诗画——1969-1975白洋淀时期作品集》，漓江出版社，2015年版。

46. 张立辉主编，《保定府河》，河北大学出版社，2014年版。

47. 《安新县志》，新华出版社，2000年版。

48. 《雄县志》，中国社会科学出版社，1992年版。

49. 《容城县志》，方志出版社，1999年版。

50. 《雄安，雄安》，新华出版社，2017年版。

文章：

1. 孙继安，"河北容城南阳遗址调查"，《考古》，1993年第3期。

2. 骆保生、孙进柱，"'黄金台现象'的产生和演变"，《科学新闻》，2003年第8期。

3. "我们的荆轲，以何种面目出现？——深度访谈《我们的荆轲》编剧莫言"，《艺术评论》，2011年第10期。

4. 张海明，"《燕丹子》与《史记·荆轲传》之关系"，《北京师范大学学报》，2012年第6期。

5. 王轶英，"北宋重镇雄州城考析"，《唐山师范学院学报》，第39卷第1期。

6. 姜纬堂，"杨'六郎'、焦赞、'三关'考实"，《北京社会科学》，1986年第2期。

7. 李占才，"河北宋辽边界古地道新释"，《燕赵都市报》，2014年12月21日。

8. 王效勤，"简论杨继盛对临洮的贡献"，《甘肃高师学报》，第6卷第1期。

9. 王晓华，"钟鸣鼎食的'不倒翁'陈调元"，《钟山风雨》，2000年试刊号。

10. 曾景忠，"抗战胜利后北平受降的特点和意义"，《团结报》，2015年10月15日。

11. 穆青，"重返冀中"，《瞭望》，1989年第10期。

12. 穆青，"回忆《雁翎队》"，《中国记者》，1995年第8期。

13. 蔚建民，"石少华：留住雁翎队雄姿的人"，《新闻与写作》，2009年第7期。

14. 徐然，"两位将军的生死约"，《北京政协》，1996年第11期。

15. 常建华，"京师周围：康熙巡幸畿甸初探"，《社会科学》，2014年第12期。

16. 郭武，"金章宗元妃与早期全真道"，《宗教学研究》，2009年第4期。

17. 宋海泉，"白洋淀琐忆"，《诗探索》，1994年第4期。

18. 林莽，"关于'白洋淀诗歌群落'"，《淮北煤炭师范学院学报》，第25卷第3期。

19. 王士强，"从'白洋淀'到《今天》：芒克访谈录"，《新文学史料》，2010年第1期。